HEYNE
BÜCHER

Gute Laune
Ein heiteres Lesebuch

Ausgewählt und herausgegeben
von
ERNST M. FRANK

WILHELM HEYNE VERLAG
MÜNCHEN

HEYNE ALLGEMEINE REIHE
Nr. 01/7780

Printed in Germany 1989
Umschlagzeichnung: Klaus Meint/CCC, München
Innenillustrationen: Die Cartoons sind dem Band »The Effluent Society« von Norman Thelwell entnommen, erstmals veröffentlicht im Verlag Menthuen & Co. Ltd., London 1971
Umschlaggestaltung: Atelier Ingrid Schütz, München
Satz: IBV Satz- und Datentechnik GmbH, Berlin
Druck und Bindung: Presse-Druck, Augsburg

ISBN 3-453-02918-6

Inhalt

LIEBESLUST

EHEFRUST

UNSERE LIEBEN KLEINEN

AUS DER SCHULE GEPLAUDERT

TIERISCHES VERGNÜGEN

VON KÜNSTLERN UND LEBENSKÜNSTLERN

VON DICHTERN UND DENKERN

SINNLICH-ÜBERSINNLICHES

DAS GIBT'S DOCH NICHT!

GANZ ALLTÄGLICHE KATASTROPHEN

DIE GERECHTIGKEIT IN BAYERN

Humor

Man spricht von Humor jetzt oft und viel
Und denkt dabei an ein leeres Spiel.
Mancher kursiert als Humorist,
Der nichts weiter als Spaßmacher ist,
Nichts ahnt von dem inneren Widerspruch,
Von dem Zickzack, dem tiefen Bruch,
Der durch das ganze Weltall dringt,
Daß man immer fürchtet: es zerspringt,
Während die also geborstne Welt
Doch immer noch steht und zusammenhält...
Hat aber einer die Geistesmacht,
Die scharf durchschaut und doch heiter lacht,
Bleibt er fest und verzweifelt nie,
Hat er mehr als Witz, hat er Fantasie,
Versteht er über sich selbst zu schweben,
Sich selber dem Lachen preiszugeben:
Dem sei es gegönnt von ganzem Herzen,
Auch einmal einfach närrisch zu scherzen,
Ohne versteckte Gedankentiefen
Seine Freude zu haben am Naiven.

Friedrich Theodor Vischer

Liebeslust

»Nach dem Computer, Mr. Pearson ...«

O. HENRY

Liebesgeschichte eines vielbeschäftigten Börsenmaklers

Pitcher, Prokurist in der Firma des Börsenmaklers Harvey Maxwell, gestattet seinem sonst ausdruckslosen Gesicht, mildes Interesse und eine leichte Überraschung zu zeigen, als sein Brotherr um halb zehn in Begleitung seiner jungen Sekretärin das Büro betrat. Mit einem forschen ›Guten Morgen, Pither‹ rannte Maxwell auf seinen Schreibtisch zu, als hätte er die Absicht, diesen im Sprung zu nehmen, und stürzte sich in einen hohen Stoß von Briefen und Telegrammen, die ihn dort erwarteten.

Die junge Dame war seit einem Jahr Maxwells Sekretärin. Sie war auf eine Weise schön, die mit Kurzschrift entschieden nichts zu tun hatte. Sie verzichtete auf den Pomp der verführerischen Pompadour, trug weder Ketten, Armbänder noch Medaillons. Sie gab sich nicht den Anschein, als erwarte sie eine Einladung zum Mittagessen. Ihr Kleid war schlicht und grau, es umschloß ihre Gestalt knapp, aber mit Geschmack. Den zierlichen, schwarzen turbanähnlichen Hut schmückte eine goldgrüne Vogelschwinge. An diesem Morgen strahlte sie auf eine weiche und scheue Art. Ihre Augen hatten einen träumerischen Glanz, ihre Wangen trugen einen echten Pfirsichhauch, ihr Ausdruck war glücklich, aber ein wenig nachdenklich.

Pitcher, immer noch von einer leichten Neugierde geplagt, fand ihre Art heute morgen ein wenig verändert. Statt geradewegs in den Nebenraum zu gehen, wo sich ihr Schreibtisch befand, drückte sie sich ein wenig unentschlossen im äußeren Büro herum. Einmal trat sie an Maxwells Schreibtisch heran, so nahe, daß er ihre Gegenwart bemerken mußte.

Die Maschine, die an diesem Schreibtisch saß, war kein Mensch mehr; es war ein vielbeschäftigter New Yorker Börsenmakler, der von schnurrenden Rädern und wippenden Stahlfedern in Bewegung gehalten wurde.

»Nun – was ist denn? Ist irgend was?« fragte Maxwell scharf. Die geöffnete Post lag wie eine künstliche Schneewehe auf seinem vollgepackten Schreibtisch. Seine scharfen grauen Augen hoben sich kurz und blitzten sie brüsk und ungeduldig an.

»Nichts«, antwortete die Sekretärin und trat mit einem leisen Lächeln weg.

»Mr. Pitcher«, sagte sie zu dem Prokuristen, »hat Mr. Maxwell gestern etwas davon gesagt, daß er eine neue Sekretärin einstellen will?«

»Ja«, sagte Pitcher, »er hat mich beauftragt, eine neue zu engagieren. Ich habe die Agentur gestern nachmittag beauftragt, heute morgen ein paar zur Vorstellung herzuschicken. Es ist jetzt 9.45 Uhr, und kein einziger Florentinerhut, kein einziger Kaugummi mit Ananasgeschmack ist bis jetzt aufgetaucht.«

»Dann will ich wie sonst die Arbeit tun«, sagte die junge Dame, »bis jemand da ist, der meine Stelle einnimmt.« Und sie ging sofort an ihren Schreibtisch und hängte den schwarzen Turban mit der goldgrünen Vogelschwinge an seinen gewohnten Platz.

Derjenige, der noch nie einen vielbeschäftigten Manhattan-Börsenmakler im Drang der Geschäfte erlebt hat, ist für den Beruf eines Anthropologen ungenügend ausgerüstet. Der Dichter singt von der ›erfüllten Stunde des herrlichen Lebens‹. Die Stunde des Maklers ist nicht nur ausgefüllt, die Minuten und Sekunden hängen an allen Halteriemen und füllen dichtgedrängt sowohl die vordere wie die hintere Plattform. Und dieser Tag war für Harvey Maxwell ein wohlbesetzter Tag. Der Fernschreiber spuckte stotternd die Stöße sich rollender Papierstreifen aus, das Telefon auf dem Schreibtisch summte in chronischen Anfällen. Menschen begannen in das Büro zu strömen und ihm über das Absperrungsgitter hinweg in munterem, scharfem, boshaftem, aufgeregtem Ton etwas zuzurufen. Botenjungen liefen mit Nachrichten und Telegrammen ein und aus. Die Angestellten im Büro sprangen herum wie Matrosen während eines

Sturms. Sogar Pitchers Gesicht entspannte sich und zeigte so etwas wie Leben.

An der Börse gab es Stürme und Bergstürze, Schneestürme, Vereisungen und Vulkanausbrüche, und all diese Naturkatastrophen wiederholten sich in Miniatur im Büro des Maklers. Maxwell schob seinen Stuhl gegen die Wand und vollführte seine Geschäfte in der Art eines Ballettänzers. Er sprang mit der geübten Wendigkeit eines Harlekins vom Telefon zum Fernschreiber, vom Schreibtisch zur Tür.

In der Mitte dieses wichtigen und immer noch zunehmenden Getümmels gewahrte der Makler plötzlich eine hochgetürmte Rolle von goldenem Haar unter einem wippenden Baldachin von Samt und Straußenfedern, eine Jacke aus imitiertem Seal und eine Kette von walnußgroßen Perlen, die in Bodennähe in einem silbernen Herzen endete. Eine selbstbewußte Dame war mit diesen Zutaten verknüpft, und Pitcher war dabei, das Phänomen zu erklären.

»Hier ist eine Dame von der Agentur wegen der Stellung«, sagte Pitcher.

Maxwell, die Hände voll von Papieren und Streifen aus dem Fernschreiber, wandte sich halb um.

»Was für eine Stellung?« fragte er stirnrunzelnd.

»Stellung als Sekretärin«, sagte Pitcher. »Sie haben mir doch gestern gesagt, ich solle anrufen und für heute morgen jemanden herbestellen.«

»Sie sind wohl nicht ganz bei Verstand, Pitcher«, sagte Maxwell. »Warum sollte ich Ihnen einen solchen Auftrag gegeben haben? Miß Leslie hat während des Jahres, das sie hier ist, zu meiner vollen Zufriedenheit gearbeitet. Sie behält die Stelle, solange sie Wert darauf legt. Wir haben keine freie Stelle, Fräulein. Widerrufen Sie den Auftrag bei der Agentur, Pitcher, und bringen Sie keinen mehr hier 'rein.«

Das silberne Herz verließ das Büro, schwang dabei hin und her und knallte gegen die Büromöbel, während es aufgebracht verschwand. Pitcher benutzte eine Pause, um dem Buchhalter zuzuflüstern, der ›Alte‹ käme ihm jeden Tag zerstreuter und vergeßlicher vor.

Der Andrang und das Tempo der Geschäfte wurden wüster und schneller. Auf dem Fußboden stapelten sich ein halbes Dutzend verschiedener Aktien, in die Maxwells Kunden eifrig investierten. Aufträge zum Kauf und Verkauf kamen und gingen so schnell wie die Schwalben. Einige seiner eigenen Bestände kamen in Gefahr, und der Mann arbeitete wie eine hochgezüchtete, empfindliche, starke Maschine – in höchster Anspannung, in vollem Tempo, genau, niemals zögernd, das richtige Wort, die richtige Entscheidung, die richtige Handlung mit der Genauigkeit eines Uhrwerks. Aktien und Pfandbriefe, Anleihen und Hypotheken, Spielraum und Sicherheiten – das hier war eine Welt der Finanzen, hier war kein Raum für eine menschliche Empfindung oder für die Natur. Als die Mittagszeit sich näherte, ließ der Aufruhr ein wenig nach.

Maxwell stand an seinem Schreibtisch, die Hände voller Telegramme und Merkzettel, eine Füllfeder hinter dem rechten Ohr. Das Haar hing ihm in unordentlichen Strähnen ins Gesicht. Das Fenster stand offen, denn der gütige Hausmeister Frühling hatte die Heizungsventile der Welt ein wenig geöffnet.

Und durch das Fenster strömte ein – vielleicht verlorener – zarter, süßer Hauch von Flieder, der den Makler für einen Augenblick erstarren ließ. Denn dieser Duft gehörte zu Miß Leslie; er gehörte ihr, nur ihr allein.

Der Duft drang lebhaft, fast körperhaft auf ihn ein. Die Welt der Finanzen schrumpfte plötzlich zu einem Fleckchen. Und sie war im Nebenzimmer – nur zwanzig Schritte entfernt.

»Mein Gott, jetzt wag' ich es«, sagte Maxwell halblaut, »jetzt frage ich sie. Warum habe ich es nicht schon längst getan?«

Er eilte in das innere Büro, als müßte er sich wichtige Effekten sichern. Er stürzte auf den Schreibtisch der Sekretärin zu.

Sie blickte lächelnd zu ihm auf. Eine sanfte Röte stieg ihr in die Wange und ihr Blick war freundlich und offen. Maxwell stützte sich mit einem Ellbogen auf ihren Schreibtisch. Beide Hände umklammerten immer noch flatternde Papiere und die Feder steckte noch hinter seinem Ohr.

»Miß Leslie«, begann er atemlos, »ich habe nur einen Moment Zeit. In diesem Moment muß ich Ihnen etwas sagen.

Wollen Sie meine Frau werden? Ich habe nicht die Zeit gehabt, Ihnen in der üblichen Weise den Hof zu machen, aber ich liebe Sie wirklich. Bitte – sagen Sie es schnell – diese Burschen reißen noch die Füllung aus ›Union Pacific‹ raus.«

»Wovon redest du eigentlich?« rief die junge Dame. Sie war aufgesprungen und starrte ihn mit runden Augen an.

»Verstehen Sie denn nicht?« sagte Maxwell beunruhigt. »Ich möchte, daß Sie mich heiraten. Ich liebe Sie, Miß Leslie. Das wollte ich Ihnen sagen, und ich habe mir eine Minute dazu gestohlen, als alles ein bißchen ruhiger wurde. Jetzt klingelt das Telefon schon wieder. Pitcher, sie sollen einen Augenblick warten. Wollen Sie, Miß Leslie.«

Die Sekretärin benahm sich sehr seltsam. Zuerst schien sie vor Erstaunen überwältigt; dann entströmten Tränen ihren ratlosen Augen, dann brach ein sonniges Lächeln durch die Tränen, und sie legte zärtlich einen Arm um den Hals des Maklers.

»Jetzt weiß ich es«, sagte sie sanft. »Dieses blöde Geschäft hat dich für einen Augenblick alles vergessen lassen. Zuerst bin ich erschrocken. Weißt du es denn nicht mehr, Harvey? Gestern abend um acht haben wir in der kleinen Kirche um die Ecke geheiratet.«

ERICH KÄSTNER

Kurzgeschichte in fünf Akten

1. Akt

Er mißfiel mir von Herzen. Vielleicht lag es daran, daß das junge Mädchen an seiner Seite dunkelbraunes Haar und blaue Augen hatte. Sie war viel zu hübsch, ihre Wimpern waren viel zu schattig, und ihre schmalen Hände waren viel zu behutsam für so einen Burschen. Außerdem schien er sich zu ärgern, daß ich sie betrachtete, als sei sie ein berühmtes Bild. Er mißfiel mir, wie gesagt, rechtschaffen, und auch ich war wohl nicht ganz sein Typ.

Die zwei saßen am Nebentisch, tranken Kaffee, siezten einander noch und redeten infolgedessen nur über Kunst, Theater und Literatur. Nicht, daß die Unterhaltung sonderlich hörenswert gewesen wäre – aber plötzlich nannte sie den Titel eines meiner Bücher, und das machte meine Ohren neugierig. Nachdem er ihr über meine schriftstellerischen Erzeugnisse ein paar Löffel einschlägiger Bemerkungen verabreicht hatte, fragte sie: »Kennen Sie Kästner persönlich?« da sagte er in aller Gemütsruhe: »Und ob ich ihn kenne! Ich und Erich sind oft zusammen!«

»Wie sieht er denn aus?« Er kniff die Augen klein. »Ganz nett soweit«, meinte er schließlich, »aber das ist auch alles.« Sie nickte verständig.

Ich musterte meinen guten alten Bekannten, den ich noch nie im Leben gesehen hatte, ziemlich düster und überlegte, ob ich ihn ein bißchen in die Tinte reiten sollte. Ich hatte jedoch einen edlen Tag. Die Sonne schien. Das Gute siegte. Ich schwieg.

2. Akt

Etwas später verließ sie vorübergehend den Tisch, um eine Freundin anzurufen. Ich blickte hinterdrein und freute mich, wie leichtfüßig sie das Lokal durchquerte. Als ich mich umwandte, begegnete ich seinen Augen, die damit beschäftigt waren, pfeilspitze, vergiftete Blicke auf mich abzuschießen.

»Nun, alter Junge«, sagte ich unverdrossen, »wie lange kennen wir uns eigentlich schon?«

»Ich verbitte mir Ihre plumpen Vertraulichkeiten!« bellte er.

»Aber, aber!« meinte ich freundlich. »Wie sprichst du denn mit mir, mein Bester? Ich bin doch dein guter alter Erich! Mit dem Zunamen Kästner! Etwas mehr Herzlichkeit hätte ich wirklich von dir erwartet!«

Er machte ein beispielhaft törichtes Gesicht und vergaß vorübergehend, ein- und auszuatmen. Dann holte er tief Luft, schüttelte den Kopf wie ein leicht angeschlagener Boxer und murmelte: »Scheußlich!« Nach einer Pause fügte er hinzu: »Da hätten Sie mich ja schön hineinlegen können... Sind Sie mir sehr böse?«

Da ich verzeihend lächelte, zwinkerte er mir, schon wieder ein wenig unverschämt, zu und sagte trocken: »Es gibt nämlich Mädchen, bei denen solche Sachen wirken.« Diese Bemerkung garnierte er mit einem leichten Achselzucken.

»Sie gehören offensichtlich zu den ganz Geriebenen«, erwiderte ich. Da er geschmeichelt schien, griff ich zu einer Zeitung. Mit Ironie war ihm nicht beizukommen. Er stak in seiner Eitelkeit wie in einer Rüstung.

3. Akt

Dann kam das junge Mädchen zurück, und das Gespräch der beiden nahm seinen Fortgang. Sie tauschten ihre Ansichten über Alfred Döblin aus. Den kannte mein Freund vom Nebentisch übrigens nicht persönlich. Er wollte mich wohl nicht reizen. Ich stellte fest, daß er des öfteren zu mir herüberschielte. Ihm war nicht geheuer, und er bemühte sich redlich, aus den Gefilden der Literatur in freundlichere Bezirke zu entwischen. Er suchte unter anderem das Thema ›Sport‹ zu erreichen, und gestand in schöner Offenheit, daß er den Linksaußen einer Ligamannschaft duze und selbigem erst vorgestern erklärt habe, die am Sonntag in der zweiten Halbzeit verpaßte Torgelegenheit sei museumsreif gewesen. Das junge Mädchen aber wollte von Fußbällen nicht das geringste wissen, sondern verbiß sich im Schöngeistigen. Da half kein Sträuben.

Als der Kellner auf meinen Tisch zusteuerte, ankerten die zwei gerade bei Kurt Tucholsky. Der Kellner trat zu mir und sagte erschreckend laut und deutlich: »Herr Kästner, Sie werden am Telefon verlangt. Die Redaktion will Sie sprechen.«

Das junge Mädchen sah mich überrascht an, wurde rot, musterte ihren Begleiter, als sei er mit einem Male aus Dachpappe, wurde blaß, nahm ihre Handtasche und ging, erhobenen Hauptes, auf und davon.

4. Akt

Als ich vom Telefon wiederkehrte, saß mein Don Juan verbiestert in der Ecke und haderte sichtbar mit dem Zufall und dem Schicksal. »Pech, alter Freund!« murmelte ich. »Künstlerpech!« Meine Kondolation schien ihn nicht sonderlich zu trösten. Ich hatte eher den Eindruck, daß er mir am liebsten die Zunge herausgestreckt hätte. Dann tat er's aber doch nicht, sondern stand abrupt auf, nahm Hut und Mantel und verließ die ungastliche Gaststätte.

Der Kellner bemerkte es zu spät. »Er hat nicht bezahlt!« jammerte er aufgeregt.

»Ich erledige das schon«, sagte ich. »Es ist ein guter alter Bekannter von mir.«

5. Akt

Auf dem Nachhauseweg lief mir, in der Ludwigstraße, ein junges Mädchen in die Arme. Das war meine Schuld. Ich hatte nicht aufgepaßt, weil ich, stattdessen, an meinem Epigramm bastelte. »Entschuldigung«, murmelte ich. Doch dann sah ich, daß sie es war, die Leichtfüßige mit dem nußbraunen Haar und den blauen Augen, und so war's weiter kein Wunder, daß wir uns nicht sofort wieder trennten. Von ihrer Wißbegier in literarischen Angelegenheiten war ja schon die Rede.

Erst gestern nachmittag, als wir auf dem Balkon saßen, fragte sie leise: »Kannst du mir erklären...« Doch das ist der Anfang einer neuen Kurzgeschichte. Oder einer längeren Geschichte? Das läßt sich schwer vorhersagen.

KURT TUCHOLSKY

Lottchen beichtet 1 Geliebten

»Es ist ein fremder Hauch auf mir? Was soll das heißen – es ist ein fremder Hauch auf mir? Auf mir ist kein fremder Hauch. Gib mal 'n Kuß auf Lottchen. In den ganzen vier Wochen, wo du in der Schweiz gewesen bist, hat mir keiner einen Kuß gegeben. Hier war nichts. Nein – hier war wirklich nichts! Was hast du gleich gemerkt? Du hast gar nichts gleich gemerkt... ach, Daddy! Ich bin dir so treu wie du mir. Nein, das heißt... also, ich bin dir wirklich treu! Du verliebst dich ja schon in jeden Refrain, wenn ein Frauenname drin vorkommt... ich bin dir treu... Gott sei Dank! Hier war nichts.

...Nur ein paarmal im Theater. Nein, billige Plätze – na, das eine Mal in der Loge... Woher weißt du denn das? Was? Wie? Wer hat dir das erzählt? Na ja, das waren Plätze... durch Beziehungen... Natürlich war ich da mit einem Mann. Na, soll ich vielleicht mit einer Krankenschwester ins Theater... lieber Daddy, das war ganz harmlos, vollkommen harmlos, mach doch hier nicht in Kamorra oder Mafia oder was sie da in Korsika machen. In Sizilien – meinetwegen, in Sizilien! Jedenfalls war das harmlos. Was haben sie dir denn erzählt? Was? Hier war nichts.

Das war... das ist... du kennst den Mann nicht. Na, das werd ich doch nicht machen – wenn ich schon mit einem andern Mann ins Theater gehe, dann geh ich doch nicht mit einem Mann, den du kennst. Bitte: ich hab dich noch nie kompromittiert. Männer sind doch so dußlig, die nehmen einem das übel, wenn man schon was macht, daß es dann ein Berufskollege ist. Und wenn es kein Berufskollege ist, dann heißt es gleich: Fräulein Julie! Man hats wirklich nicht leicht! Also du kennst den Mann nicht! Du kennst ihn nicht. Ja – er kennt dich. Na, sei doch froh, daß dich so viele Leute kennen – biste doch berühmt. Das war jedenfalls ganz harmlos. Total. Nachher waren wir noch essen. Aber sonst war nichts.

Nichts. Nichts war. Der Mann... der Mann ist eben – ich

hab' ihn auch im Auto mitgenommen, weil er so nett neben einem im Auto sitzt, eine glänzende Begleitdogge – so, hat das die Reventlow auch gesagt? Na, ich nenne das auch so. Aber *nur* als Begleitdogge. Der Mann sah glänzend aus. Doch, das ist wahr. Einen wunderbaren Mund, so einen harten Mund – gib mal 'n Kuß auf Lottchen, er war dumm. Es war nichts.

Direkt dumm war er eigentlich nicht. Das ist ja . . . ich habe mich gar nicht in ihn verliebt; du weißt ganz genau, daß ich mich bloß verliebe, wenn du dabei bist – damit du auch eine Freude hast! Ein netter Mann . . . aber ich will ja die Kerls gar nicht mehr. Ich nicht. Ich will das überhaupt alles nicht mehr. Daddy, so nett hat er ja gar nicht ausgesehn. Außerdem küßte er gut. Na so – es war jedenfalls weiter nichts.

Sag mal, was glaubst du eigentlich von mir? Glaubst du vielleicht von mir, was ich von dir glaube? Du – das verbitt ich mir! Ich bin treu. Daddy, der Mann . . . das war doch nur so eine Art Laune. Na ja, erst läßt du einen hier allein, und dann schreibst du nicht richtig, und telefoniert hast du auch bloß einmal – und wenn eine Frau allein ist, dann ist sie viel alleiner als ihr Männer. Ich brauche gewiß keinen Mann . . . ich nicht. Den hab ich auch nicht gebraucht; das soll er sich bloß nicht einbilden! Ich dachte nur: I, dachte ich – wie ich ihn gesehn habe . . . Ich habe schon das erstemal gewußt, wie ich ihn gesehn habe – aber es war ja nichts.

Nach dem Theater. Dann noch zwei Wochen lang. Nein. Ja. Nur Rosen und zweimal Konfekt und den kleinen Löwen aus Speckstein. Nein. Ich ihm meinen Hausschlüssel? Bist wohl . . .! Ich hab ihm meinen Hausschlüssel doch nicht gegeben! Ich werde doch einem fremden Mann meinen Hausschlüssel nicht geben . . .! Da bring ich ihn lieber runter. Daddy, ich habe ja für den Mann gar nichts empfunden – und er für mich auch nicht – das weißt du doch. Weil er eben solch einen harten Mund hatte . . . und ganz schmale Lippen. Weil er früher Seemann war. Was? Auf dem Wannsee? Der Mann ist zur See gefahren – auf einem riesigen Schiff, ich habe den Namen vergessen, und er kann alle Kommandos, und er hat einen harten Mund. Ganz schmale Lippen. Mensch, der erzählt ja nicht. Küßt aber gut. Daddy, wenn ich mich nicht so runter gefühlt hätte, dann wäre das auch gar nicht passiert . . .

Es ist ja auch eigentlich nichts passiert – das zählt doch nicht. Was? In der Stadt. Nein, nicht bei ihm; wir haben zusammen in der Stadt gegessen. Er hat bezahlt – na, hast du das gesehn! Soll ich vielleicht meine Bekanntschaften finanzieren... na, das ist doch...! Es war überhaupt nichts.

Tätowiert! Der Mann ist doch nicht tätowiert! Der Mann hat eine ganz reine Haut, er hat... Keine Details? Keine Details! Entweder ich soll erzählen, oder ich soll nicht erzählen. Von mir wirst du über den Mann kein Wort mehr hören. Daddy, hör doch – wenn er nicht Seemannsmaat gewesen wäre, oder wie das heißt... Und ich wer dir überhaupt was sagen:

Erstens war überhaupt nichts, und zweitens kennst du den Mann nicht, und drittens weil er Seemann war, und ich hab' ihm gar nichts geschenkt, und überhaupt, wie Paul Graetz immer sagt:

Kaum hat man mal, dann ist man gleich – Daddy! Daddy! Laß mal... was ist das hier? Was? Wie? Was ist das für ein Bild? Was ist das für eine Person? Wie? Was? Wo hast du die kennengelernt? Wie? In Luzern? Was? Hast du mit der Frau Ausflüge gemacht? In der Schweiz machen sie immer Ausflüge. Erzähl mir doch nichts... Was? Da war nichts?

Das ist ganz was andres. Na ja, mir gefällt schon manchmal ein Mann. Aber ihr –?

Ihr werft euch eben weg!«

PETER BAMM

Auf die Geliebte warten...

Da steht er nun und wartet, eine in Seidenpapier unbestimmt eingewickelte Sache in der Hand. Selbstverständlich, es könnte eine Mausefalle sein. Was schließlich ist natürlicher, als mit einer in Seidenpapier eingewickelten Mausefalle vierundfünfzig Minuten lang um eine Litfaßsäule herumzugehen! Liebhaber, welche mit zehn überschweren Chrysanthemen vor dem Portal von S. Giovanni auf und ab zu schreiten, stolz auf das Unglück, in die Mausefalle geraten zu sein, sind seit den Italienischen Novellen des Herrn Henri Beyle, weiland Konsul in Civitavecchia, ausgestorben. Während ehedem ein Liebhaber für niemanden lächerlich war, nicht einmal für sich selbst, ist heute ein Liebhaber für jedermann lächerlich, sogar für sich selbst.

Nehmen wir an, die schöne Dame habe sich um fünf Uhr mit ihm an der Litfaßsäule verabredet. Wann kann sie kommen?

Es gibt keinen größeren Unsinn als die Behauptung, Frauen seien unpünktlich. Frauen haben zwar keine Beziehung zu Uhren, außer zu denen, welche in den Schaufenstern der Juweliere liegen; aber Frauen haben eine wunderbare Beziehung zur Zeit. Für Männer hat die Zeit einen Wert. Für Frauen hat sie eine Bedeutung.

Sechs Minuten nach fünf Uhr dazusein, würde bedeuten, eine heiße Leidenschaft zugeben. Zwölf Minuten wäre eine Art von liebenswürdiger Geneigtheit – für das erste Rendezvous entschieden zuviel. Zweiundzwanzig Minuten, das wäre vielleicht die richtige Dosis! Aber bei zweiunddreißig Minuten kann man schon die Treue erproben. Schließlich, man möchte einen treuen Liebhaber haben! Und bei zweiundvierzig Minuten erfährt man gleich, ob er ein Gentleman von Haltung und ein Mann von liebenswürdigen Manieren ist.

Während der wartende Gentleman das Personalverzeichnis von Gerhart Hauptmanns Biberpelz auswendig lernt und immer tiefer die Überzeugung in seine Seele sich eingräbt, daß Perlodont die beste Zahnpasta der Welt sei, spielt die schöne Frau mit der Zeit. Gewiß, bis vier Uhr neunundfünfzig ist auch sie ein wenig unruhig. Aber wenn die Glocken von S. Giovanni geschlagen haben, breitet sich tiefe Ruhe über ihr Gemüt. Von jetzt an wartet er. Welch ein Genuß! Wie köstlich nunmehr plätschert es sich in der Badewanne – drei Minuten noch!

Wenn die schöne Frau sich tatsächlich nach drei Minuten schon aus der warmen Welle reißt, hat sie das Gefühl, der Liebe ein Opfer gebracht zu haben. Dafür natürlich muß er büßen. Dafür kann er schließlich noch ein wenig warten.

Während sie sich ihrem Make-up zuwendet, hat er den Steckbrief studiert. Zehntausend Mark hat die Bank ausgesetzt. Mittelgroß, Gesicht oval, trägt karierte Mütze, über der linken Niere eine zehn Zentimeter lange Operationsnarbe. Wehe dem unglücklichen Defraudanten, käme er jetzt vorbei! An seiner Mittelgröße würde er ihn sogleich erkennen. Aber um's Himmels willen, dann müßte er ja mit zur Polizei! Unterdessen natürlich käme die schöne Frau, und jener wäre gar nicht mittelgroß, und die schöne Frau ginge wieder weg. Ein wartender Liebhaber ist der einzige Mensch, von dem ein Defraudant vor seinem eigenen Steckbrief in Ruhe sich Feuer geben lassen kann.

Das Make-up ist vollendet. Der schwarze Pullover und der schwarze Rock sind gewählt worden. Es sieht so nach gar nichts aus, durchaus jedenfalls nicht, als ob man sich besonders zurecht gemacht habe. Aber sie weiß, schwarz steht ihr glänzend, und den Pullover hat ihr jemand aus Paris mitgebracht, mit den kleinen rumänischen Stickereien, die jetzt letzter Schrei und so chic sind.

Fünf Uhr zweiunddreißig! Nun gut, er ist sicher ein treuer Liebhaber. Nur zwei Tropfen ›En attendant‹! Was für ein hübscher Name für ein Rendezvous-Parfüm! Und nun erfahre ich wengistens gleich, ob er gute Manieren hat. Ich werde mich beeilen.

Wer nicht begreifen kann, daß die schöne Frau jetzt tatsächlich das Gefühl hat, sich unerhört zu beeilen, der sollte sich als Laienbruder auf dem Berge Athos anmelden. Von Frauen versteht er nichts.

Er hat unterdessen festgestellt, daß das Seidenpapier schon recht zerknittert ausschaut. So geht er in den Laden gegenüber, von wo aus er die Litfaßsäule im Auge hat, und kauft ein frisches Arrangement.

Dabei erwägt er, wie köstlich es wäre, wenn sie jetzt käme, unruhig auf und ab ginge, eine verzweifelte Miene zeigte, nach der Uhr blickte, und er in dem Augenblick, in dem sie zu gehen sich entschlossen hätte, aus dem Laden träte. Dann könnte das alte Spiel von neuem beginnen.

Jedoch, fünf Uhr zweiundvierzig – sie ist noch nicht da! An der Ecke stand kein Taxi. Nun sitzt sie in der 176, eingeklemmt, verzweifelt von allen Seiten mißtrauisch betrachtet, und die 176 hat eine Betriebsstörung. Sie ist den Tränen nahe. Ach Gott, der Arme! Und ich, ich kann doch nichts dafür!

Wer nicht begreift, daß die schöne Frau wirklich unschuldig ist – siehe unter Athos! Um fünf Uhr siebenundfünfzig meldet sich die männliche Würde. Alles hat seine Grenzen! Man kann sich schließlich nicht lächerlich machen! Mein Herr, Sie erinnern sich! So versenkt er das Seidenpapierpaket verächtlich in den Gully. Natürlich bleibt es halbwegs stekken. Die Leute drehen sich um. Er wird rot. Wütend eilt er in die Kneipe an der Ecke und bestellt einen doppelten Steinhäger. S. Giovanni schlägt die sechste Stunde!

Grimmig und mit der Welt zerfallen blickt er auf die Litfaßsäule. In diesem Augenblick wäre der Defraudant geliefert, selbst wenn er eine Melone trüge und sich einen Vollbart hätte wachsen lassen. Noch einen Doppelstöckigen!

S. Giovanni schlägt die Viertelstunde. Plötzlich sieht er sie an der Litfaßsäule stehen. Die 176 hatte sich schließlich wieder in Bewegung gesetzt. Er knallt einen Schein auf die Theke, stürzt hinaus, rutscht auf seinem Blumenstrauß aus, welcher immer noch aus dem Gully heraussprießt. Mit vorwurfsvollem Blick empfängt sie ihn.

»Ich wollte gerade gehen. Ich stehe seit zehn Minuten hier. Die Leute gucken schon!«

»???«

»Na, waren wir nicht um sechs Uhr verabredet?«

WILHELM BUSCH

Lied eines versimpelten Junggesellen

Keine Frau befiehlt ihm was,
Hindert ihn durch dies und das,
Und er sorgt für sich allein –
Schön ist's, Junggeselle zu sein!

Mancherlei gibt's Zeitvertreib
Auf den Gassen, in der Kneip',
Auch gefäll'ge Mägdelein –
Schön ist's, Junggeselle sein!

Sitzt er abends lang beim Bier,
Schilt ihn nicht die Frau dafür,
Darum schenkt noch einmal ein –
Schön ist's, Junggeselle sein!

Geht er endlich selig fort,
Winket Ruh im Bette dort,
Ei wie gut schläft's sich allein –
Schön ist's, Junggeselle sein!

Wenn er morgens schlafen will,
Störet ihn kein Kindsgebrüll,
Keine Frau redt ihm was drein –
Schön ist's, Junggeselle sein!

Zieht ein frisches Hemd er an,
Fehlt gar oft ein Knopf daran,
Fröhlich näht er ihn dann ein –
Schön ist's, Junggeselle sein!

Und noch manche andre Freud
Sich der Junggesell berei't,
Auch geht er mitunter ein –
Schön ist's, Junggeselle sein!

Harmlos lebt er so dahin
Und versimpelt oft im Sinn;
Manchmal ist er auch ein Schwein –
Schön ist's, Junggeselle sein!

Heut stolziert er auf und ab,
Morgen scheißt der Hund aufs Grab,
Dies ist dann sein Leichenstein –
Schön ist's, Junggeselle sein!

Klagelied eines Junggesellen

Mir fehlt etwas, mir ist nicht recht,
Doch wüßt' ich wohl, was ich wohl möcht',
Ich möchte was und weiß warum,
Das geht mir so im Kopf herum.

Heut sprangen mir von meiner Hos
Schon wieder mal zwei Knöpfe los;
Da setzt' ich mich und näht' herum
Wohl eine Stund, bis ich ganz krumm,
Bin dann zu Probsten hingerennt,
Zu schlürfen, was man Kaffee nennt.
Da fühlt ich wieder mal so recht,
Daß mir was fehlt, was ich wohl möcht'.

Ein Gast, ein traurig schmerzensvoller,
Saß ich zu Mittag dann beim Koller.
Die Serviette war beschmutzt,
Die Gabel war nicht abgeputzt,
Kurzum, ich fühlte da so recht,
Daß mir was fehlt, was ich wohl möcht'.

Und abends in der Dämmerfrist,
Wenn man so ganz alleinig ist,
Da möcht' ich wohl so dann und wann
Etwas zu titscheln-tatscheln ha'n.

Jedoch – da fühlte ich so recht,
Daß mir was fehlt, was ich wohl möcht'.

Was soll der Mensch des Abends tun?
Ich denk', zum Kappler geh' ich nun;
Da sitz' ich so bei meinem Bier
Als wie ein rechtes Murmeltier
Und fühle wieder mal so recht,
Daß mir was fehlt, was ich wohl möcht'.

Nun tönt die Glocke, zwölf vom Turm,
Ich muß nach Haus, ich armes Wurm.
Es fällt der Schnee, der Wind geht kühl,
Daß ich's durch Hemd und Hosen fühl',
Und komm' ich endlich dann nach Haus
Und zieh' mich zähneklappernd aus
Und steig ins Bett – so fühl' ich recht,
Daß mir was fehlt, was ich wohl möcht'.

Ehefrust

»Ich werde nie begreifen, was diese dumme Maschine an dir gefunden hat.«

OTTO JULIUS BIERBAUM

Die Haare der heiligen Fringilla

Es lebten einmal (wer weiß, wie lange es her ist), durch das Band des heiligen Sakramentes der Ehe rechtmäßig und katholisch miteinander verbunden, in einem schönen Schlosse ein Prinz und eine Prinzessin. Den Prinzen wollen wir Flodoard, die Prinzessin aber Eulalia nennen – denn wir haben uns in dem Taschenbuch der fürstlichen Häuser davon überzeugt, daß es keinen Prinzen Flodoard gibt, der mit einer Prinzessin Eulalia ehelich und katholisch verbunden wäre.

Der Prinz – nun, das war ein ganz annehmbarer Herr. Hübsch wohl eigentlich nicht, auch nicht gerade aufdringlich intelligent, aber er konnte so mit hingehen und machte mit den anderen Prinzen seines Hauses eine ganz harmonische Gruppe. Eine rosige Hautfarbe, gehoben durch einen kohlpechschwarzen Spitzbart und muntere, ganz hellblaue Augen, alerte Bewegungen, die Kleider direkt aus London, – wer mehr verlangt, ist unverschämt. Zudem strich er die Kniegeige und war ein Gönner der mimischen Künste.

Prinzessin Eulalia ermangelte der Reize, die in Märchenbüchern und Zeitungsberichten den Prinzessinnen anzuhaften pflegen. Dafür entstammte sie aber auch einem grausam alten Fürstenhause, das infolge seiner unerhörten Vornehmheit eigentlich auf fortwährende Inzucht angewiesen und daher auch noch durch allerhand kleine geistige Schönheitsfehler ausgezeichnet war. Wir müssen es uns versagen, darauf näher einzugehen, weil wir weder die Absicht noch den Beruf haben, ein Lehrbuch der Psychopathologie mit besonderer Berücksichtigung der ältesten Dynastengeschlechter zu schreiben, und es muß uns genügen, auf die spezielle Form hinzudeuten, in der die psychischen Leberflecke bei Prinzeß Eulalia auftraten. Die hohe Dame war, um es mit der gebührenden Delikatesse auszusprechen, religiös etwas stark empfindlich. So bekam sie z. B. Zustände epileptoider Natur, wenn sie genötigt gewesen war, einem Ketzer die Hand zu reichen; erst eine dreistundenlange Waschung in reichlich mit Weihwasser versetztem Eau de Cologne war, wie sie behauptete, imstande, die also besudelte Hand wieder in den früheren Zustand rechtgläubiger Immakulanz zu versetzen. Dies nur *ein* Beispiel, dem wir noch eine ganze Reihe ähnlicher anzufügen vermöchten, wenn wir nicht vorzögen, zu unserer eigentlichen Geschichte zu kommen.

Prinz Flodoard wußte die Ehre wohl zu schätzen, die darin lag, daß er mit einem, wenn auch etwas welken Sproß jenes grausam alten Fürstenhauses durch die Ehe verbunden war, aber er huldigte der vielleicht frivolen, aber begreiflichen Anschauung, daß diese Ehe ihn nicht an dem Genusse derjenigen Vergnügungen hindern zu müssen brauchte, die ihm jene Ehe nur in unvollkommenem Maße gewährte. –

Wie wir schon erwähnten, schenkte er den mimischen Künsten den Vorzug seiner Gunst. Wäre sein Interesse nur von der oberflächlichen Art gewesen, wie sie auch in den bürgerlichen Schichten des Volkes auftritt, so würde er sich darauf beschränkt haben, es von seiner Loge aus zu betätigen: da er aber ein Mann von Gründlichkeit und überdies einer jener vorurteilsfreien Prinzen war, die auch die direktere Berührung mit den Untertanen nicht scheuen, so überschritt er die Schranke, die ihn von den darstellenden Künstlern trennte, und begab sich so oft als es nur anging, d. h. stets dann, wenn er ohne seine Gemahlin das Theater besuchte, hinter die Kulissen. Nur so, sagte er sich, kann ich mit dieser wunderlichen Welt in innigeren Kontakt kommen. Und so war es.

Das Fräulein hieß Fanny und verkörperte die heroischen Weiblichkeiten jüngeren Alters. Denn sie besaß eine starktönende Stimme, lange Beine, volle Arme, glutvolle Augen und einen Busen, der jeder vorgeschriebenen Wallung gewachsen war.

Ob Fanny den Ruhm einer großen Künstlerin verdiente, das mögen auf Ehre und Gewissen jene Herrschaften entscheiden, die in der Stadt ihrer Tätigkeit über diese Dinge gegen das übliche Zeilenhonorar zu Gerichte sitzen; an uns ist es lediglich, zu konstatieren, daß Prinz Flodoard in jeden gewünschten Kontakt mit ihr kam und keine Ursache hatte, daran zu zweifeln, daß sie Temperament besaß und heroischer Anstrengungen fähig war.

Somit wäre alles gut gewesen, und wir brauchten diese Geschichte nicht zu schreiben, wenn nicht Prinzessin Eulalia durch eine boshafte Manicure (mit der Fanny einen kleinen Raufhandel gehabt hatte) von der Sache Wind bekommen hätte.

– Oh! sagte sie, oh! und ließ ihren Beichtvater kommen.

Pater Ivo war ein Kapuziner von der verehrungswürdigen Einfalt eines frommen Greises und dem treuherzigen Glauben eines unverdorbenen Kindes. Seit mehr denn fünfzig Jahren trug er seine Kutte und wußte nichts mehr von der Welt und ihrer Arglist, denn was er davon gewußt hatte, hatte er vergessen. –

Diesem wackeren Mönche also erzählte Prinzessin Eulalia mit sanft umschreibenden Worten das Greuliche und fragte zum Schluß: Was ist zu tun? Was kann hier helfen?

– Nichts, als die Haare der heiligen Fringilla! antwortete Pater Ivo.

– Ah! sagte die Prinzessin.

– Ja! Sagte der Pater.

– Nämlich, fuhr er fort, die Haare der heiligen Fringilla, auf der bloßen Brust in einer geweihten Kapsel aus dem Holze des Judasbaumes getragen, haben die Kraft, die bösen Lüste zu vertreiben, indem sie sie im eigentlichsten Sinne hinfällig machen, so zwar, daß...

– Ich verspreche, sprach die Prinzessin, indem sie zu den übrigen Falten ihrer Stirn noch eine bekam; das wird das Richtige sein. Wie aber und woher bekommen wir so schnell Haare von der heiligen Fringilla und Holz vom Judasbaume?

– Hier, antwortete Pater Ivo prompt, griff in seine Kutte und brachte eine Kapsel zum Vorschein, hier sind Haare und Kapsel. Ich bedarf ihrer ohnehin längst nicht mehr, fügte er mit einem milden Lächeln hinzu.

Die Prinzessin nahm die Kapsel mit Dank und Andacht entgegen und hätte sie gern geküßt, wenn sie nur etwas gelüftet gewesen wäre; so mußte sie sich begnügen, sie mit Devotion zu betrachten. Das Ding sah eigentlich wie eine der alten Taschenuhren mit hohem, rundem Glasdeckel aus, nur, daß unter dem Glas kein Zifferblatt, sondern, auf einem Pölsterchen von weißem Samt, eine Anzahl brauner, ganz, ganz feiner schlichter Haare zu sehen war, die sich fast wie Seidenfäden ausnahmen, so fein waren sie.

Mit dieser Kapsel in den überaus weißen und natürlich hellblau geäderten Händen begab sich die Hoheit Eulalia in die Gemächer ihres Gatten, der eben die Kniegeige traktierte, indem er den ganzen Schmelz seiner Empfindungen für Fanny auf ihre vibrierenden Saiten strich. Als er seine hohe Gemahlin bemerkte, beendigte er die empfindungsreiche Piece mit einer mehr ausdrucksvollen als harmonischen Figur und sah den Sproß des grausam alten Fürstenhauses fragend an.

Der Sproß aber sprach: Nimm, mein Geliebter, hier in dieser Kapsel aus dem Holze des Judasbaumes einige Haare vom Scheitel der heiligen Fringilla, hänge die Kapsel um deinen Hals und trage sie fürderhin auf deiner bloßen Brust.

Was hat sie denn? dachte sich Prinz Flodoard; es herrschen doch nicht die Pocken oder der Typhus in unserer Stadt, und ich bin überdies in der Unfallversicherung! Sprechen aber tat er so: Aus welchem Grunde wünschest du dieses?

– Es ist gut gegen allerlei Anfechtungen, erwiderte mit Betonung und einem eigentümlich bohrenden Blicke die Prinzessin.

Der Prinz hatte eine bange Empfindung, nicht unähnlich der, die auch Prinzen haben, wenn sie beim Zahnarzt sind und dieser die elektrische Bohrmaschine herbeizieht. Daher sprach er schnell: Ich danke dir sehr für diese Aufmerksamkeit. Wie du weißt, habe ich stets zu den besonderen Verehrern der heiligen Fringilla gehört.

Die Prinzessin neigte hoheitsvoll, aber nur ein bißchen, das Haupt und sprach: So wirst du, hoff' ich, *immer* und *überall*, *stets* und *wo* du auch bist, *jederzeit* und *bei allen* Gelegenheiten, eingedenk sein, *wessen* Haare du auf deiner Brust trägst, so daß schon der Gedanke allein deinen Fuß vor jedem Straucheln behüten wird, abgesehen von der magischen Kraft der heiligen Haare selber.

Daß sie etwas weiß, ist sicher, dachte sich der Prinz. Es ist doch scheußlich, daß in diesem Neste alles auskommt. Sprechen aber tat er so: Du kannst dich in jeder Hinsicht vollkommen beruhigen, meine Teure. Ich werde die Kapsel sofort umhängen und gewiß immer an sie denken. Überdies ist sie, wie ich sehe, so voluminös, daß ich sie unausgesetzt *fühlen* werde.

Prinzeß Eulalia tat, was sie nur selten zu tun pflegte: sie lächelte. Und, indem sie lächelte, sprach sie: Daran erkenn' ich meinen Pater Ivo; er denkt an alles. Prinz Flodoard aber dachte sich: Es wird höchst unschick aussehen, wenn dieser Knollen die Hemdbrust aufbeult. Man wird denken, daß ich eine Hühnerbrust habe.

Indessen, umhängen mußte er sich die Kapsel doch.

Am Abend desselbigen Tages, da sich dieses begeben hatte, befand sich Flodoard (denn in solcher Gesellschaft wollen wir ihn bloß Flodoard schlechthin nennen) bei Fanny. Es war ein schwüler Sommerabend, von der Art, wie die Dichter sie bevorzugen, wenn sie auf hitzige Ereignisse kommen wollen. (Doch wünschen wir mit solchen Dichtern nicht verwechselt zu werden, denn wir haben keinerlei hitzige Absichten, – vielmehr wird diese Geschichte gleich aus sein.) Flodoard sowohl wie Fanny befanden sich in jenem leichten Kostüme, in dem man sich nur dann am offenen Fenster zeigt, wenn man kein vis-à-vis hat. Das Fannys war aus Seide und rosarot, das Flodoards dagegen, bis auf die große rote Krone unter der Brustkrause, durchaus weiß und aus Batist. Der Schwüle wegen hatte Flodoard es unterlassen, den weißen Kragen seines Gewandes zu schließen, so daß der Hals sowohl wie ein Teil der Brust sichtbar ward, und so kam es, daß Fannys Blick unter anderem auch auf die uns hinlänglich bekannte Kapsel fiel.

Es war vielleicht indiskret, daß sie es tat, aber Fanny fragte, indem die rosarote Seide sich dem durchaus weißen Batiste näherte: Schau, was hast du denn da hängen?

Es war vielleicht frivol, daß er es tat, aber Flodoard antwortete, indem der durchaus weiße Batist die Berührung der rosaroten Seide sanft erwiderte: Das sind Haare vom Scheitel der heiligen Fringilla.

– Die helfen gewiß gegen Erkältung, meinte Fanny.

– Nein, sie sollen vielmehr gegen Erwärmung helfen, witzelte Flodoard.

– Haare von einer Heiligen hab' ich mein Lebtag nicht gesehen; die muß ich mir näher anschau'n, entschied Fanny, hing dem witzigen Herrn die Kapsel ab und ging damit zum offenen Fenster.

Obwohl wir vorhin bemerkt haben, daß es ein schwüler Sommerabend war, als sich alles dies begab, erhob sich doch plötzlich in den hohen Bäumen des Parkes, nach dem hinaus die Fenster der neugierigen Heroine gingen, ein Wind und entführte (›auf seinen Fittichen‹ wollen wir sagen, weil es sich um verehrungswürdige Gegenstände handelt) die Haare der heiligen Fringilla in das grünschwarze Dämmerlicht. Allwissend, wie wir es dank unserer Eigenschaft als epischer Dichter sind, können wir hinzufügen, daß ein junger Spatz, der eben sein erstes Verhältnis mit einer fast noch weichschnäbligen Spätzin hatte und sich in einem verlassenen Starkasten der ausgelassenen Flitterwochen erfreute, unverschämt genug war, die zarten Reliquien mit seinem frechen Schnabel in freier Luft aufzufangen und sie mit den Worten: »Gute Polsterung ist das sicherste Fundament eines liebevollen Lebens« seiner Geliebten unter die warme Basis zu schieben. Habent sua fata capilli.

Fanny, die offenbar nicht mehr Gewissen als eine Spätzin hatte, geriet über die Entführung der Haare nicht etwa in Verzweiflung, sondern sagte bloß kurzhin: Weg sind sie!

Aber Flodoard, der an die Dame aus dem grausam alten Herrscherhaus dachte, rief erschrocken aus: Kruzi Türken, das ist aber 'mal unangenehm!

Worauf die Heroine eine spöttische Nase machte, indem sie sich einer bei Menschen sonst seltenen Fähigkeit bediente, die darin bestand, daß sie auf dem Nasenrücken ein paar Längsfalten erzeugte. Dazu sprach sie: Du hast auch immerzu Angst vor deiner grauslichen Hoheit. Übrigens macht das gar nix. Ich leg' ein paar Haare von mir in die alte Tombakuhr.

Flodoard fand das im ersten Augenblick ingeniös, aber dann wurde er verzagt: das geht ja nicht; du hast ja *blonde* Haare!

Dies ist die Peripetie der Geschichte. Hier setzt das Wunderbare ein. Die sonst nie versagende Füllfeder des Dichters erlahmt in diesem Augenblicke und vermag nur das Äußerliche der mirakulosen Begebenheit zu registrieren: Fanny kicherte und ging ins Nebenzimmer, von woher man das Schnipsen einer Schere und ein nochmaliges Kichern vernahm.

Am nächsten Morgen, als Prinz Flodoard an der Seite seiner hohen Gemahlin erwachte, sah er, daß diese im Bette aufgerichtet saß und mit starren Augen in die Kapsel sah, die sie ihm im Schlafe abgenommen hatte.

Der Prinz erschrak heftig und fragte: Wa... Was tust du denn da?

Prinzeß Eulalia starrte weiter und flüsterte fast ekstatisch: Flodoard, sage mir, hast du die Kapsel geöffnet?

Der Prinz antwortete hurtig, aber sanft: Nein, meine Teure, das tat ich nicht.

Prinzeß Eulalia sandte die Widerhaken zweier Inquisitorenblicke in seine Seele und flüsterte noch ekstatischer: *Schwöre*, daß du die Kapsel nicht geöffnet hast!

Der Prinz überlegte sich den Sachverhalt und sprach dann mit Festigkeit: Ich schwöre!

Die Prinzeß erhob ihre Augen zum Betthimmel, als ob dort, wo sich die Falten des Mulls in einem gekrönten Bausch trafen, etwas Unerhörtes zu sehen sei.

Auch Prinz Flodoard wandte seine Blicke dorthin, doch war es ihm nicht gegeben, irgend etwas Besonderes zu bemerken. An diesem Tage wurde Pater Ivo zu früherer Stunde als je ins Schloß berufen. Prinzessin Eulalia empfing ihn mit allen Anzeichen feierlicher Gehobenheit. Und sie sprach: Mein teurer Pater, ich glaube, daß die Gnade bei uns eingekehrt ist.

– Sie kehrt bei allen ein, die rechten Sinnes sind, antwortete der fromme Greis. Aber: wieso?

– Seht her, antwortete die Prinzessin, – die Haare der heiligen Fringilla haben *Locken* bekommen!

– Oh! rief der Pater aus. Oh! Oh! Wie heiß muß die Brust des Prinzen sein!

Die Prinzessin nahm einen strengen Ausdruck an: Wie? So

weltlich erklärt Ihr dies? Und selbst, *wenn* es die Brust meines Gatten gewesen wäre, die dies vermocht hat, – wäre es nicht ein Wunder? Schlichte Haare, die zu Locken werden, ohne daß man sie wickelt oder brennt?!

– Ja, es ist ein Wunder! entschied der Mönch, der sich seiner rationalistischen Anwandlung schämte.

– Aber was mag es *bedeuten*? fragte die Prinzeß.

Pater Ivo überlegte eine Weile, durchdachte alle Wunder ähnlicher Art, erwog, verwarf, verglich, schied aus und sagte schließlich was folgt: So ist es, meine erhabene Tochter; merket wohl auf! So und nicht anders: Gleich einem göttlichen Zugpflaster haben die Haare der heiligen Fringilla alle böse Brunst aus dem Herzen Eures hohen Gatten gezogen und sind so im Feuer verbotener Lüste zu Locken geworden! Nicht zufrieden damit, ein *Abwehr*mittel zu sein, sind sie ein *Heil*mittel geworden. Preisen wir die Macht der Gnade! Der Prinz ist für alle Zeiten gerettet! Meine erhabene Tochter darf fürderhin ruhig schlafen!

Von diesem Tage an erhielt Prinz Flodoard sogar den Hausschlüssel.

Daß die Kapsel aber wirklich eine wunderbare Kraft in sich schloß, bewährte sich, so oft er sie nur ansah, denn regelmäßig folgte diesem Blicke der Befehl an seinen Kutscher, ihn nach dem Hause zu fahren, dessen Fenster nach dem Parke gingen, in dem die echten Haare der heiligen Fringilla jenem Spatzenpaar zum Polster dienten.

JEAN GIRAUDOUX

Um ein Haar

Ich kam gerade aus den Armen von Frau Sherlock Holmes, als ich, Glück muß man haben, ihrem Ehemann begegnete.

»Hallo, guten Tag!« sagte der berühmte Detektiv. »Ich habe Sie ja seit Jahrhunderten nicht gesehen!«

Irgendwie zeigte sich meine Verwirrung wohl auf meinem Gesicht. Sherlock lächelte verschmitzt.

»Ich weiß schon, was mit Ihnen los ist«, sagte er. »Sie sind auf dem Wege zu einer Freundin.«

Sagte ich nein, sah es nach Geheimnistuerei aus. Sagte ich ja, sah es so aus, als wollte ich das vermeiden. Ich antwortete also, vielleicht etwas hastig: die besagte Freundin könne ohne weiteres warten; käme ich nicht um acht Uhr, käme ich eben um neun. Und überhaupt: wenn ihr das nicht recht sei, käme ich eben gar nicht.

Statt zu antworten, legte mir Sherlock die Hände auf die Schultern, blickte mich scharf an und sagte: »Reden Sie keinen Unsinn, mein Lieber. Ich hatte Ihnen eine Frage gestellt. Sie kommen gerade von einem Stelldichein.«

Ein Frösteln durchlief meinen Körper bis hinauf in die Haare, die sich heftig sträubten.

Zum Glück fügte er hinzu: »Aber Scherz beiseite. Gehen wir ins Restaurant. Tut mir leid, daß ich Sie nicht nach Hause mitnehmen kann, aber dort werde ich nicht erwartet. Das Dienstmädchen hat seinen freien Tag.«

Ich glaubte mich gerettet. Mein Freund löffelte zwar seine Suppe sehr nachdenklich, aber ich meinte, irgendein hochspezialisierter Taschendieb oder gerissener Zuhälter sei der Grund für seine Nachdenklichkeit. Plötzlich stieß er mit dem Fuß sanft gegen meinen Knöchel.

»Da haben wir den Beweis«, sagte er.

Er fing wahrhaftig wieder an.

»Den untrüglichen, unwiderleglichen Beweis«, fuhr er fort, »daß Sie wirklich von einem Stelldichein kommen: Ihre

Stiefeletten sind nur halb zugeknöpft. Entweder sind Sie in flagranti ertappt worden, und das ist schon deshalb ausgeschlossen, weil Ihre Krawatte von zarter Hand sorgfältig gebunden ist, oder Ihre Freundin gehört zu einer Familie, in der man keine Knöpfhaken benutzt, zu einer englischen Familie zum Beispiel.« (Engländer und Engländerinnen tragen ja bekanntlich nur offene Schuhe mit Schnürsenkeln, sogenannte ›Richelieus‹).

Ich bemühte mich zu lächeln.

»Jede Frau«, so gab ich zu bedenken, »hat Haarklammern. Eine Haarklammer kann sehr gut als Knöpfhaken dienen.«

»Ihre Freundin hat keine«, bemerkte er trocken. »Vielleicht wissen Sie das nicht, aber eine Anzahl von Engländerinnen hat sogar eine Liga gegen den Gebrauch von Haarklammern gegründet. Außerdem brauchen wir gar nicht so weit zu gehen: Frauen, die eine Perücke tragen, benutzen ja auch keine. Ich muß das schließlich wissen. Meine Frau gehört auch dazu.«

»Ach wirklich?« sagte ich.

Offensichtlich genoß er es, mich auf die Folter zu spannen. Außerdem hatte mich dieser unmögliche Mensch mit dem Rücken zum Fenster gesetzt, und der kalte Luftzug ging mir bis ins Mark. Ich nieste. Als ich mein Taschentuch zog, fiel ein zweites, spitzenbesetztes heraus. Es war etwas größer als ein Blatt und etwas kleiner als meine Hand. Sherlock legte es auf den Tisch und versenkte sich wieder in seine Überlegungen.

»Das ist ein Damentaschentuch«, erklärte er schließlich.

Dann lächelte er. »Kindskopf«, sagte er. »Sie lassen sich von einem Taschentuch verraten. Seit Jago und Othello gehören solche Requisiten nur noch in die Operette. Aber ich will nicht indiskret sein. Erlauben Sie, daß ich es näher betrachte?«

»Oh, bitte«, stammelte ich dümmlich, »es ist sauber.«

Ich pfiff vor mich hin, um die Fassung zu bewahren; dann fiel mir ein, daß ich gerade damit nach Fassung zu ringen schien, und verstummte plötzlich. Man hätte die Fliegen summen hören können. Aber die Viecher waren wohl eingeschüchtert und dachten nicht daran zu summen. Mein Herz tuckerte in dieser Stille wie ein Motor im vierten Gang. Sherlock trank einen Fingerbreit Bordeaux, dann noch einen, und schließlich legte er seinen Zeigefinger auf das Taschentuch.

»Die Dame hat einen mißtrauischen und schlauen Ehemann«, sagte er. »Es hat kein Monogramm.«

Vor Erleichterung trank ich zwei große Gläser Wasser. Sherlock schnupperte an dem Taschentuch und hielt es mir behutsam vor die Nase.

»Wonach duftet es?« fragte er.

Es duftet so penetrant nach ›Congo‹, daß man die vierzehn Tage abgehangene Schnepfe, die man uns gerade servierte, trotz ihres Hautgout für eine Taube hätte halten können. Es war übrigens der letzte Tag der Schonzeit.

»Wonach es duftet?« murmelte ich.,

Glücklicherweise hört Sherlock nie auf seine Gesprächspartner. Die Fragen, die er ihnen stellt, sind Antworten, die er sich selber gibt.

»Für mich duftet es nach nichts«, überlegte er. »Also ist es ein Parfüm, an das ich gewöhnt bin. ›Congo‹ zum Beispiel: das benutzt meine Frau.«

Wer noch nie unter einen Schmiedehammer oder in ein Walzwerk geraten ist, kann sich unmöglich vorstellen, wie mein Herz zusammengepreßt wurde. Ich beugte mich über meinen Teller und versuchte mir Appetit einzureden. Dabei herrschte ein Schweigen, das die Höhe der Luftsäule auf meinen Schultern zu verdoppeln schien. Sherlock starrte mich weiter an.

»Ein Haar«, sagte er.

Ich blickte zu seinem Teller hinüber. »Das ist kein Haar«, sagte ich. »Lauch vielleicht.«

Er stand auf, ohne zu antworten, streckte seine Hand zu mir herüber und hielt mir zwischen Daumen und Zeigefinger etwas hin, das er von meinem Kragen gezupft hatte: ein goldenes, seidiges, schmiegsames Fädchen, kurz, ein Haar, wie es sich so gut auf der Schulter eines Liebhabers macht, wenn das Köpfchen der Geliebten noch daran ist.

»Nun«, sagte er, »was ist das?«

»Das?« erklärte ich in einem Ton, den ich gern gleichgültig herausgebracht hätte, der aber wider Willen herausfordernd klang. »Sie haben es ja selber gesagt: ein Haar.«

Er legte es auf das weiße Tischtuch. Ich benutzte die Gelegenheit, die mir der Luftzug und die nachdenkliche Versunkenheit meines Henkers gaben, und nieste in Richtung auf das Haar, das sich aufrichtete und eine Wellenbewegung machte wie eine Schlange auf ihrem Schwanz. Aber vom Tisch flog das unverschämte Ding nicht.

»Niesen Sie noch einmal«, befahl Sherlock Holmes, der mein Manöver natürlich durchschaut hatte.

Ich fand die Bemerkung unpassend. »Wenn schon geniest werden soll«, protestierte ich, »niesen Sie doch selber.«

Er nieste. Das Haar richtete sich auf und machte eine Wellenbewegung (siehe oben).

»Wußte ich's doch. Ein Perückenhaar«, folgerte er. »Die Haarwurzel bleibt hängen.«

Das Haar war quer zurückgefallen und lag zwischen uns wie ein Leichnam. Im Tode erschien es mir noch länger als im Leben.

Sherlock leerte sein Glas und benutzte es als Lupe, so sehr ich mich auch bemühte, ihm vom Chablis nachzugießen, der übrigens scheußlich schlecht war.

»Tatsächlich, ein Haar von meiner Frau«, sagte er.

Ich verbarg meinen Schrecken unter dem Schleier eines freundlichen Konversationsstils.

»Hört, hört!« scherzte ich. »Frau Holmes ist eine Schönheit. Sie schmeicheln mir!«

Er sah mich mitleidig an.

»Armer Freund«, sagte er, »sie ist eine Irin, die sich schon in allen Kneipen herumgetrieben hat.«

Lieber den Tod als diese Ungewißheit. Ich mag mich nicht bei kleinem Feuer schmoren lassen. Vor allem nicht in Anwesenheit eines vertrottelten Kellners, der einem beim Bedienen zuhört. Ich schickte den zudringlichen Kerl mit Nachdruck weg.

»Und Sie«, rief ich, indem ich aufstand und Sherlock scharf ansah, »erklären Sie sich!«

Das hieß den Stier bei den Hörnern packen! Aber ich wäre noch weitergegangen.

Nur blieb mein Gegner bei seiner freundlichen Ironie.

»Das ist rasch geschehen«, sagte er. »Sie kommen von einem Stelldichein und werden bei meinem Anblick verwirrt. Es liegt Ihnen also daran, mich nicht erfahren zu lassen, welche Dame Ihnen ihre Gunst schenkt. Ihre Stiefeletten sind nicht in Ordnung... Also haben Sie sie nicht zugeknöpft. Heute hat mein Dienstmädchen ihren freien Tag und läßt meine Frau allein. Sie lassen ein Taschentuch fallen, das meiner Frau gehört. Auf Ihrer Schulter finde ich ein Haar aus ihrer schönsten Perücke. Also...«

Vor meinen Augen drehte sich alles. Die Zeit verging um so viel langsamer, als mein Herz schneller schlug.

»Also«, fuhr Sherlock, der mich immer noch ansah wie eine Boa, die gleich ihr Kalb schlucken wird, fort, »also... ziehen Sie selber den Schluß.«

Ich zog den Schluß, indem ich mich in meinen Sessel fallen ließ und fieberhaft am Griff meines Revolvers herumfingerte, eines großartigen, zwölfschüssigen Browning. Was für eine Dummheit, ihn nie zu laden!

»Also...«, sagte Sherlock gelassen (mit dem Unterton: geben Sie's zu, armer Junge, ich nehme es Ihnen ja nicht übel), »Sie sind – der Freund meines Dienstmädchens!«

»Kellner!« brüllte ich. »Wo zum Teufel stecken Sie denn? Seit einer Stunde rufe ich schon nach Ihnen! Bringen Sie uns Champagner!«

ALFRED POLGAR

Unterhalte dich gut!

»Natürlich sollst du gehen – was ist das für eine Frage? – Und bleib nur, so lange du willst, Lieber.«

Mit so sanften Worten, deren Helligkeit noch von einem Lächeln dahinter, als Reflektor, verstärkt wurde, ließ sie ihn für diesen Abend.

Er war schon auf der Treppe, da öffnete sie abermals die Tür, rief liebevoll: »Unterhalte dich gut!«

Ein vorsichtiger Mann wäre daraufhin umgekehrt. Dieser Tollkühne stürmte weiter, hinein in das Glück der Solo-Stunden.

Nachdem er aber deren erste Wonnen genossen hatte, fiel Verstörung über ihn. Es schnitt was sein Inwendiges, als hätte er mit dem Bissen Freiheit, den ihm die Geliebte gegönnt, einen Angelhaken verschluckt. Er fühlte das Zerren der Leine und dachte nach:

»Natürlich sollst du gehen«... »natürlich«, das hieß, richtig gehört: dir scheint es natürlich, mich allein zu lassen, aber du hast recht, denn es wäre ja wirklich blanke Unnatur von einem Egoisten, wie du einer bist, auch an den anderen zu denken. Und zu ergänzen war die Wendung so: natürlich sollst du gehen, da es dir solches Opfer wäre, zu bleiben... Dieses ›natürlich‹ war nur an der äußersten Schicht, für ganz oberflächliche Schmecker, schokoladisiert und gleich darunter nichts als Bitterkeit.

»Sollst du gehen.« Das bedeutete: Alle Welt möge nur merken, was du für ein Schwein bist. Häufe nur Verrat auf Verrat, es ist gut so, enthülle dich in deiner Schlechtigkeit.

Der Zusatz aber: »Was ist das für eine Frage?« hieß, gut verstanden: Daß du nicht einen Augenblick zögerst, mir aufs Herz zu treten, wenn ich dir im Wege bin, ist doch keine Frage. Und in die toleranten Worte: »Bleib, so lange du willst, Lieber« war eingewickelt der Schlager: Laß sehen, wie weit deine Niedertracht geht.

Das ganz Gefährliche aber, die gesprochene Sublimatpille, die dreikantig geschliffene Wendung, die Dumdumbosheit war das hinterrücksige: »Unterhalte dich gut!« Das hieß in der Übersetzung: Verbringe einen gequälten Abend. Mein Leid stehe zwischen dir und der Freude. Meine Verlassenheit verlasse dich nicht. Meine Träne falle in dein Bier. Und versalze dir das Süße. Unterhalte dich gut!

Er stieg tief hinab in den Brunnen der Meditation, wurde abwesend.

»Was hast du?« fragte der Kamerad. »Was beschäftigt dich?«

»Philologisches... Glaubst du, sie hat sich sehr geärgert, daß ich weggegangen bin?«

»Nein. Geärgert natürlich, aber nicht sehr.«

»Warum hat sie mir dann nachgerufen: ›Unterhalte dich gut‹?«

»Das braucht dich nicht zu beunruhigen. Das sagen sie immer, wenn man sie zu Hause läßt, alle. Die Meinige sagt es, wenn ich mir die Haare schneiden lasse, sie sagt es, wenn ich zum Zahnarzt gehe, sie würde es noch sagen, wenn man mich zu meiner Hinrichtung abholte. Sie wird mir auf den Grabstein schreiben lassen: Unterhalte dich gut!«

»Wie erklärst du dir das? Warum die Bosheit? Sie weiß doch, daß ich mich nicht ›unterhalten‹ gehe. Warum tut sie so, als ob sie das glaubte?«

»Das ist keine Bosheit. Das kommt aus dem Instinkt, aus Bezirken unter der Bewußtseinsschwelle. Nämlich, so denk' ich mir's: die Dauer-Frau, deine wie meine wie jede, fühlt im Unterbewußtsein, daß Ohne-sie-Sein schon an und für sich Unterhaltung ist.«

JAMES THURBER

Der Bordstein im Himmel

Als Charlie Deshler ankündigte, daß er Dorothy heiraten wolle, sagte irgend jemand, da werde er wohl postwendend den Verstand verlieren.

»O nein«, meinte ein Witzbold, der beide kannte. »Nicht postwendend, sondern *post hoc.*«

Dorothy hatte sich schon in ihrer Kindheit darauf verlegt, die Sätze anderer Leute zu vollenden. Manchmal wählte sie das falsche Wort, und das ärgerte dann den Sprecher gewaltig; manchmal brachte sie den Satz richtig zu Ende, und das ärgerte den Sprecher natürlich noch mehr.

»Als William Howard Taft...« fing etwa ein Gast im Hause von Dorothys Eltern an.

»...Präsident war«, piepste Dorothy. Vielleicht hatte der andere wirklich ›Präsident‹ sagen wollen, vielleicht aber auch ›jung‹ oder ›Staatsanwalt des Obersten Gerichtshofes der Vereinigten Staaten‹.

Auf jeden Fall verabschiedete er sich bald darauf und ging nach Hause.

Dorothys Eltern waren – wie die meisten Eltern – weit davon entfernt, in dem vorlauten Benehmen ihrer Tochter eine Unart zu sehen. Höchstwahrscheinlich hielten sie Dorothys Angewohnheit für witzig und sogar für geistreich. Ich vermute, daß Dorothys Mutter, als ihr Töchterchen die Aufforderung: »Komm, Dorothy, iß deinen...« zum erstenmal mit den Worten: »...Spinat, Liebling!« ergänzte, unverzüglich ihren Mann im Büro anrief, um ihm das mitzuteilen, und daß er es drei Tage lang jedem erzählte, der ihm über den Weg lief.

Dorothy wuchs zu einer recht hübschen jungen Dame heran, und dadurch wurde sie noch gefährlicher. Die Männer fühlten sich zu ihr hingezogen und machten ihr eifrig den Hof. Aber so sehr sie auch Dorothys Nähe genossen, sie mußten manche Belehrung in Kauf nehmen. Schon als Backfisch legte Dorothy sehr viel Wert darauf, daß ihre Freunde sich korrekt ausdrückten und Sprachschnitzer vermieden.

»Nicht: größer ›wie‹, Arthur«, sagte sie beispielsweise. »Es muß ›als‹ heißen – größer als, nicht wahr?«

Die meisten ihrer Anbeter fanden sich damit ab, weil sie nun einmal in das Mädchen verliebt waren; mit der Zeit aber, wenn sich Dorothys Interesse an ihnen immer mehr auf die pädagogische Ebene verlagerte, wanderten sie langsam zu weniger kritischen, wenn auch vielleicht dümmeren Mädchen ab.

Charlie Deshler jedoch zeichnete sich durch jene stürmische Leidenschaftlichkeit aus, wie sie geborenen Eroberern eigen ist. Taub für die Warnungen seiner Freunde, deren Besorgnis er für pure Eifersucht hielt, verlobte er sich mit Dorothy und heiratete sie so rasch, daß er eigentlich nichts weiter von ihr wußte, als daß sie hübsch war, strahlende Augen hatte und ihm begehrenswert erschien.

Als Ehefrau war Dorothy natürlich in ihrem Element: Sie verbesserte mit wahrer Wonne Charlies Geschichten. Er hatte auf seinen Reisen viel erlebt und war ein wirklich ausgezeichneter Erzähler. Während ihrer Verlobungszeit hatte sich Dorothy aufrichtig für ihn und seine Geschichten interessiert, und da sie an den Begebenheiten, von denen er sprach, nicht beteiligt war, konnte sie nicht wissen, wann er sich in der Zeit, im Ort oder in Personen irrte. Abgesehen von dem Versuch, hier und da eine kleine grammatikalische Korrektur anzubringen, ließ sie ihn so ziemlich in Ruhe. Charlie sprach überdies ein recht korrektes Englisch – er wußte, wann es ›wie‹ und wann es ›als‹ heißen mußte –, und das war ein Grund mehr dafür, daß er in seiner Braut die wahre Dorothy nicht entdeckte.

Nach der Hochzeit ließ ich längere Zeit verstreichen, bevor ich die beiden besuchte. Ich hatte Charlie nämlich gern, und ich wußte, daß es mich bedrücken würde, ihn aus der Narkose der Verliebtheit erwachen und den ersten Schmerz der Wirklichkeit ausgeliefert zu sehen. Als ich schließlich hinging, war alles genauso, wie ich es befürchtet hatte. Charlie begann beim Mittagessen von einem Ausflug zu erzählen, der sie in mehrere Städte geführt hatte – in welche Städte, das kann ich nicht mit Sicherheit sagen, weil Dorothy fast alle Angaben ihres Mannes bestritt.

»Am nächsten Tag«, berichtete er zum Beispiel, »brachen wir früh auf und fuhren zweihundert Meilen bis Fairview...«

»Nun«, schaltete sich Dorothy ein, »*früh* ist wohl nicht ganz das richtige Wort. Es war längst nicht so früh wie am ersten Tag unserer Fahrt – da sind wir ja schon um sieben Uhr aufgestanden. Und wir fuhren auch nur hundertachtzig Meilen, denn ich weiß noch, daß ich beim Einsteigen auf dieses Zählerdings sah.«

»Na jedenfalls, als wir nach Fairview kamen...« begann Charlie von neuem, wurde jedoch sofort von Dorothy mit der Frage unterbrochen: »War es wirklich Fairview an diesem Tag, Liebling?«

Dorothy unterbrach Charlie oft mit der Frage, ob dieses oder jenes auch wirklich so gewesen sei. Sie sagte nie klipp und klar, daß er sich irre, aber es lief auf dasselbe hinaus, denn wenn er erwiderte: »Ja, es war bestimmt so«, dann rief sie: »O nein, Liebling«, und erzählte die Geschichte auf ihre Art weiter. (Sie nannte jeden, mit dem sie nicht einer Meinung war, ›Liebling‹.)

Ein- oder zweimal war ich Zeuge, wie Dorothy ihren Mann fast bis zum Höhepunkt irgendeiner interessanten Geschichte gelangen ließ und ihm dann sozusagen von hinten ein Bein stellte, gerade in dem Augenblick, da er das Zielband zerreißen wollte. Nichts greift die Nerven und den Geist so sehr an wie das. Manche Ehemänner lehnen sich lächelnd und sogar mit einem gewissen Stolz zurück, wenn ihre Frauen sie unterbrechen und den Faden der Erzählung an sich reißen. Aber das sind geschlagene Männer. Charlie gab sich zwar nicht geschlagen, doch die dauernden Attakken seiner Frau machten ihm schwer zu schaffen, und schließlich sah er ein, daß er etwas unternehmen müsse. Was er dann unternahm, war eigentlich genial. Wenn man die Deshlers gegen Ende ihres zweiten Ehejahres besuchte, schilderte Charlie unweigerlich irgendeinen fantastischen Traum, den er gehabt hatte, denn er wußte, daß ihm Dorothy in seine Träume nicht hineinreden konnte. Auf der

Suche nach einem Eigenleben hatte er sich in eine Traumwelt geflüchtet.

»Ich träumte, daß ich ein Flugzeug steuerte«, erzählte er etwa. »Es bestand aus Telegrafendrähten und alten Lederstücken. Ich war von meinem Schlafzimmer aus gestartet und wollte zum Mond fliegen. Aber auf halbem Wege zum Mond bedeutete mir ein Mann durch Zeichen, ich solle halten. Er sah aus wie der Weihnachtsmann – nur daß er eine Zolluniform trug –, und er saß ebenfalls in einem Flugzeug aus Telegrafendrähten. Ich parkte also auf einer Wolke. ›Hören Sie‹, sagte er, ›wenn Sie der Mann sind, der diese Hochzeitskuchen erfunden hat, dann dürfen Sie nicht zum Mond fliegen.‹ Und er zeigte mir einen Kuchen mit einem Brautpaar darauf – kleine Teigfiguren, die einen Mann, eine Frau und einen Geistlichen darstellten und auf einem runden Mürbeteigboden befestigt waren.« Und so weiter.

Jeder Nervenarzt wird Ihnen bestätigen, daß der Weg, den Charlie gewählt hatte, schnurstracks zum Wahnsinn in Form von Zwangsvorstellungen führt. Man kann nicht Nacht für Nacht und Tag für Tag in einer fantastischen Traumwelt umherwandern und dabei normal bleiben. Langsam verschwand die Wirklichkeit aus Charlies Dasein, und bald lebte er nur noch in einem Schattenreich. Und da fixe Ideen dieser Art zu einer Bewußtseinsverengung zu führen pflegen, wurde Charlies Erfindungsgabe immer spärlicher, und schließlich beschränkte er sich darauf, wieder und wieder den ersten Traum zu erzählen, den er ausgesponnen hatte: die seltsame Geschichte seiner Reise zum Mond in einem Flugzeug aus Telegrafendrähten. Es war äußerst schmerzlich und betrübte uns alle sehr.

Nach ein oder zwei Monaten war Charlie so weit, daß er in ein Sanatorium gebracht werden mußte. Ich war damals gerade verreist, aber Jo Fultz, der ihn begleitet hatte, teilte es mir in einem Brief mit. »Charlie scheint sich hier wohl zu fühlen«, schrieb Joe. »Er ist schon viel ruhiger, und seine Augen sind klarer.« (Charlies Blick hatte zuletzt etwas Wildes, Gehetztes gehabt.) »Das wundert mich übrigens nicht«, schloß Joe, »er ist ja nun endlich dieser Frau entronnen.«

Zwei Wochen später fuhr ich in die Anstalt, um Charlie zu

besuchen. Ich fand ihn auf einer großen, geschützten Veranda in einem Liegestuhl ausgestreckt; er war blaß und abgemagert. Dorothy saß neben ihm, strahlend und munter. Ich war überrascht, ihr hier zu begegnen, denn ich hatte geglaubt, in diesem Heim werde Charlie vor ihr sicher sein. Er machte einen ziemlich verstörten Eindruck und fing sofort an, mir die Geschichte seiner Reise zum Mond zu erzählen. Er schilderte den Mann, der wie der Weihnachtsmann aussah, und sagte dann: »Er saß ebenfalls in einem Flugzeug aus Telegrafendrähten. Ich parkte also an einem Bordstein...«

»Nicht doch«, unterbrach ihn Dorothy, »du parktest auf einer *Wolke*! Im Himmel gibt es keine Bordsteine, es kann dort keine geben. Du parktest auf einer Wolke.«

Charlie seufzte, drehte sich ein wenig herum und sah mich an. Auch Dorothy sah mich an und lächelte auf ihre reizende Art.

»Bei dieser Geschichte kommt er immer durcheinander«, sagte sie.

JO HANNS RÖSLER

Heiratsagentur

Ich suchte eine Frau. Des Alleinseins müde wollte ich heiraten.

Die Heiratsagentur Helene von Amorbach fiel mir auf. Sie inserierte in den Zeitungen: »Glückliche Ehen nur durch uns! Keine Wartezeit! Selbstbedienung! Amerikanisches System!«

Neugierig geworden ging ich hin.

Die Heiratsagentur liegt mitten im Zentrum. Auf einer Geschäftsstraße im Parterre. Sie zeigt ein Schaufenster. Hinter einer hohen Scheibe sieht man eine gemütliche Wohnecke. Blumen auf dem Tisch, Wein in den Gläsern, Selbstgebackenes auf lustigen Tellern, gedämpftes Licht, das Radio spielt, Mann und Frau, zwei Puppen, sitzen auf der Couch und haben sich lieb.

»So können Sie es auch haben!« steht darunter.

Ein Page in eng anliegender Jacke mit herzförmigen Messingknöpfen öffnet mir die Glastür. Eine junge Dame mit noch enger anliegender Jacke ohne Knöpfe sitzt dahinter und kassiert dreißig Mark. Das ist die Gebühr.

»Bitte hier einzutreten!« sagt sie freundlich. »Sie können nicht verfehlen! Treten Sie jeweils durch das Tor Ihrer Wünsche.«

Ich stehe in einem rechteckigen Vorzimmer.

Das Zimmer ist leer. Vor mir zwei Türen.

»Eine Frau fürs Leben!« steht auf der einen und auf der zweiten: »Ein Mann fürs Leben.«

Da ich eine Frau will, gehe ich durch die linke Tür.

Ich komme in einen zweiten Raum.

Er sieht aus wie der erste und hat ebenfalls zwei Türen: »Blondinen«, »Brünette«.

Ich wähle die Blonden und betrete einen dritten Raum mit zwei Türen.

Auf der einen Seite steht: »Junge hübsche Mädchen«, auf der anderen: »Reife Frauen. Witwen. Erfahrene.«

Ich finde diese Art Vorsortierung großartig.

Ich gehe zu den jungen hübschen Mädchen, die meiner harren.

Sie harren nicht. Denn ich komme wieder in einen Raum, in dem ich mich abermals zu entscheiden habe.

»Gut gewachsen und schlank«, lese ich auf der rechten Tür und links: »Üppige und mit kleinen Formfehlern.«

Ich wähle die rechte Tür.

Im fünften Vorzimmer nur die zwei Ausgänge: »Ohne Verwandtschaft«, »Mit großer Verwandtschaft«.

Ich will meine Frau für mich haben, also eine ohne Verwandtschaft.

Ich trete ein.

Der Raum ist leer. Wieder zwei Türen: »Häuslich und sparsam«, »Verwöhnt und verschwenderisch«.

Mir fällt die Wahl leicht.

Ich komme mir vor wie in einer Obstsortierungsmaschine. Meine Erwartungen schwellen. Aber noch immer keine Mädchen. Nur immer wieder zwei Türen, durch die ich muß.

Ich lese rechts: »Näht, wäscht, kocht und backt gern« und links: »Spielt Bridge und verlangt Hausmädchen.«

Ich gehe natürlich durch die rechte Tür und nähere mich immer mehr meinem erträumten Ideal. Aber ich muß vorher nochmals durch zwei Türen: »Ordentlich, sauber und einfach«, »Genial mit höheren Interessen«.

Höhere Interessen habe ich selbst. Also wähle ich die Saubere.

Wieder bin ich in einem Vorzimmer. Es ist das neunte.

Ich stehe vor zwei Türen: »Betet ihren Mann an!«, »Will angebetet werden!«

Mein Herz klopft höher. Ein schönes Mädchen, sauber, sparsam, fleißig, blond, gut gewachsen, das mich noch dazu anbetet? Hinein durch diese Tür!

Das goldene Ende kommt noch.

Wieder warten zwei Türen auf mich.

»Mit Geld und Vermögen!« steht auf der einen. »Arm, wie eine Kirchenmaus!« steht auf der zweiten.

Ich wähle die Tür zu dem reichen Mädchen.

Mein Gott, wenn man die Wahl hat –

Ich gehe durch diese Tür und stehe plötzlich wieder auf der Straße.

Der Page vorm Eingang drückt mir einen Umschlag in die Hand.

In dem Umschlag befindet sich ein Taschenspiegel und ein Zettel.

Ich lese: »Bei Ihren Ansprüchen, mein Herr, an eine Frau, die Sie heiraten soll – es ist besser, Sie sehen erst einmal in den Spiegel!«

GIUSEPPE MAROTTA

Der Kalif Esposito

Polygam wird man, da Frauen eben keine nebensächliche Knabenbeschäftigung sind; aber trotzdem ist auch dazu lodernde Berufung die Voraussetzung: man muß im Grunde genommen polygam geboren sein, so wie man als Albino, als Kaiser, als Neger geboren wird. Ich zeige euch hier einen Mann, von dem man mit Recht behaupten könnte, daß er bei seiner Geburt die Augen nicht zum Licht aufschlug, sondern zur Vielweiberei: Don Peppino Esposito, meine ich, den Nabob und ›Guappo‹ aus dem Stadtviertel der Sanità. Beurteilt ihr ihn, ich nehme von seinem drahtigen Schnurrbart und seinen geschmeidigen Handlungen kein Haar hinweg und fügte keines hinzu. Ich zeige ihn euch (er besaß acht Läden in meinem Rione, und vier Familien in wohlweislich weit auseinander liegenden Teilen der Stadt), wie Neapel ihn mir damals zeigte, 1924; ich zeige ihn euch, und nichts weiter, einen Augenblick lang, in seiner Größe und in seinem Elend.

Acht Geschäfte für Brot und Teigwaren in der Via Miracoli, in der Via Arena, in der Via Crocelle, der Via Vergini, der Via Cristallini und so weiter, die bis zur Foria auf der einen Seite und bis Capodimonte und zu den Fontanelle auf der anderen ihre Wogen wälzten: ein Königreich von Gestellen und Säkken, gehäuft voll von allen achtundneunzig Arten großer und kleiner Teigwarenerzeugnisse, von wohldurchbackenem, goldgelbem Brot in den drei uralten Formen der schlanken ›palata‹, des klobigen ›paniello‹ und des kreisrunden durchsichtigen ›tortano‹ (die unbestrittene Krone, die Aureole, die San Gennaro sich aufsetzt, um ›ja‹ zu den Verhungerten zu sagen); ein blondes Reich, da und dort gefleckt mit Hängen heißen Mehls und kalten, sarkastischen Reises; ein Land geradewegs, klingend von Waagen und gleicherweise fröhlichen Stimmen, gepriesen von Bannern aus blauem Papier; ein Land, als dessen achtzehnjähriger, hochverehrter Alleinherrscher Don Peppino sich fand, als seine Eltern gleichzeitig an einer schicksalhaften Magenstörung oder Vergiftung durch weihnächtliche Muränen oder Fleischsalat (die ärztlichen Ansichten stimmten nicht überein) gestorben waren. Nun und? Nur Nunzia Trabbante hatte er in dieser Zeit sich unterworfen, und sie allein heiratete er in der Kirche San Vencenzo Ferreri, zwischen wahren Kerzenplantagen und wogenden Weihrauchnebeln, die Wunder wirkten, um das Befinden der Braut zu heben. Das Gesichtchen des Kindes Giulia, das nach drei Monaten und elf Tagen herbeistürzte, um die Hochzeit fröhlicher zu gestalten, wurde für genauso wolkig und bläulich erklärt wie die Schwaden der Weihrauchfässer; doch handelte es sich in Wahrheit um nichts weiter als die normalen Anzeichen von der Mühe des Geborenwerdens, die ja schließlich ein naher Verwandter des Todeskampfes ist.

Don Peppino Esposito war groß und mager, dunkelhäutig, ein Nervenbündel; der dichte Schnurrbart, der sein langes und wie ein Damm so schwer zu begehendes Gesicht vorteilhaft unterbrach, beruhigte und umgarnte, Gott allein weiß warum, die Schönheiten der Nachbarschaft. Ihm genügte ein langsamer Blick, oder daß er zwischen den Bündeln der Spaghetti, Mezzanelli, Fusilli hindurch seine Hand ausstreckte, um auf einem bloßen Arm eine unbestimmte, schutzversprechende Liebkosung anzubringen. »Eure Dienerin, Don Peppino, ihr braucht nur zu befehlen«, war die Erwiderung dieses schneeweißen, blitzartig von der unabweisbaren Verkündigung überzeugten Fleisches; und wenn der stolze Guappo dem Mädchen zumurmelte: »Darf ich Sie bitten... wenn Sie so liebenswürdig wären... um Mitternacht...«, dann war das Schicksal des Mädchens besiegelt. Warum nicht auch das Schicksal Espositos? Man ermesse einem Schürzenjäger und einem polygamen Mann. Es gibt nichts Gemeinsames zwischen ihnen. Vom ersten Kuß an versprach Peppino Esposito der kleinen Carmela Sgarro nicht ein Abenteuer, sondern eine ›Sistemazione‹, die Versorgung! Fast ein Jahr lang waren sie verlobt, mit werbenden Stelldicheins am Botanischen Garten und bei den Ponti Rossi; dann feierten sie, weinend und lachend, in einem funkelnden Obergeschoß im Petraio die Unterhochzeit, die Don Peppino anzubieten hatte. Er wünschte sich auch die Verzeihung, den Zuspruch und die Glückwünsche seiner besten Freunde: eine geschlossene, heimliche Feier, mit einem Wort gesagt. Carmela trug mit gutem Recht das weiße Brautkleid, wenn auch ohne Orangenblüten; Esposito hatte beschlossen, diesmal alle Ungeduld zu zügeln, und das war ihm wunderbar gelungen. Die Geladenen verstanden es, stundenlang Freude und Trauer wohlzubemessen; der älteste, ein berühmter Meister der Raufhändel, Beherrscher der Via Ventaglieri, schmeichelte dem Esposito, indem er philosophisch bemerkte: »Wir sind in der Gewalt des Himmels. Wer nicht lebt, dem geschieht nichts. Der Kopf des Menschen ist eine Schicht Zwiebel.« So gerechtfertigt, in der Gnade, unter dem Schutz und Schirm des Unabwendbaren, verabschiedete Don Peppino von der Terrasse winkend seine Gäste, bis die hereinbrechende Dunkelheit und die Glyzinien des Petraio sie in sich aufnahmen; dann verschwand er mit dem Seufzer »Carmeli! Carmeli!« in seinen Gemächern und zeigte sich erst spät am nächsten Tage wieder in seinem Geschäft; für die Frau und die Gehilfen, und die Leute im allgemeinen, hatte er in Gragnano und in Avellino eingekauft, und er beklagte sich über die schlechten Straßen.

Die folgenden Frauen Don Peppinos waren Elisa Giaccone und Margherita Carbonaro, eine Handschuhmacherin und eine Studentin. Die Carbonaro verließ am gleichen Tage die Lehrbücher und ihren Vater, einen vergilbten kleinen Zollbeamten. Dieser drohte, sich an die Polizei und an die Signora Esposito zu wenden. »An welche?« gab Don Peppino zu bedenken. »Ihr seid Buchhalter und könnt folglich eine Rechnung aufstellen«, fuhr er fort. »Wenn Margherita, die Ärmste, die Anzeige bekommt, begeht sie Selbstmord, ich schlage euch logischerweise die Knochen kaputt, und außerdem verliert ihr eure Staatsstellung beim königlichen Zoll.« Die endlose Auseinandersetzung vollzog sich in verschiedenen Phasen von Zorn und Rührung; eine schäbige Pulcinella-Statue sah den Streitenden von einer Mauer an der Piazza Ceraso ai Vergini herab zu; weiß der Himmel, was sie dort zu suchen hat. Abwechselnd geküßt und geohrfeigt (das Spiel der Leidenschaften zwang Don Peppino, bald ›Vater‹ zu murmeln und fast unmittelbar anschließend ›verfluchter Hund!‹ zu brüllen), wählte Carbonaro den Gehorsam und die Schande und handelte lediglich das Versprechen ein, daß Margherita ihr Studium fortsetzen sollte. Was den Bruder Elisas betrifft, einen finsteren Fuhrmann aus Fuorigrotta, so schlug ihn Don Peppino in einem regelrechten ›Dichiaramento‹ aus dem Feld, einem rituellen Duell, das im Morgengrauen, bei frischem Verstand, auf einer Wiese in Villanova stattfand. Er geigte ihm die Knochen mit Knüppelschlägen, dann verhöhnte er ihn, indem er verlangte, daß er eine Handvoll Gras fresse. Knabenstreiche. Margherita wird in der Via Piliero angesiedelt, Elisa in der Arenaccia, Don Peppino genießt in der vierfachen Ruhe das ersehnte Familienleben, und in seinen verschiedenen Wohnungen verfließen ihm rasch die Jahre.

Jesus, diese Kunst, vier treue und aufmerksame Ehemänner aus einem flatterhaften und stets mit anderem beschäftigten Ehemann zu münzen! Und dann die gleiche Anzahl liebevoller Väter aus einem Mann, der sicherlich als einzelner Erzeuger miserabel gewesen wäre! Don Peppino war ein Virtuose, ein Genius der eigenen Unterteilung. Seinen Leib und seine Seele verteilte er mit der unanfechtbaren, geschmeidigen Gerechtigkeit Salomos. Er frühstückte, zum Beispiel, mit seinem gesetzmäßigen Eheweib; er aß zu Mittag bei Carmela; er stärkte sich am späten Nachmittag bei Elisa; aß zu Abend bei Margherita: indem er unparteiisch diese Ordnung abwandelte, ließ er alle vier Tage jeder seiner Familien die gleiche Quantität und die gleiche Qualität von sich zukommen. Ein jeder errät, daß Espositos Nächte eine nicht weniger taktvolle, wohlbemessene, rationelle Einteilung aufzuweisen hatten ... wie im übrigen auch sein schöner Geldstrom. Der Hauptfamilie hätten nach dem Gesetz die acht Geschäfte gebührt; aber Don Peppino hatte den Nebenfamilien Sparkassenbücher ausstellen lassen, die er jeden Samstag mit etwa Dreifünfteln (denn es gab auch noch seine persönlichen Ausgaben) seines flüssigen Geldes sozusagen bewässerte. Jesus! Ist eine derartige Gewissenhaftigkeit mitten in solcher Unverantwortlichkeit überhaupt faßbar? Werde ich es jemals wagen, mit Haken, Seilen und Laternen in Don Peppino Esposito hinabzusteigen und zu versuchen, ihn ganz zu ergründen? Ich glaube nicht; ich behaupte nochmals, daß er der geborene Polygame war, ich wage die Hypothese, daß der natürliche Drang nach Frau und Nachkommenschaft sich in seinen Adern mit einer trüben Sammlergier mischte, und ich verweise nur noch auf sein wirkliches Drama: das leidvolle der Kinder.

Weder die behördlich genehmigte noch die drei geheimen Ehefrauen, das müssen wir bemerken, erkühnten sich, Don Peppino die geringsten Vorhaltungen zu machen. Er war für sie eine milde, aber schreckliche Gottheit. Er erfüllte sie mit unnennbarer Angst; von Anbeginn an hatte er sie in schweigsame Vestalinnen verwandelt. Und doch war das Glück des teuren Despoten durch das Problem der Kinder getrübt. Er betete sie an, Don Peppino, dafür lege ich die Hand ins Feuer. Lauter Mädchen, man bedenke: von Giula und Sofia Esposito zu Anne Sgarro und Carolina Giaccone und zu den reizenden Zwillingen Teresa und Lucia, in die er sich sofort vernarrte, als die einstige Studentin Margherita Carbonaro sie ihm nackt in einem Babykorb hinreichte. Die winzigen, zerbrechlichen, seidenweichen Anna, Carolina, Teresa und Lucia... Sie wuchsen unter den glühenden Liebesbezeugungen des Vaters heran, sollten aber niemals seinen Namen tragen. Gehörten sie ihm oder nicht? Ich habe diese Geschöpfe aus reinem Blut geschaffen, überlegte Don Peppino, und nun ist es, als hätte ich sie gemietet? Genug, er griff sich einen Paglietta, einen Winkeladvokaten, aus Materdei und verhörte ihn. Er preßte ihn gegen den Rolladen eines Geschäfts und spricht: »Reinen Mund, Herr Dingsda. Aber gebt mir euer bestbegründetes Gutachten. Natürliche Kinder eines verehelichten Giuseppe Esposito fallen unter folgende gesetzliche Bestimmung: kein Familienname! Sei's drum. Aber ein lediger Giuseppe Esposito kann auch ohne Heirat so viel Kinder legitimieren, wie ihm zustoßen?« Der Rechtsgelehrte: »Ja... so ziemlich... mit einer Anerkenntnis-Erklärung, ja.« Don Peppino: »Und das ›Vater unbekannt‹ in den Papieren verschwindet?« Der Advokat: »Zwangsläufig... Aber Verzeihung, ihr...« Don Peppino: »Einen Augenblick! Gibt es in Neapel außer mir Personen mit dem Namen Giuseppe Esposito?« Der Advokat: »Großer Gott! Tausende und Tausende.« Don Peppino: »Junggesellen, mein Bester, ich benötige Junggesellen! Gibt es die?«

Der Paglietta: »Zu Hunderten.« Don Peppino: »Bravo! Los, dann versorgt mir zunächst eine erste Liste.«

Ich will es kurz machen. Meine Heimatstadt war, ist und wird allezeit sein: ein Buch aller Märchen. Was bewirken dort nicht Liebe und Haß, Weisheit und Tollheit, Harmlosigkeit und Verschlagenheit, Wahrheit und Lüge, Gewalttätigkeit und Geld? Mein schwarzer Esposito spürt seine Namensvettern auf, katalogisiert und scheidet aus, wählt und besiegt sie. Don Peppino widersteht man nicht. Ein Gemüsehändler, ein Kunstfeuerwerker und ein Zeitungsverkäufer vollziehen aufs schnellste, nach den Vorschriften des Gesetzbuchs, diese nie gesehene Heilung in den Urkunden der Bastardkinder. Belohnt und verabschiedet verschwinden die apokryphen Väter wieder im Meer der Espositos. Don Peppino ißt Zufriedenheit und Brot, trinkt Zufriedenheit und Wein. Er errichtet ein weiteres Geschäft auf dem Vomero; wenn irgendein Häuptling der gesetzlosen Welt ihm Zeichen der Schwäche zu geben scheint, sucht er eine Begegnung und entthront ihn, wodurch er sich die Nachbarstadtteile Avvocata und San Carla all'Arena angliedert; beinahe, großer Gott, hätte er eine fünfte Familie gegründet, mit einem Mädchen von Toledo!

Meine Heimatstadt, wiederhole ich, hat geschriebene, erfundene Fundamente. Ich verlor Don Peppino Esposito im Jahre 1924 aus den Augen; und was mußte ich fünfzehn Jahre später über ihn hören! Als ihm unerwartet seine unbestritten gesetzliche Frau Nunzia Trabbante gestorben war, brachte der Kalif der Sanità die Gassen halb Neapels vor Neugier und Klatsch zum Sieden. Welcher der Vizefrauen würde die Nachfolge zufallen? Oder würde er vielleicht, als Großwitwer, eine milde Regentschaft vorziehen? Man murmelte, daß er die Namen der drei Frauen in den Würfelbecher geworfen und das Schicksal durch Los habe sprechen lassen. Ergebnis: Margherita Carbonaro. Soweit gut, die prunkvolle Hochzeit wurde gefeiert, dann sprach Don Peppino zu der einstigen Studentin: »Es ist an der

Zeit, ich will einen Jungen.« Pünktlich wurde ihm willfahrt.

Don Alfonso Ronciglio, der berühmte Meister in Raufhändeln und Beherrscher der Via Ventaglieri (von dem ich die letzten Nachrichten über den Kalifen erhielt), kniff ein Auge zu, als er sagte: »Erinnert ihr euch an den Gemüsehändler, der Donna Margheritas Zwillingstöchter als seine eigenen anerkannte? Anders als die angeblichen Väter von Anna Sgarro und Carolina Giaccone wollte er trotz des hausherrlichen Verbots die Zwillingsmädchen öfter wiedersehen. Nun ja, wir sind in der Hand des Himmels. Wer nicht lebt, dem geschieht nichts. Der höchst ordnungsgemäße Sohn Don Peppino Epositos ist, das schwöre ich, das heruntergerissene Abbild dieses Gemüsehändlers!« Ich betrachtete durch die Gitterstäbe der großen Brücke der Sanità eine dahinziehende bunte Wolke, und sagte nur: »Amen! Salute a noi, Heil uns.«

Unsere lieben Kleinen

»Ich wußte, daß die Sache einen Haken haben würde – er hält mich für eine Maschine.«

FRIEDERIKE COSTA

Gullivers Cocktails

»Guten Abend, Herr Hendrix. Ihr Zimmerschlüssel – bitte. Ach ja, und ein Telegramm, Herr Hendrix!« Der Empfangschef nickte freundlich. »Bitteschön.«

Jörg nahm das Telegramm, öffnete es hastig, las:

EVA IN DIE KLINIK GEBRACHT – BALG IM ANMARSCH – KEIN GRUND ZUR BESORGNIS – VATER

»Balg im Anmarsch«, murmelte Jörg. »Zwei Wochen zu früh! Ich werde Vater! MEIN GOTT!« Er sah den Empfangschef an, rief: »Ein Auslandsgespräch! Schnell!«

»Kabine drei, Sie können durchwählen, Herr Hendrix.«

Jörg wählte die Nummer seines Vaters, die Haushälterin nahm ab. »Herr Hendrix ist in der Klinik, Herr Hendrix. Er wird sich bei Ihnen melden, sobald es etwas Neues gibt. Machen Sie sich keine Sorgen, Herr Hendrix, zwei Wochen zu früh ist ganz normal. Ihrer Frau gehts gut, sie läßt grüßen.«

Jörg hatte schon aufgelegt, als ihm einfiel, daß er vergessen hatte zu fragen, wann... zu dumm! Er stürzte aus der Telefonzelle in Richtung Empfang.

»Wann, bitte, ist dieses Telegramm abgegeben worden?«

»Vor etwa drei Stunden, Herr Hendrix.«

»Vor etwa drei Stunden... bitte, wie lange dauert eine Geburt?«

Der Empfangschef zuckte ratlos mit den Schultern, sah hilfesuchend zu seinen beiden Kolleginnen.

»Das ist von Fall zu Fall verschieden, Herr Hendrix«, sagte die Rothaarige.

»Genauer«, bat Jörg ungeduldig.

»Zwischen zwei und vierundzwanzig Stunden, etwa.«

Jörg stöhnte. Vierundzwanzig Stunden warten! Unmöglich! Nicht auszudenken! Das halte ich nicht durch!

Jörg wollte die Rothaarige noch etwas fragen. Er mußte warten, sie hatte zu tun. Sie nahm gerade ein Telefongespräch entgegen. »Hotel Kontinental – Empfang«, meldete sie sich. »Ja, das ist angekommen... Aber natürlich... Ich werde mich sofort darum kümmern.« Sie nahm einen Zettel, wiederholte den Text, den sie notierte. »Es sind Zwillinge. Gegebenenfalls Anwalt ein... Herr Hendrix! Ich bitte Sie!« Die Rothaarige starrte fassungslos auf Jörg, der ihr den Telefonhörer entrissen hatte und in die Sprechmuschel brüllte: »Waaas, Zwillinge?! Sind Sie sicher? Wie geht es Eva... ich meine, meiner Frau?«

Verdutztes Schweigen am anderen Ende der Leitung. Eine Hand auf Jörgs Schulter, eine andere, die ihm den Hörer abnahm. Kurzer, heftiger Dreikampf. Dann hatte man die Situation wieder im Griff.

»Herr Hendrix, bitte beruhigen Sie sich doch. Es handelt sich hier keineswegs um Ihre Frau, Herr Hendrix, sondern... nun, jedenfalls...« Der Empfangschef rückte seinen Stresemann zurecht, er räusperte sich. »Ich glaube, ein Drink wird Ihnen guttun. Kommen Sie, Herr Hendrix.«

Empfangschefs wissen, daß werdende Väter zu den unerdenklichsten Unerdenklichkeiten fähig sind, und wie man sie am sichersten unschädlich macht! Er nahm Jörg dezent am Ellenbogen, schob ihn freundlich lächelnd und verbindlich plaudernd in Richtung Hotelbar und drückte ihn sanft aber bestimmt auf einen der Barhocker.

»Das ist Gulliver – ein Virtuose!« Er deutete auf ein schokoladenbraunes Gesicht hinter der Bar, das mittels Lächeln zwei Reihen blendendweißer Zähne freilegte. Das Gesicht saß auf einem bemerkenswert langen Hals, der in zwei bemerkenswert breite Schultern verlief, vor denen Jörg nur deshalb keine Angst hatte, weil sie so vornehm im weißen Smoking steckten. »Gulliver«, sagte der Empfangschef, »das ist Herr Hendrix. Er wird gerade Vater. Bitte kümmern Sie sich um ihn.«

Gulliver fletschte neuerlich seine Zähne. Der Kerl war ein Riese und wirkte im Halbdunkel wie ein Raubtier, das jeden Moment zum Sprung ansetzen wollte. »Jawohl, ich kümmere mich um ihn«, sagte er.

Jörg verstand! Man wollte ihn unschädlich machen! Wenn nötig mit brutaler Gewalt – Feines Hotel!!!

»Das geht selbstverständlich auf Kosten des Hauses«,

sagte der Empfangschef. Er verneigte sich knapp und überließ Jörg seinem Schicksal.

Gullivers Hände waren ständig in Bewegung, was sie taten, konnte Jörg nicht genau erkennen.

Jörg sagte: »Sie sind also Musiker?«

»Musiker?«

»Verzeihung – Virtuose!« Das betonte er feierlich.

Gulliver lachte, schraubte einen Mixbecher zu und begann ihn gefühlvoll im Rhythmus des Rumbas zu schütteln, der dezent aus unsichtbaren Lautsprechern tröpfelte. »Das hier ist mein Instrument!« sagte er. Er öffnete den Mixbecher, groß trübe Flüssigkeit in ein Cocktailglas, streute etwas feingeriebene Zitronenschale darüber, sagte: »Voilà! Probieren Sie!« und ließ seine Zähne sehen.

Jörg wagte nicht zu widersprechen. Voller Abscheu nahm er einen winzigen Schluck von der trüben, margerinefarbenen Flüssigkeit, die WER WEISS WAS ENTHIELT! Jörg stutzte, er schmatzte prüfend. Nahm noch einen Schluck und noch einen.

»Muß sagen«, sagte er, »schmeckt gar nicht mal so übel!«

Gulliver grinste breit und zufrieden. Gar nicht mal so übel – das sagten alle Zweifler, wenn sie besiegt waren.

Jörg hob sein Glas, drehte es zwischen den Händen und seufzte. »Meine Frau«, sagte er und seufzte wieder, »meine Frau und ich, wir kriegen gerade ein Baby.«

Gulliver nickte.

»Das sind schwere Stunden für einen Mann, Gulliver. Haben Sie Kinder?«

»Ja. Sieben, Mister Hendrix.«

»Sieben!« Jörg schluckte, sah ihn voll Bewunderung an. »Diese Tortur haben Sie siebenmal durchgemacht?«

»Nur viermal, Mister Hendrix«, verbesserte Gulliver.

Jörg zupfte nervös und mit fliegenden Fingern eine Zigarette aus seiner zerknautschten Packung, ließ sich von Gulliver Feuer geben. »Viermal?« wiederholte er erstaunt. »Ich dachte, Sie hätten sieben Kinder.«

»Hab' ich auch.« Gulliver ließ seine Zähne sehen, erklärte nicht ohne Stolz: »Zuerst kamen die Zwillinge. Dann zweimal eins und zuletzt die Drillinge.«

»Drillinge!« murmelte Jörg fassungslos. Er starrte den Riesen aus weit aufgerissenen Augen an, tippte nervös die Asche seiner Zigarette ins Cocktailglas.

Gulliver hörte das leise Zischen, nahm das Glas weg und ließ seine virtuosen Hände von neuem tanzen. »Bitte«, sagte er dann und schob einen anderen Drink hin.

Diesmal war die Flüssigkeit goldbraun, zerstoßenes Eis, Früchte und ein Pfefferminzblatt waren im Glas. Jörg kostete, nickte Gulliver anerkennend zu und nahm einen kräftigen Schluck. Der Riese war wirklich ein Virtuose und im übrigen gar nicht so übel. Ein recht sympathischer Kerl, wenn man's genau nimmt. Allerdings – das mit den Drillingen kaufte Jörg ihm nicht ab. Schließlich waren Drillinge ja kein Pappenstiel!

»Wirklich Drillinge?« fragte er zweifelnd.

»Ja, Mister Hendrix.«

Jörg nahm noch einen Schluck. »Sagen Sie, Gulliver, wie war das, als die ankamen... ich meine...« Jörg suchte nach den richtigen Worten. Und während er suchte, ließ er den goldbraunen, göttlichen Trank durch seine Kehle rinnen.

Gulliver nahm das leere Glas, stellte es zur Seite, griff sich ein neues und versah es mit einer Crusta. Während er das tat, erzählte er: »Erst kam eines, Mister Hendrix. Es war ein Sohn. Meine Schwiegermutter drückte ihn mir in den Arm, befahl: Halt ihn, da ist noch eins drin. Ich brachte ihn zu seinen Geschwistern, sagte: Das ist der Neue. Aber es ist noch eins drin. Wir warteten eine halbe Stunde. Dann ging die Tür auf, meine Schwiegermutter drückte mir eine Tochter in den anderen Arm, rief: Halten! und schloß die Tür. Eine Stunde später winkte sie mich ins Zimmer. Meine Frau hielt das dritte im Arm – war übrigens wieder ein Sohn. ›Gulliver Naomanio!‹ sagte meine Frau und sah mich aus zusammengekniffenen Augen an. ›Das nächste Mal keine Drillinge mehr! Hast du mich verstanden?‹

›Ja‹, sagte ich, denn sie war sehr, sehr böse. Aber im Vertrauen, Mister Hendrix...« Gulliver schob Jörg einen giftgrünen Cocktail mit Crusta hin und beugte sich etwas dichter zu ihm, »... wissen Sie, wie man das macht? Keine Drillinge?«

Jörg wischte sich mit einem Taschentuch über die feuchte Stirn und schluckte. »Nein, Gulliver. Weiß ich auch nicht.«

Er stützte das Kinn in die Hand, nahm einen Schluck und schüttelte den Kopf. »Keine Ahnung!«

»Sehen Sie«, sagte Gulliver.

Jörg zerrte eine Zigarette aus der Packung, bekam von Gulliver Feuer, rauchte hastig, drückte sie wieder aus. Nicht auszudenken, wenn nun Eva auch...! Er sah sie vor sich, Eva und drei krebsrote, laut schreiende Es's in ihren Armen. »Mein Gott«, flüsterte er und mußte vor Schreck hicksen. »Verzeihung!«

Gulliver tauschte Jörgs leeres Glas mit einem vollen, gab ihm wieder Feuer. Jörg hustete und hickste nochmal. »Verzeihung!« Da klingelte das Telefon.

Jörg fuhr aufgeschreckt hoch. Gulliver drückte ihn sanft auf den Hocker zurück und nahm ab.

»Ja bitte? – Alles in Ordnung! – Vier oder fünf bis jetzt – Ja, natürlich, Sie können sich auf mich verlassen.«

Jörg wurde blaß. Er klammerte sich an die Bar, wie ein Ertrinkender an ein Stück Treibgut.

»Wie viele sind's?« fragte er kleinlaut, als Gulliver aufgelegt hatte.

»Von Ihrer Frau noch keine Nachricht, Mister Hendrix. Das war der Empfangschef, wollte wissen, wie es Ihnen geht.«

Jörg atmete erleichtert auf. »Dachte schon...«, murmelte er und nahm auf den Schreck noch einen Schluck.

»Wird bestimmt nicht so schlimm werden«, tröstete Gulliver väterlich.

Jörg nickte, nahm noch einen Schluck. »Schmeckt verteufelt gut«, sagte er, »wirklich! Sie sind ein *Virtuse*, Gulliver!«

»Danke, Mister Hendrix.«

»Sagen Sie«, sagte Jörg und machte hicks – aber dann wußte er plötzlich nicht mehr, was Gulliver sagen sollte. Er kratzte sich am Kopf und sah eine vornehme, blonde Dame an, die zu seinem ganz großen Erstaunen ziemlich wankte.

Sie setzte sich an die Bar, nickte Gulliver zu. »Was mixen Sie mir denn heute Gutes«, fragte sie erwartungsvoll.

»Etwas ganz besonderes, eine Überraschung, Madam«, sagte Gulliver. Er deutete auf Jörg. »Das ist Mister Hendrix, das ist Misses Cordez.«

»Guten Abend.«
»Guten Abend.«
»Mister Hendrix bekommt gerade ein Kind.«
»Wahrscheinlich Drillinge«, sagte Jörg.
»Anatomisch unmöglich«, sagte die Dame und lachte. »Ich nehme an, Ihre Frau bekommt das Kind.«
»Ach ja, natürlich. Aber ich werde Vater, das ist auch sehr anstrengend.«
Jörg seufzte, Gulliver nickte, die Dame schmunzelte.
»Ich würde lieber Vater werden, als Mutter, um ehrlich zu sein«, gestand sie, und in ihrer Stimme klang ein leichtes Timbre von Ironie mit.
Werdende Väter sind äußerst sensibel, sie fühlen, wenn man sie nicht ernst nimmt. »Wie meinen Sie das«, fragte Jörg leicht pikiert.
»Nehmen Sie meinen Mann zum Beispiel. Beim ersten Mal war er das reinste Nervenbündel. Er verweigerte jegliche Nahrung, rauchte drei Schachteln Zigaretten und umkreiste das Telefon wie ein Tiger seine Beute. Beim zweiten Mal saß er gefaßt in seinem Sessel, erklärte meiner Mutter, wie unsinnig es wäre, sich Sorgen zu machen, eine Geburt sei etwas ganz und gar Natürliches. Er kam mit einer Schachtel aus und aß Hase in Aspik. Beim dritten Mal sah er sich in aller Seelenruhe einen Western an, verschlang dazu eine Tüte Chips, trank eine Flasche Wein und schlief friedlich ein. Sehen Sie, Herr Hendrix, das ist *mir* auch beim dritten Mal nicht gelungen.« Sie lächelte, hob ihr Glas und prostete Jörg zu. »Auf Ihr Kind!«
»Auf mein Kind!« Jörg hickste. »Schmeckt verteufelt gut, Gulliver, Ihr Gebräu.«
Das bestätigte auch die vornehme Dame. »Wirklich ausgezeichnet!«
Gulliver verneigte sich. Diesmal blitzten nicht nur seine Zähne, sondern auch seine Augen. Applaus ist der wahre Lohn des Künstlers!
Jörg mußte mal. Gulliver wies diskret auf eine Tür, hinter der man dererlei Bedürfnisse verrichten konnte.
Jörg ging senkrecht drauf zu. Die Tür wich zur Seite. Jörg hickste. »Schmeckt verteufelt gut, Gullivers Gebräu«, murmelte er.

Als er zurückkam hatte sich die blonde Dame verdoppelt. Zwei blonde, vornehme Damen. Die andere behauptete Frau Dr. Gundular zu sein. Sie hatte einen Hund bei sich, der vorne wie ein Spaniel und hinten wie ein Spitz aussah und werdende Väter nicht mochte, denn er knurrte Jörg fortwährend an. Jörg hätte Lust gehabt zurückzuknurren, aber Damen mit Hunden haben im allgemeinen wenig Humor. Er ließ es sein.

Jörg und die Damen bekamen einen leuchtend blauen Crusta, der Hund ein Schälchen Wasser. Gulliver wußte, was sich gehörte.

»Das ist Mister Hendrix«, sagte er.

»Er bekommt gerade ein Baby«, sagte Mrs. Cordez schmunzelnd.

»Aha«, sagte Frau Dr. Gundular. Sie sah ihn streng an. »Und da sind sie nicht zu Hause? Da lassen Sie Ihre Frau alleine?«

Jörg streckte sich, sah die Dame kühl an. »Das ist nicht meine Schuld, gnädige Frau. Der Bengel hat den vereinbarten Termin nicht eingehalten. Kommt einfach zwei Wochen zu früh, während sein Vater im Ausland ist.« Jörg sackte wieder in sich zusammen. Er spülte seine Empörung mit einem Schluck Leuchtendblauem hinunter und fügte mit fester Stimme an: »Ich werde ... jawohl, ich werde ihm die Leviten lesen, sobald ich nach Hause komme! ›Es‹, werde ich sagen, ›in Zukunft erscheinst du nur, wenn du darum gebeten wirst‹!« Jörg sah Gulliver an, der ihm beipflichtend zunickte.

»Ja, Mister Hendrix.«

Frau Dr. Gundular zog ihre Brille aus der Handtasche, setzte sie auf und besah sich diesen Herrn Hendrix eingehend. Sie war Doktor der Psychiatrie und witterte Kundschaft.

Mitten in das so entstandene Schweigen hinein, platzte ein zwei Meter hoher, sehr gewichtiger Texaner. Er besaß zwölf Ölfelder, hieß John Hexxon und verfügte über ein Stimmvolumen, das selbst die soliden Wände des Kontinentals erbeben ließ.

»Das ist Mister Hendrix«, sagte Gulliver.

»Er wird gerade Vater«, fügte Mrs. Cordez an.

»Gratuliere!« rief Mr. Hexxon und ließ seine mächtige Rechte mehrmals auf Jörgs Schulter niedersausen. »Darauf trinken wir einen! Gulliver, vier Knickebein!« Mr. Hexxon lachte schallend. »Wird natürlich ein Junge«, sagte er.

»Oder ein Mädchen«, sagte Frau Dr. Gundular.

»Oder beides!« Jörg seufzte.

»Ha, ha!« lachte Mr. Hexxon. »Oder beides! Das ist gut – darauf trinken wir einen.«

Jörg hickste. »Prost!«

»Prost! Auf den Vater! Hab selbst zwölf, und alle kerngesund!« sagte Mr. Hexxon.

»Zwölf«, hauchte Jörg. Er schluckte. »Wie oft«, fragte er und räusperte sich, »ich meine, wie oft haben Sie dazu gebraucht?«

Mr. Hexxon stutzte. Er dachte nach, dann lachte er laut und schallend. »Das ist gut!« Seine Hand sauste auf Jörgs Schulter. »Jeder Versuch war ein Treffer, mein Junge! So wahr ich John Hexxon heiße!«

Jörg errötete. Mr. Hexxon mußte da etwas falsch verstanden haben. Er sah beschämt zu Boden.

»Das ist gut!« rief Mr. Hexxon, »darauf trinken wir einen! Nochmal vier Knickebein!«

Jörg beobachtete Gulliver, wie der vier Brandy, viermal ein Eigelb und vier mal Allasch in vier Gläser füllte . . . Und plötzlich war ihm gar nicht gut. Genau genommen war ihm sogar ziemlich schlecht.

»Was ist mit Ihnen, Mister Hendrix?« fragte Gulliver besorgt.

»Weiß nich, muß wohl was falsches gegessen haben.« Er hickste. »Verzeihung! Vielleicht mag ich auch bloß keine Knickebeins. War im letzten auch ein Ei drin?«

»Jawohl, Mister Hendrix.«

»Dann war's das Ei, bestimmt!«

»Bestimmt, Mister Hendrix.« Gulliver nickte.

Jörg mußte noch mal für werdende Väter, er verschwand kurz. Es dauerte länger. Als er zurückkam, sah er schon von weitem Gullivers weiße Zähne blitzen. Neben ihm stand der Empfangschef. Und Mr. Hexxon fuchtelte aufgeregt mit seinen riesigen Händen. Und Mrs. Cordez lächelte verklärt. Sogar Frau Dr. Gundular sah ihm freudig entgegen, was Jörg verdächtig fand.

»Mister Hendrix!« rief Gulliver. »Gratuliere, Mister Hendrix, Sie haben es geschafft!«

»Was... ich meine...«

»Sie sind Vater geworden – ein Mädchen, Herr Hendrix«, sagte der Empfangschef.

»Darauf trinken wir einen!« rief Mr. Hexxon.

»Genau vor elf Minuten, um 0 Uhr 7«, sagte Mrs. Cordez. »Geboren am 7. 7. um 0 Uhr 7. Das wird ein Glückskind, Ihre Tochter!«

»Eine Tochter«, flüsterte Jörg. »Ich habe eine Tochter, eine richtige Tochter! Ich bin Vater!«

»Jawohl, Mister Hendrix.«

»Gratuliere! Darauf trinken wir einen!«

»Am 7. 7. um 0 Uhr 7!«

»Und Ihrer Frau geht's gut, Herr Hendrix.«

CARLO MANZONI

Die große Künstlerin

Eine gute Schauspielerin in der Familie ist immer von Nutzen, besonders wenn eine Freundin mit ihrem Sprößling zu Besuch kommt.

Ich habe immer behauptet, daß der Besuch einer Schauspielschule nützlich sein kann. Für mich, für meine Frau, für... nein, einen Moment bitte.

Nur für meine Frau und mich und basta. Für unsere Kinder nicht, denn die schauspielern recht gut, zu gut für unseren simplen Geschmack. Sie schaffen es immer, uns genau das einzureden, was ihnen in ihren Kram paßt!

Ich bin sicher, daß meine Frau in fernen Mädchentagen Schülerin einer solchen Einrichtung war, in weiser Voraussicht kommender Ereignisse. Dabei wußte sie ganz genau, daß sie heiraten würde, und eben aus dieser Überlegung heraus hielt sie die Entwicklung ihrer schauspielerischen Gaben für unerläßlich.

Sie leugnet zwar strikt, wenn ich diesbezügliche Andeutungen mache, und sagt, ich rede dummes Zeug, aber ich kann einfach nicht glauben, daß sie ein solches Naturtalent ist. Weder ihre Eltern noch die Großeltern hatten, soweit mir bekannt, etwas mit dem Theater zu tun.

Meiner Meinung nach ist sie besser als mancher Star. Eine Glanzrolle für sie wäre die Jungfrau von Orléans. Aber auch in den meisten Pirandello-Komödien hätte sie bestimmt großen Erfolg, mindestens so großen wie in der Familie. Über die große Darstellungskunst unserer Gattin und Mutter herrscht jedenfalls eine seltene Einigkeit in der Familie.

Um bei der Wahrheit zu bleiben: Mein Sohn Ercole, der Kritiker der Familie, hatte anfangs an ihren Gesten einiges auszusetzen, aber meine Frau hat aus seiner Kritik gelernt und ihre kleinen Defekte korrigiert. Jetzt ist sie sparsam in ihren Bewegungen, sie beschränkt sich gerade auf nur so viel, gewisse Höhepunkte zu unterstreichen. Die ständige Überwachung durch unseren Sohn hat viel zu ihrer Vervollkommnung beigetragen, so daß sie ruhig als Duse-Nachfolgerin bestehen könnte.

Gewisse Rollen spielt sie mit beeindruckender Natürlichkeit. Man fragt sich unwillkürlich: Wenn das nicht wahre Kunst ist, wo findet man sie dann?

Wenn Sie Lust haben, kommen Sie bitte zu mir nach Hause und wohnen Sie solch einem künstlerischen Ereignis bei, einem Glanzstück aus dem Repertoire meiner Frau.

Kommen Sie in unseren ziemlich geräumigen Salon, von wo aus Sie der Aufführung zusehen können, die teils im Korridor, teils in der Küche und auch im Salon selbst spielt.

Nehmen Sie in der zweiten Reihe Platz. In der ersten sitze ich, mein Sohn der Kritiker, meine Tochter Caterina und die engsten Verwandten, Onkel Gustavo und Tante Flaminia.

Die Vorstellung beginnt um 18 Uhr, wenn Signora Pezzulli mit Söhnchen Franco erscheint. Der Vorhang hebt sich beim ersten Türklingeln. Virginia geht zur Türe, öffnet sie, kommt dann in den Salon und meldet meiner Frau den Besuch von Signora Pezzulli und Sohn.

Die Freudenschreie meiner Frau erzwingen schon den ersten Applaus.

Kein Irrtum, sogar Signora Pezzulli erkennt die Echtheit dieser Töne, es ist ehrliche, spontane Freude, die sich ihren Weg vom Herzen durch die Kehle über die Lippen bahnt.

Entschuldigen Sie, wenn ich etwas zu häufig von den künstlerischen Bewertungen meines Kritikersohnes Gebrauch mache, er notiert nämlich alles und arbeitet die im Familienblatt erscheinenden Kritiken aus.

Das Schauspiel hat also mit dem Freudenschrei meiner Frau seinen Anfang genommen, dem dann noch ungezählte Begeisterungsausbrüche folgen.

Erst küßt meine Frau ihren Gast mehrere Male auf beide Wangen, dann beugt sie sich zu Gianfranco, hebt ihn empor, um ihn auf die Stirn zu küssen, was der zweijährige Liebling dazu benützt, meine Frau mit aller Gewalt an den Haaren zu ziehen.

An diesem Punkt fordert die beglückte Miene meiner Frau den ganzen Salon zu stürmischen Beifall heraus.

Probieren Sie einmal, sich von einem präpotenten Geschöpf wie Gianfranco an den Haaren ziehen zu lassen, daß Sie alle Englein singen hören, und versuchen Sie dann, was Ihnen sicher nicht gelingen wird, dabei einen Ausdruck von Freude auf Ihr Gesicht zu zaubern!

Nicht einmal die Duse wäre besser, versichere ich Ihnen, von Greta Garbo ganz zu schweigen.

Die Szene *ist* hochdramatisch, denn während meine Frau unentwegt lächelt, versucht Signora Pezzulli ihren an den Haaren meiner Frau hängenden Sprößling auszuzanken, aber die große Künstlerin, mit einem solchen Ton von Aufrichtigkeit in der Stimme, daß das Publikum mit offenem Mund dasitzt, bittet die Mutter, den Kleinen doch zu lassen, es tue nicht weh, wirklich... Bei diesem ›wirklich‹ bricht tosender Beifall los, daß der Lüster zu wackeln beginnt. (Keine Angst, ich habe ihn erst neulich zusätzlich befestigen lassen!)

Von diesem ›wirklich‹ werden mehrere Zugaben verlangt, während Gianfranco alle Anstrengungen macht, meiner Frau die Löckchen auszureißen, und seine Mutter vergeblich versucht, ihn meiner Frau aus den Armen zu winden.

Als sie es endlich geschafft hat, werden wir Zeugen eines der charmantesten Dialoge. Signora Pezzulli möchte ihr Prachtstück richtig verdreschen, aber meine Frau sagt wörtlich:

»Laß ihn doch, Liebste, man muß mit den lieben Kleinen nicht so streng sein, wir müssen Geduld haben mit unseren Kindern!« Dieser Dialog setzt sich unter größter Anteilnahme des Publikums in dieser Tonart fort, während in der ersten Reihe sich eine kleine Debatte zwischen dem Onkel und Tante Flaminia entsponnen hat. Onkel Gustavo behauptet, das Textbuch spreche jeder Logik hohn, denn wenn das Stück lebensecht wirken solle, müßte jetzt meine Frau Signora Pezzulli bei den Haaren packen und sie mit dem im Korridor hängenden Besen vermöbeln als praktische Demonstration ihrer Kindererziehung.

Nun, hätte sich das Stück in dieser Richtung weiterentwikkelt, wäre der wirkliche Sinn verlorengegangen, weil meine Frau dann ihren echten Seelenzustand dargestellt hätte und nicht den einer ganz anderen Person, einer Frau, die alle Widerwärtigkeiten mit Begeisterung hinnimmt. Nicht nur das, sie zeigt durch ihr Verhalten, daß sie die Erziehungsmethode von Gianfrancos Mutter gutheißt.

Die Gruppe verlagert sich ins Speisezimmer, wo das kleine Radio steht, dem meine Frau zuhörte, als sie vorhin an etwas Weißem, einer Tischdecke, glaube ich, stickte.

Nun stürzt sich Mamas Liebling auf das Radio. Seine Mutter stößt einen Schrei aus, um ihn daran zu hindern. Ohne Erfolg natürlich. Gianfranco beginnt an allen Knöpfen gleichzeitig zu drehen, es entsteht durch den Wechsel der Stationen und das Auf und Ab der Lautstärke ein Höllenlärm, der abrupt abbricht, als der liebe Kleine die Knöpfe einen nach dem anderen herausreißt und sie sich in den Mund steckt.

An diesem Punkt ist das Lächeln meiner Frau von einer Natürlichkeit, die sie nicht einmal erreicht, wenn sie wirklich zufrieden ist. Sie sagt: »Wie beneidenswert du bist, meine Liebe, einen so aufgeweckten Jungen zu besitzen! Stell dir vor, wenn er ein Duckmäuser wäre!« Lang anhaltender Beifall.

Hier gehen wir mit unserem Starkritiker nicht konform. Er behauptet, das Lächeln meiner Frau scheine von absoluter Natürlichkeit, aber die Befriedigung meiner Frau ist echt. Aber wie soll man einem Kritiker klarmachen, daß der Grund ihrer echten Zufriedenheit darin besteht, daß sie hofft, Klein-Franco würde die in den Mund gesteckten Knöpfe verschlucken und daran ersticken! Kann sein, der Kritiker hat doch recht, aber es ist auch Kunst, wenn man ein Gefühl darstellt, das man in Wirklichkeit für etwas ganz anderes empfindet!

Sehr klar waren meine Ausführungen wahrscheinlich nicht, aber so wichtig ist es auch wieder nicht. Wenden wir uns wieder der Aufführung zu, von der ich Ihnen auch nicht die kleinste Nuance vorenthalten möchte. Die Vorstellung geht weiter, und meine Frau, die große Künstlerin, wächst über sich selbst hinaus.

An einer gewissen Stelle bleibt uns allen der Atem weg, als meine Frau die Kredenz aufmacht und dem kleinen Scheusal eine Schale mit Konfekt hinhält. Die übergroße

Spannung im Publikum ist damit zu erklären, daß die frohgemute Herzlichkeit meiner Frau den Verdacht aufkommen läßt, das Konfekt, das sie Franco anbietet, könnte vergiftet sein.

Die Panikstimmung hält an und erreicht ihren Höhepunkt, als sie Gianfranco unter liebevollstem Zuspruch der Künstlerin eine Handvoll Konfekt in den Mund stopft. Wieder halten wir den Atem an, ich weiß nicht, ob aus Angst oder in der Hoffnung, Gianfranco blitzartig zu Boden gehen zu sehen, aber der Bub in seinem ungebrochenen Lebensmut zerstreut sofort jeden Zweifel. Er packt die Schale noch einmal, um eine zweite Handvoll Süßigkeiten zu verschlingen, wobei er sich Gesicht und Hände mit Schokolade vollschmiert. Dann packt er mit seinen Schokoladepfoten die Stickerei meiner Frau.

Seine Mutter, weiß wie ein Leinentuch, springt auf, aber meine Frau lächelt und meint, wenn sie fertig ist, muß die Tischdecke ohnehin gewaschen werden.

Auch hier hatten wir viel Beifall vor allem deshalb, weil meiner Frau kurz vorher die Hand ausgerutscht war, als unser Sohn mit frisch gewaschenen Händen das gute Stück angefaßt hatte ›mit seinen Pranken, die auch frisch gewaschen immer dreckig sind‹, wie sie sich liebevoll ausdrückte.

Es würde zu lange dauern, Ihnen das ganze Schauspiel vom Besuch der jungen Mutter samt Kind zu erzählen. Die Momente echter, künstlerischer Aussage sind unzählige, wir hatten siebenundzwanzigmal Applaus und zehn Dakapowünsche, von denen sieben erfüllt wurden.

Der längste Beifall mit Dakaporufen war gegen Ende, als Gianfranco die große Majolikavase umstieß, die in tausend Scherben zerschellte. Da war das Lächeln meiner Frau anbetungswürdig. »Es war ein unglücklicher Zufall«, lächelte sie. »Schuld haben wir Großen, daß wir zerbrechliche Dinge so einfach herumstehen lassen! Aber wir haben eben alle unsere Fehler!«

Ich zitiere wörtlich aus den Notizen meines Sohnes. So gelesen, klingt es nach gar nichts, aber man mußte die große Künstlerin sehen und hören, um endlich zu begreifen, was echte Kunst ist!

Das Stück geht also unter dem Beifall des Publikums zu Ende. Meine Frau begleitet Signora Pezzulli zur Tür, küßt sie, küßt Gianfranco und sagt mit umwerfender Natürlichkeit, sie hoffe, sie bald, sehr bald wieder begrüßen zu können.

Der Abgang gleicht dem Auftritt, meine Frau opfert noch ein paar Löckchen. – Sie können sich die Szene sicher gut vorstellen, alles wie gehabt!

Endlich ist Signora Pezzulli mit ihrem Liebling draußen, das Stück ist aus, der Vorhang fällt und meine Frau in Ohnmacht. Jeder Erfolg fordert eben seinen Tribut. Vielleicht ist es ihr ein Trost, wenn ich ihr beim Erwachen sage, daß auch Greta Garbo diese Rolle nicht ohne einen Nervenzusammenbruch überstanden hätte.

ANGELA CARTER

Das Küchenkind

›Im Schrankkoffer geboren‹, sagt man, wenn einer beim Theater die Schminke schon mit der Muttermilch mitkriegt, und wenn es zu dem Ausdruck ein kulinarisches Äquivalent gäbe, dann müßte man's auf mich beziehen, denn bin ich nicht gezeugt worden, während ein Souflé aufging? Ein Hummersoufflé, höchst erlesen, fünfundzwanzig Minuten bei mittlerer Hitze im Ofen.

Und das allererste Soufflé, das meine Mutter in ihrer Laufbahn als Köchin zu produzieren angewiesen wurde, von irgend 'nem französischen *duc* bestellt, Gast bei Sir und Madam N—, und meine Mutti überglücklich, es ihm zu machen, weil nur wenige oder eigentlich so gut wie gar keine *fin becs* mal bei uns auftauchten, nicht mal während der vierzehn Tage, wo die Birkhuhnjagd aufging, da rollten zwar die feinen Pinkel in Wagenladungen an, um das Jagdrevier der Lüfte unsicher zu machen, aber nichts als Gaumen wie Schuhsohlen. »Perlen vor die Säue«, sagte meine Mutter immer, wenn sie widerwillig die vierundzwanzig Gänge ihrer Kunst ins Speisezimmer hinaufschickte, nur daß Säue mehr Kennerschaft bewiesen hätten. Ich sag' Ihnen, das englische Herrenhaus, ja! Das ist der Ort, wo gut gegessen wird, aber bloß, wenn Sir und Madam *pas chez lui* sind. Das Personal, das hält den Standard.

Madam rührte nämlich nichts außer Austern und eisgekühlten Trauben an, dreimal täglich, so sensibel war sie, und der Sir fastete bis Sonnenuntergang, um dann einen Markknochen mit scharfer Soße zu sich zu nehmen, dem war die Zunge mit Curry weggeglüht worden, als er so um Poona rum ein Stückchen Indien regiert hatte. (Ich nehme an, diese Inder haben ihm aus Bosheit das Essen geschärft. O die Rache des Kochs – sie schlägt entsetzlich zu!) Und die Birkhuhnjäger wollten nichts außer Sandwiches. Sandwiches als *hors d'œuvres*, als *entrées*, gefolgt von Sandwiches, Sandwiches und noch mal Sandwiches, und den Flachmann immer wieder hübsch aufgefüllt, aber ja, spült alles mit einem Schluck Whisky runter, und wer kann noch sagen, wie es geschmeckt hat?

So gab sich Mutti große Mühe mit diesem ihrem ersten Hummersoufflé, sie schickte den Küchenburschen vom Messerschleifen weg auf seinem Fahrrad zum Meer, meilenweit, um das Tier zu besorgen, und dann das Lebendigkochen, wie es mitleiderregend pfeift und aus dem Topf herauszappelt usw. usw., so daß Mutti schon ganz nervös ist, ehe sie auch nur die Eier getrennt hat.

Und dann, als sie sich gerade über den Herd beugte, um das Mehl in die Butter zu rühren, umfaßten sie zwei Arme fest um die Hüften. Da sie zunächst glaubte, dies sei nur küchenübliche Alberei, ruckte sie nur mit ihren breiten Hüften, ihn zu vertreiben, während sie das Eigelb mit dem Rogen vermengte. Doch wie sie das Hummerfleisch hineinmengte, schön säuberlich gewürfelt, fühlte sie die Hände höher wandern.

Das war der Moment, als zuviel Cayennepfeffer in das Gericht geriet. Das hat ihr immer leid getan.

Und als sie den überquellenden Inhalt der Schüssel mit geschlagenem Eiweiß unterzog – weiß Gott, was er dann gemacht hat, aber sie warf deswegen alles hemmungslos in die Form und:

»Zum Teufel damit!«

In den Ofen mit dem Soufflé! Die Tür knallt zu.

Ich übergehe hier die nächsten Minuten.

»Aber Mutti!« bettelte ich später oft. »*Wer war denn der Mann*?«

»Ach, liebe Zeit, Kind!« sagte sie dann immer. »Ich hab' nie dran gedacht, ihn zu fragen. Ich war so in Sorge wegen der Tür, die ich so zugeschlagen hab'; daß mir nur nicht das Soufflé zusammenfällt.«

Aber nein. Das Soufflé erhob sich wie ein Ballon, und sobald sein goldenes Haupt herrisch gegen die Ofentür stieß, kam sie abrupt hinter dem Vorhang hervor, den ich so diskret vor diese Szene der Leidenschaft gezogen habe, strich sich die Schürze glatt und zog das beispielhafte Gericht unter den

Ohs und Ahs des versammelten Küchenpersonals (etwa fünfundvierzig Köpfe stark) hervor.

Nicht ganz so vorbildlich jedoch. Die Köchin fand ihren Meister im Gast. Die Haushälterin bringt den Teller persönlich zurück, knallt ihn hin. »Er hat gesagt ›*trop de cayenne*‹, und hat's von seinem Teller runter ins Feuer gekratzt«, verkündet sie mit zufriedenem Grinsen. Sie ist überaus vornehm und würde es sich nie einfallen lassen, vor einem Vokal das H zu vergessen, wie dies der ungebildeten Unterschicht so oft unterläuft. Sie hat den Schluckauf und spricht sogar das H in ›hick!‹

Meine Mutter weint vor Beschämung.

»Was wir hier brauchen, ist ein Küchenchef vom Kohtinoh, um – hick – das Niveau zu heben«, droht die Haushälterin mit tötendem Blick im Vorbeisegeln, denn meine Mutti ist ein einfaches Mädel aus Yorkshire trotz ihrer Zauberhände, aber in einem Bienenkorb ist kein Platz für zwei Königinnen, die Haushälterin haßt sie. Und wird auch ständig von der anregenden Vorstellung heimgesucht, wie so ein importierter Carême oder Soyer mit einem Schnurrbart, breitausladend wie ein Hutständer, ihr einmal so richtig französisch kommen würde, wie's im Augenblick ohnehin Mode ist.

»Ist denn nicht Alberlin *chef* bei den guten Devonshires und Crépin bei der Herzogin von Sutherland? Und Labalme im Haushalt des Herzogs von Beaufort, wie man weiß, nicht wahr... und die Königin, Gott segne sie, hat ihren Ménager... und wir müssen uns plagen mit dieser dicken Kuh, spricht breitestes Yorkshire, immer mit ihren Pantoffeln...«

Auf einem Küchentisch gezeugt, auf dem Küchentisch geboren – keine Glocken läuteten mir zum Willkommen, aber um so angemessener wurde meine Ankunft mit einem klingenden, scheppernden, paukenden Lärm begrüßt, als man auf jeden Topf im Raum schlug, eine Kanonade von Kupferkesseln, jede Pfanne ein Tympanum, und das fröhliche Klappern der Schöpflöffel gegen die Topfdeckel, und die Hunde, die zum Drehen der Bratspieße abgerichtet waren, bellten dazu.

Da es – wie sich der Leser selbst ausrechnen kann – schon gut drei Monate nach Oktober ist und Sir und Madam in London weilen, kultiviert die Haushälterin ganz allein einen hochherrschaftlichen Stil; sie sitzt in ihrem Wohnzimmer und trinkt den besten Tee aus Meißner Porzellan, wobei sie der Tasse ein wohlbemessenes Schüßchen Rum aus einer der verschlossenen Flaschen hinzufügt, zu denen sie sich in ihrer vielen freien Zeit einen Nachschlüssel gefertigt hat. Und während das kleine Dienstmädchen der Haushälterin, das dazu da ist, für sie zu rennen, zu schwitzen und ihr die Stiefeletten zu lecken, gerade die Tasse mit altem Jamaika auffüllt, bricht unten plötzlich die Hölle los, als beginne ein chinesisches Orchester mit allen Holzblöcken und Vibrafonen loszulegen, klirr! und wumm!

»Was, um alles in der Welt, treiben diese – hick – entsetzlichen Dienstboten denn nun?« spricht die Haushälterin in gewählt-damenhaftem Schalmeienton und zerrt rasch, aber hart am Ohr des Mädchens, um den Klatsch aus ihr herauszuziehen.

»O Madamisses!« fiepst das arme Mädchen. »Das ist doch das Baby von der Köchin!«

»Das Baby – der Köchin?!«

Wegen der Leibesfülle meiner Mutter, die ungeheuer ist, sie ist rund wie das ›o‹ in ›korpulent‹, und wegen der großen Loyalität und Zuneigung des gesamten Küchenpersonals wußte die Haushälterin nichts von meinem Bevorstehen, war aber doch neben ihrem aufsteigenden Zorn auch wieder froh, davon zu hören, da sie hier einen Weg zu erkennen glaubte, meiner Mutter wegen dieses unerwarteten Ereignisses ihren Posten zu entziehen und dann solange Sir und Madam zu nerven, bis ein pomadisierter Monsieur eintreffen würde, der ihr *gêlée* und Honig ums Maul schmieren könnte, damit's ihr ganz *chaudfroid* würde. So steigt sie sogleich hinunter, ein stattlicher wenn auch nicht ganz stabiler Auftritt (wegen des Rums mit einem Schüßchen Tee, den sie den ganzen Tag süffelte), und die arme Magd rennt voraus, die Tür weit aufzureißen.

Welch ein Anblick empfängt sie! Raffael hätte ihn malen mögen, hätte er sich zu diesem Zeitpunkt in Yorkshire befunden. Meine Mutter, strahlend vor Lächeln, thronend auf einem Sack Kartoffeln und an der Brust ihr Kind, sauber gewikkelt in einem frischgekochten Puddingtuch, und ringsum die ganze Küchenbrigade in Haltungen der Anbetung, jeder mit einem Gefäß in der Hand, die Schöpflöffel klirren – mein erstes Wiegenlied.

Ach! dieses Lied verstummt rasch, letzte einzelne Geräusche des Klapperns und Klirrens, Stille, und die Haushälterin läßt ihren kältesten Blick umherschweifen.

»Was soll – hick – dieses bedeuten?«

»Dies ist ein hübscher Junge!« lacht meine Mutti glücklich und gibt mir einen knallenden Kuß auf die zarte Stirn, die gegen ihre weich sich wölbende Brust gepreßt liegt.

»Hinaus aus dem Hause dafür!« ruft die Haushälterin. »Hick«, fügt sie hinzu.

Doch was für einen Lärm, für einen Aufruhr entfacht sie mit diesem Befehl! Als hätte sie in einer Eisenwarenhandlung eine Bombe zur Explosion gebracht – denn alle Anwesenden (meine Mutter und mich ausgenommen) – greifen wieder zu ihren improvisierten Instrumenten, bearbeiten sie mit erneutem Furor und rufen im Chor:

»Das Küchenkind! Das Küchenkind! Ihr könnt das Küchenkind nicht vertreiben!«

Und das war es in Wahrheit: Wen sonst konnte ich als Erzeuger für mich in Anspruch nehmen wenn nicht den Ort der Gier selbst, der mich, wenn er mich schon nicht machte, doch in sich entstehen ließ? Nicht ein Küchenmädchen, nicht der kleinste Küchenjunge konnte sich erinnern, wer oder was meine Mutter an jenem Morgen des Soufflés besuchte, alle waren aufgerufen gewesen, Sandwiches zu schneiden, doch irgendeine dicke Gestalt schien den Raum durchglitten zu haben, von der Küche angezogen wie ein Gespenst von der Dunkelheit – hatte nicht der herzogliche Gourmet einen Gourmet als Kammerdiener gehalten? Doch seine Umrisse schmelzen wie Aspik in der Hitze des Herdes.

»Das Küchenkind!«

Die Küchenbrigade schlug solchen Krach, daß die Haushälterin retirierte, um in ihrem Gemach eine weitere Dosis Rum zu sich zu nehmen; zwischen Töpfen und Pfannen plötzlich mit einer Meuterei konfrontiert, fand sie nur wenig Courage in sich und zog sich mürrisch in ihr Zelt zurück.

Mein erstes Spielzeug waren Passiersiebe, Schneebesen und Topfdeckel. Ich nahm mein Bad in der großen Terrine, in der die Schildkrötensuppe serviert wurde. Lachs gab es keinen, bis ich laufen lernte, denn was hatte ich anderes zur Wiege als den kupfernen Lachskessel? Und der stand hoch oben auf dem Sims, wo ich behaglich und warm dösen konnte, allen Gefahren entrückt und zur Ruhe gebettet unter den köstlichen Düften und reizvollen Geräuschen der Essenszubereitung; dort oben gurrte ich in meiner Säuglingszeit und wohnte oberhalb des Küchentreibens, als sei ich eine Haushaltsgottheit in meinem kleinen Schrein.

Und ist es nicht in der Tat etwas Heiliges um eine große Küche? Die Gewölbe rußgeschwärzten Mauerwerks über mir, wo die Schinken und Zwiebelzöpfe und die Büschel getrockneter Kräuter baumeln, die ein wenig aussehen wie die Regimentsfahnen, die über den Gängen alter Kirchen schwanken. Die kühlen, hallenden Steinplatten, die zweimal am Tage von diesem Dienst geweihten Personen auf den Knien fleckenlos rein geschrubbt werden. Der Scheuerglanz von Reihen über Reihen von Metallgefäßen, die an Haken hängen oder auf Borden ruhen und warten, bis sie gebraucht werden, mit dem Anschein von ebenso vielen Kelchen, die auf eine Feier des Nahrungssakramentes warten. Und der Herd wie ein Altar, ja, ein Altar, vor dem sich meine Mutter in ständiger Anbetung neigte, ein Saum von Schweißperlen auf ihrer Oberlippe und mit glühendem Feuer auf ihren Wangen.

Als ich drei war, gab sie mir Mehl und Schmalz, und gleich erfand ich mir die Krapfen. Da ich das Wellholz nicht handhaben konnte, setzte sie mich auf ihre Schultern, damit ich zusah, wie sie den Teig auf der Marmorplatte auswalzte, dann durfte ich die Formen selber ausstechen; Freudentränen über meine Frühreife liefen über ihr Gesicht, als sie mich die Pflaumenmarmelade in kleinen Portionen auf den Teig klatschen ließ und mir zur Belohnung den Löffel zum Ablekken gab. Mit dreieinhalb war ich bis zu den Windbeuteln vorgedrungen, und danach gab es für mich kein Halten mehr. Sie stellt mich auf einen hohen Schemel, daß ich auch hinaufreiche, die Soße zu rühren, wickelt mich in ihre eigene

Schürze, die dreimal um mich herumgeht, und schlägt sie mir an den Hüften ein, damit ich nicht drüber stolpere und kopfüber in meine erste Hollandaise falle. So werde ich zu ihrem Adepten.

Lesen und schreiben lerne ich leicht. A steht für Aalpastete und für *asperges au beurre fondue* (jedoch niemals, um meiner Mutter willen, mit einer *sauce bâtarde*), B steht für Bœuf Stroganoff, wobei eine Portion *bœuf* patriotischerweise stets für den *pouding Yorkshire* reserviert bleibt, C für *carottes, chouxfleurs, camembert* und so weiter bis zu Zabaglione, wenn ich auch oft darüber nachdachte, wozu das X gut sein mochte, da es in keines Kochs Alphabet vorkommt.

Und ich halte mich so eng an diese Küche wie die *croûte* an einem *pâte* hängt, wie die *mayonnaise* an einem *œuf* klebt. Zuerst stehe ich auf diesem Schemel vor meinen Töpfen, dann auf einem umgestülpten Eimer, dann auf meinen eigenen Füßen. Die Zeit vergeht.

Das Leben fließt in jenem entlegenen Herrenhaus als ruhiger Strom dahin, der nur einmal im Jahr zu einem Wirbel anschwillt und dann nur für zwei Wochen, doch da herrscht Umtrieb genug – die Birkhuhnjagd, wenn sie alle aus der Stadt kommen, uns herumzuhetzen.

Obwohl Sir und Madam der Ansicht sind, daß ihr Besuch der eine und einzige Grund für die Existenz von uns allen ist, die jährliche Klimax unseres Daseins, wenn ihr Hauspersonal – das, soweit es *sie* angeht, den Rest des Jahres quasi im Winterschlaf verbringt – nun wie Dornröschen bei der Ankunft ihres Prinzen emporspringt, kommen wir tatsächlich so gut ohne sie aus während der anderen elfeinhalb Monate, daß ihre Ankunft jedesmal eine mißliebige Unterbrechung unserer Routine ist. Wir schwitzen uns durch diese vierzehn Tage mit dem mürrischen Unmut verarmter Adliger, die sich umständehalber gezwungen sehen, Zimmer an zahlende Gäste zu vermieten, und was die *haute cuisine* betrifft – das kann man vergessen: Sandwiches, Sandwiches, sie wollen nichts als Sandwiches.

Und nie wieder, niemals, eine spezielle Anweisung, die ein Soufflé betrifft, Hummer- oder anderes. Meine Mutti, immr ein wenig nervös und versponnen, wenn die Jagdsaison kam –, immer in sich gekehrt, und wenn auch nie der Auftrag kam, so bereitete sie doch jedes Jahr ihr Hummersoufflé, schickte den Küchenjungen nach dem Hummer, sott ihn lebendig, schlug die Eier, machte die Panade usw., als sei dies ein magisches Ritual, das aus der Vergangenheit das große Fragezeichen emporrufen könnte, dessen Lenden ihr Sohn entsprungen war, damit sie sich diesmal sein Gesicht näher betrachten konnte. Oder vielleicht gab es einen anderen Grund – sie sprach, so oder so, nie darüber. Im Lauf der Jahre konnte sie schließlich das luftigste, würzigste Soufflé zubereiten, das je ein Hummer geschmückt hat, doch niemand kam, es zu verzehren, und in der Küche hatte keiner das Herz dazu. So bekamen insgesamt fünfzehnmal die Hühner das Soufflé.

Bis an einem schönen Oktobertag – der Nebel stieg von den Mooren wie ein Dampf von einer Bouillon, die Birkhühner nahmen wie zum Tode Verurteilte letzte üppige Mahlzeiten zu sich – das Warten meiner Mutter seinen Lohn fand. Die Hausgäste kamen an, und wie die Wagen herbeirollen, hören wir das schwache, nostalgische Wimmern eines Akkordeons, als ein geschlossener Landauer hüpfend die Auffahrt heranholpert, über und über mit den französischen Lilien bemalt.

Meine Mutter erzittert, als sie die Nachricht hört, es wird ihr ganz schwach, sie muß sich auf den Marmorblock für das Gebäck setzen, und ich, o ich schicke mich an, meinem Erzeuger zu begegnen, bin ich doch gerade in ein Alter getreten, wo sich ein Knabe die meisten und dunkelsten Gedanken über seinen Vater macht.

Doch was ist das? Wer kommt in die Küche gelaufen, um die Kiste Eis abzuholen, die der *duc* für die von ihm mitgebrachten Weinflaschen bestellt hat? Ein bartloser Junge, so alt wie ich oder noch jünger! Und wenn auch meine Mutter ihn zu befragen sucht, wo denn wohl ein anderer Bediensteter sein mochte, der einst vor langer Zeit möglicherweise ihre Hand so sehr zum Zittern brachte, daß sie die Kontrolle über den Cayennepfeffer verlor, so versteift er sich doch darauf, ihren Yorkshire-Dialekt nicht zu verstehen, schüttelt den Kopf, stellt mimisch Unverständnis dar. Da weint meine Mutter zum dritten Mal in ihrem Leben.

Zum ersten Mal geschah es aus Scham, daß sie ein Gericht verdorben hatte. Dann vor Freude, als sie ihren Sohn den Teig formen sah. Und nun um die Abwesenheit.

Doch trotzdem schickt sie den Küchenjungen nach einem Hummer aus, denn sie muß und will ihr Herbstritual durchführen, wenn auch nur als Leichenschmaus ihrer Hoffnung. Und ich nehme die Sache selbst in die Hand und begebe mich auf dem schnellsten Wege, nämlich mit dem Speiseaufzug, in die oberen Gemächer, um mich persönlich bei dem Herzog zu erkundigen, wo denn seine Dienerschaft stecken mag.

Der *duc*, der sich vor dem Diner ausruht und ein, zwei Korken knallen läßt, ist in ein samtenes, gesteppt-wattiertes Wams gehüllt, das stark den Deckchen überzüchteter Rassehunde ähnelt, und er wärmt seine in Pantoffeln (Saffian) steckenden Füße vor einem lodernden Feuer und singt in seiner Muttersprache vor sich hin. Und nie habe ich einen dickeren Mann gesehen – er hätte meiner Mutter noch dreißig, vierzig Pfund abgeben können und hätte keinen Unterschied gemerkt. Rund wie das ›o‹ in ›kolossal‹. Wenn ihn das plötzliche Erscheinen des jungen Kochs aus der Holztäfelung der Wand hervor überrascht, so ist er doch zu sehr Mann von Welt, sich etwas anmerken zu lassen; er fragt, was er für mich tun kann, äußerst höflich, und ich stammle in meinem besten Küchenfranzösisch!

»Der *valet de chambre*, der Sie begleitet hat (=*garni de*) vor so vielen Jahren ihres letzten Besuchs –«

»Ah! Jean-Jacques!« pflichtet er mir bereitwillig bei. »Le pauvre«, fügt er hinzu.

Melancholisch äugt er in sein Kelchglas.

»Une crise de foie. Hélas, il est mort.«

Ich werde bleich wie ein Chicorée. Er – vollendeter Gentleman – bietet mir ein Glas Champagner an, das mich beleben soll, den ganzen Weg aus seinem eigenen Keller hierhergebracht, traut den Heizungsgebräuchen des Sir nicht, und ich spüre, wie die Haare auf meiner Brust wachsen, als ich den Trunk hinuntergieße. Von einer weiteren Flasche inspiriert, bei der mir der *duc* mit der mühelosen demokratischen Freundlichkeit Gesellschaft leistet, die das Abzeichen aller wahren Aristokraten ist, schildere ich ihm, soweit ich es vermag, die Umstände meiner Zeugung: Wie sein Diener meine Mutter umwarb und gewann, alles in der Zeit, welche die Zubereitung eines Hummersoufflé erfordert.

»Ich kann mich gut an das Soufflé erinnern«, sagte der *duc*. »Hab' nie ein besseres gegessen. Ließ durch die *concierge* der Köchin meine Hochachtung ausrichten, hab' nur den Rat eines wirklich peniblen Gourmets hinzugefügt, das nächste Mal mit dem Cayenne zu sparen.«

So war es also wirklich gewesen! Die boshafte Haushälterin hatte nur die halbe Botschaft überbracht!

Dann erzähle ich die bewegende Geschichte, wie nun jedes Jahr zur Jagdzeit meine Mutter im Andenken an Jean-Jacques (so glaube ich) ein Hummersoufflé zubereitet, und wir teilen eine weitere Flasche Kobolzwasser im Andenken an den teuren Verstorbenen, als der Herzog plötzlich mit allen Anzeichen einer männlichen Rührung durch eine Träne hindurch sagt:

»Will dir was sagen, mein Junge, während deine *maman* mir noch einmal dieses legendäre Hummersoufflé macht, werde ich selbst, als Zeichen meiner Wertschätzung für meinen einstigen Diener, heimlich hinuntergehen –«

»O Sir!« stottere ich. »Ihr seid zu freundlich!«

Und gleich eile ich in die Küche, wo ich meine Mutter gerade mit der Bechamelsauce beginnen sehe. Und schließlich, als die Butter schmilzt, wie das Herz des Herzogs schmolz, als ich ihm ihre Geschichte erzählte, öffnet sich verstohlen die Küchentür, und auf Zehenspitzen tritt er selber ein. Noch nie paßte ein Paar vom Umfang her besser zusammen, muß ich sagen. Die Küchenbrigade wendet die Köpfe beiseite, um diesen romantischen Augenblick zu respektieren, doch ich, der ihn herbeigeführt hat, kann es mir nicht versagen, hinüberzuspähen.

Er schleicht sich hinter sie, den Zeigefinger an die Lippen gelegt, um Vorsicht und Schweigen anzuzeigen, und er streckt den Arm aus, und langsam, langsam, langsam, mit unendlicher Zartheit, unendlichem Takt, läßt er seine Hand auf ihr Hinterteil sinken – es hätte die Berührung einer landenden Fliege sein können. Sie zuckt kurz, wie eine Stute auf der Wiese mit der Kruppe zuckt, und siebt ungerührt das

Mehl ein. Der *duc* selbst zittert ein wenig. Ein Ausdruck wie der eines kleinen Kindes in einer Konditorei geht über seine ein wenig bourbonischen Züge. Er versucht, über ihre Schulter zu sehen und herauszufinden, was sie mit ihrer *batterie de cuisine* anstellt, doch sein Embonpoint ist ihm im Wege.

Vielleicht geschieht es, um sie ein wenig zur Seite zu drängen, vielleicht ist es ein aufrichtiger Tribut an ihre umfangreichen Reize, doch nun, mit großartiger, massiver Eleganz, greift er zu.

Meine Mutter stößt einen Seufzer aus, stark genug, das geschlagene Eiweiß wegzuwehen, doch als große Künstlerin, die sie ist, läßt sie ihre Hand nicht einmal zittern, als sie das Eigelb unterzieht. Und als die herzogliche Hand nun höher streift – kein Beben stört die Bewegung des Löffels.

Denn nun geht es, man verstehe, um das Würzen. Und diesmal – hinein mit gerade der richtigen Menge Cayenne. Kein Körnlein zuviel. Hurra! Dieses Soufflé, das wird – ich schwenke den Kreis, den mein Daumen und mein Zeigefinger gebildet haben. Ich mime einen Kuß.

Das Eiweiß stürzt in die Panade. Die Bewegungen ihres Löffels sind rasch und leicht wie die eines Vogels, der in der Falle gefangen ist. Sie stülpt alles in die Souffléform.

Er kneift.

Und *dann* ruft sie: »Zum Teufel damit!« Vom Libretto abweichend schwingt meine Mutter nun ihren hölzernen Löffel wie eine Keule und läßt ihn, klack! mit beträchtlicher Wucht auf das Haupt des Herzogs niedersausen. Er stürzt mit leisem Aufstöhnen auf die Steinfliesen.

»Da hast du's«, teilt sie seiner hingestreckten Gestalt mit. Dann schließt sie sorgsam den Ofen hinter dem Soufflé.

»Wie konntest du!« ruf' ich.

»Soll ich ihn vielleicht mein Soufflé verderben lassen? Ging es nicht um ein Haar daneben, letztes Mal?«

Ein Küchenjunge hilft mir, den Herzog auf den Marmorblock zu legen. Nach leichten Klapsen ins Gesicht, nachdem wir seine Schläfen mit einer in eisgekühltem Chablis getränkten Serviette benetzt haben, schlägt er endlich langsam die Augen wieder auf und kommt zu sich.

»Quelle femme«, flüstert er.

Meine Mutter, mit der Stoppuhr in der Hand vor dem Herd kauernd, achtet seiner nicht.

»Sie hatte Angst, Ihr würdet das Soufflé verderben«, erkläre ich höchst verlegen.

»Welche Hingabe an das Werk!«

Der Mann scheint von Ehrfurcht überwältigt. Er starrt meine Mutter an, als könne er nie genug von dem Anblick bekommen. So hurtig, wie ein Mann seines Umfangs es vermag, springt er von der Marmorplatte herab, rennt durch die Küche, wirft sich ihr zu Füßen.

»Ich bitte Sie, ich flehe Sie an –«

Doch meine Mutter hat nur Augen für den Herd.

»*Da* habt Ihr's!« Die Tür aufreißend, bringt sie die – wahrlich! – die Königin aller Soufflés zum Vorschein, die ihre Erzengelschwingen über die ganze Küche breitet, aus der Form emporspringend, in der sie allein die Schwerkraft zurückhält. Alle Anwesenden (siebenundvierzig an der Zahl – die Küchenbrigade und ich, plus Herzog) applaudieren und brechen in Hochrufe aus.

Die Haushälterin beißt sich die Nägel zuschanden, als meine Mutter in dem geschlossenen Landauer in die allereigenste hochadelige und französische Küche des Herzogs davonfährt, doch sie tröstet sich mit dem Gedanken, daß sie Sir und Madam schon überreden wird, ihr einen nagelneuen *chef* wie Soyer oder Carême zu holen, der sich ihr schnurrbartzwirbelnd nähern wird und der sie zu häufigen *babas au rhum* einladen kann. Doch – ich bin schließlich das einzige Kind der Küche meiner Mutter, und nun trete ich mein Erbe an! Außerdem, wie könnte sich die Haushälterin beklagen? Bin ich nicht der jüngste (aus Yorkshire gebürtige) französische Koch im ganzen Land?

Bin ich denn nicht des Herzogs Stiefsohn?

JOACHIM RINGELNATZ

Kuttel Daddeldu und die Kinder

Wie Daddeldu so durch die Welten schifft,
Geschieht es wohl, daß er hie und da
Eins oder das andre von seinen Kindern trifft,
Die begrüßen dann ihren Europapa:
»Gud morning! – Sdrastwuide! – Bong Jur, Daddeldü!
Bon tscherno! Ok phosphor! Tsching – tschung! Bablabü!«
  Und Daddeldu dankt erstaunt und gerührt
Und senkt die Hand in die Hosentasche
Und schenkt ihnen, was er so bei sich führt
––Whiskyflasche,
  Zündhölzer, Opium, türkischen Knaster,
Revolverpatronen und Schweinsbeulenpflaster,
Gibt jedem zwei Dollar und lächelt: »Ei, ei!«
  Und nochmals: »Ei, ei!« – Und verschwindet dabei.

Aber Kinder von deutschen und dänischen Witwen
Pflegt er sich intensiver zu widmen.
Die weiß er dann mit den seltensten Stücken
Aus allen Ländern der Welt zu beglücken.
Elefantenzähne – Kamerun,
Mit Kognak begoßnes malaiisches Huhn,
Aus Friedrichsroda ein Straußenei,
Aus Tibet einen Roman von Karl May,
Einen Eskimoschlips aus Giraffenhaar,
Auch ein Stückchen versteinertes Dromedar.

Und dann spielt der poltrige Daddeldu
Verstecken, Stierkampf und Blindekuh,
Markiert einen leprakranken Schimpansen,
Lehrt seine Kinderchen Bauchtanz tanzen
Und Schiffchen schnitzen und Tabak kauen.
Und manchmal, in Abwesenheit älterer Frauen,
Tätowiert er den strampelnden Kleinchen

Anker und Kreuze auf Ärmchen und Beinchen.

Später packt er sich sechs auf den Schoß
Und läßt sich nicht lange quälen,
Sondern legt los:
Grog saufen und dabei Märchen erzählen;
Von seinem Schiffbruch bei Helgoland,
Wo eine Woge ihn an den Strand
Auf eine Korallenspitze trieb,
Wo er dann händeringend hängenblieb.
Und hatte nichts zu fressen und saufen;
Nicht mal, wenn er gewollt hätte, einen Tropfen Trinkwasser, um seine Lippen zu benetzen,
Und kein Geld, keine Uhr zum Versetzen.
Außerdem war da gar nichts zu kaufen;
Denn dort gab's nur Löwen und Schlangenleiber,
Sonst weder keine Menschen als auch keine Weiber.
Und er hätte gerade so gern einmal wieder
Ein kerniges Hamburger Weibstück besucht.
Und da kniete Kuttel nach Osten zu nieder.
Und als er zum drittenmal rückwärts geflucht,
Da nahte sich plötzlich der Vogel Greif,
Und Daddeldu sagte: »Ei wont ä weif.«
Und der Vogel Greif trug ihn schnell
Bald in dies Bordell, bald in jenes Bordell
Und schenkte ihm Schlackwurst und Schnaps und so weiter. –

So erzählt Kuttel Daddeldu heiter, –
Märchen, die er ganz selber erfunden.
Und säuft. – Es verfließen die Stunden.
Die Kinder weinen. Die Märchen lallen.
Die Mutter ist längst untern Tisch gefallen,
Und Kuttel – bemüht, sie aufzuheben.
Und um die Ruhe nicht länger zu stören,
Verläßt er leise Mutter und Göhren.

Denkt aber noch tagelang hinter Sizilien
An die traulichen Stunden in seinen Familien.

Aus der Schule geplaudert

Laßt uns protestieren
»Welche Botschaft ist das hier?«

JOHN UPDIKE

Morgen und morgen und so fort

In wirrem, schwatzenden Schwarm drängte die 11 D ins Klassenzimmer 109. Aus der Art ihrer Unruhe schloß Mark Prosser, daß es regnen würde. Er unterrichtete jetzt seit drei Jahren an der High School, aber seine Schüler beeindruckten ihn immer noch; sie waren so empfindsame Geschöpfe. Sie reagierten auf die leiseste Luftdruckveränderung.

Brute Young blieb mitten in der Tür stehen; in Höhe seines Ellbogens kicherte der kleine Barry Snider. Ein affektiertes Lachen, das stieg und fiel; es tauchte hinab zu irgendeinem nichtsnutzigen Geheimnis, das nicht oft genug gekostet werden konnte, und schraubte sich im nächsten Augenblick gekünstelt hoch, um zu verkünden, daß er, der kleine Barry, ein solches Geheimnis mit dem großen Verteidiger der Schulmannschaft teile. Brute zu Diensten zu sein, war Barrys höchste Seligkeit. Der große Verteidiger beachtete ihn nicht; er renkte sich den Hals aus nach etwas, das bislang nicht zu sehen war. Schwerfällig ergab er sich dann dem andrängenden Strom und ließ sich mit hineinspülen.

Unmittelbar vor Prosser – wie ein Mord, der einem beim Betrachten eines chronistischen Frieses von Königen und Königinnen jäh in die Augen springt – stach jemand mit einem Bleistift einem Mädchen in den Rücken. Keß ignorierte es den Anschlag. Eine andere Hand riß Geoffrey Langer das Hemd aus der Hose. Geoffrey, ein intelligenter Junge, war sich nicht schlüssig, ob er die Sache mit einem Lachen abtun oder sich wütend wehren sollte; zögernd, halb zum Einlenken bereit, drehte er sich um, und an der leisen Überheblichkeit in seinem Blick erkannte Prosser, daß das die Angst war, die gleiche, die er selbst so oft empfand. Überall, im Gefunkel der Schlüsselketten, in den akkuraten Winkeln umgeschlagener Hemdenmanschetten, war eine Elektrizität zu spüren, die nicht einfach nur vom Wetter herrühren konnte.

Mark dachte, ob Gloria Angstrom heute wohl wieder diesen glühendrosa Angorapullover anhatte, den mit den knappen Ärmeln. Eigentlich war er ärmellos, und das war das Beunruhigende daran: die Nacktheit dieser beiden heiteren Arme, die sich weiß wie Schenkel von der zarten Wolle abhoben.

Er hatte richtig gedacht. Ein leuchtendes Rosa flammte auf im Gewirr von Armen und Schultern, als das letzte Knäuel sich ins Klassenzimmer schob.

»Setzt euch«, sagte Mark Prosser. »Ein bißchen Tempo, wir wollen anfangen.«

Die meisten gehorchten, nur Peter Forrester, der Eifrigste in dem Rudel, das sich um Gloria geschart hatte, trödelte mit ihr noch an der Tür herum und erzählte irgendeine Geschichte zu Ende, offensichtlich entschlossen, sie zum Lachen zu bringen oder ihr den Atem zu rauben. Als sie dann tatsächlich nach Luft schnappte, warf er voller Genugtuung den Kopf zurück. Sein apfelsinenrotes Haar schwappte nach hinten. Die Rotköpfe sind alle gleich, dachte Mark; farblose Wimpern, blasses, gedunsenes Gesicht, Basedowaugen, der Mund permanent verzogen in lächerlichem Selbstvertrauen. Bluffer, alle miteinander.

Als Gloria in wohlbedachter, würdevoller Haltung ihren Platz eingenommen und Peter sich auf den seinen geschwungen hatte, sagte Mr. Prosser:

»Peter Forrester.«

»Ja?« Peter stand auf und durchblätterte hastig sein Buch nach der richtigen Stelle.

»Interpretiere uns bitte den Sinn der Verse ›Morgen und morgen und dann wieder morgen / Kriecht so mit kleinem Schritt von Tag zu Tag...‹«

Peter schielte auf die High School-Ausgabe von *Macbeth* hinunter, die aufgeschlagen auf seinem Pult lag. Aus den hinteren Reihen kam erwartungsvolles Kichern; eine von den Minderbegabten. Peter war beliebt bei den Mädchen; Mädchen in diesem Alter hatten einen Verstand wie Fliegen.

»Peter. Mit geschlossenem Buch, bitte. Wir haben diese Stelle für heute alle gründlich präpariert. Oder?« Das Mädchen im Hintergrund quiekte vor Vergnügen. Gloria legte ihr Buch aufgeklappt vor sich aufs Pult, so, daß Peter hineinsehen konnte.

Mit einem Knall schlug Peter sein Buch zu und starrte in Glorias. »Ja also«, sagte er schließlich, »ich finde, es bedeutet nichts anderes, als was da steht.«

»Und das wäre?«

»Na, daß wir gar nicht anders können, als immerzu an morgen denken. Dauernd kriecht es in unsere Unterhaltungen. Wir können überhaupt keine Pläne machen, ohne an morgen zu denken.«

»Aha. Du meinst also, Macbeth beruft sich hier auf den Terminkalender-Aspekt des Lebens.«

Geoffrey Langer lachte, zweifellos, um Mr. Prosser zu schmeicheln. Und einen Augenblick lang *war* Mark geschmeichelt. Bis er realisierte, daß er es auf Lacher abgesehen hatte – auf Kosten eines Schülers.

Seine Paraphrase hatte Peters Auslegung der beiden Verse lächerlicher erscheinen lassen, als sie war. Er versuchte einzulenken: »Ich gebe zu –«

Aber Peter war nicht aufzuhalten. Rothaarige wissen nie, wann sie einen Punkt zu machen haben. »Macbeth will damit sagen, wenn wir aufhören würden, uns ums Morgen zu kümmern, und einfach nur fürs Heute leben, dann könnten wir viel besser all die herrlichen Dinge genießen, die vor unserer Nase passieren.«

Mark bedachte dies einen Augenblick, bevor er Stellung nahm. Er wollte nicht sarkastisch sein. »Hm, ich will ja nicht bestreiten, daß an deinen Ausführungen was dran ist, Peter, aber glaubst du wirklich, daß Macbeth in dieser Situation derart –« er konnte sich nicht helfen – »derart sonnige Empfindungen äußert?«

Geoffrey lachte wieder. Peters Nacken rötete sich; er starrte auf den Fußboden. Gloria funkelte Mr. Prosser mit unverhohlener Wut an.

Mark beeilte sich, seinen Fehler gutzumachen. »Mißversteh mich bitte nicht«, sagte er zu Peter. »Ich habe selber nicht auf alles eine Antwort. Aber mir scheint doch, die ganze Passage, bis hinunter zu ›Das nichts bedeutet‹, besagt, daß das Leben ein – nun ja, ein *Betrug* ist. Nichts Herrliches hat.«

»War das wirklich Shakespeares Meinung?« fragte Geoffrey Langer, und seine Stimme klang schrill vor nervöser Lebhaftigkeit.

Mark glaubte zu erkennen, daß Geoffrey die schreckliche Wahrheit ahnte, so wie er selbst sie geahnt hatte, damals, als Junge. Welchen Versuch Mark jetzt unternehmen mußte, lag auf der Hand. Er sagte zu Peter, er könne sich wieder setzen, und sah durchs Fenster zum gerinnenden Himmel auf. Die Wolken klumpten sich.

»Über Shakespeares Werk«, begann Mr. Prosser langsam, »liegt viel Dunkelheit, und kein Stück ist so dunkel wie *Macbeth*. Die Atmosphäre ist vergiftend, erdrückend. Ein Kritiker hat gesagt, in diesem Stück würde die Menschheit erstickt.« Das war zu stark.

»Auf der Höhe seiner Schaffenszeit schrieb Shakespeare Stücke über Männer wie Hamlet und Othello und Macbeth. Männer, die durch ihre Umwelt oder ihre dunklen Sterne oder irgendeinen geringfügigen, in ihrer Natur begründeten Makel daran gehindert wurden, sich zu der Größe zu entfalten, deren sie fähig gewesen wären. Sogar Shakespeares Komödien aus dieser Zeit handeln von einer Welt, die faulig geworden ist. Als hätte er hinter die strahlenden, glorreichen Kulissen seiner früheren Komödien und Historienstücke geschaut und etwas Schreckliches gefunden. Etwas, das ihn entsetzt hat – so, wie es eines Tages vielleicht auch diesen oder jenen unter euch entsetzen wird.« Ganz darauf konzentriert, die richtigen Worte zu finden, hatte er, ohne es zu beabsichtigen, Gloria angestarrt. Sie nickte verlegen, da erst ging es ihm auf, und er lächelte ihr zu.

Er gab sich Mühe, seine Ausführungen milder vorzubringen, ihnen eine gewisse Schüchternheit zu geben. »Aber dann, scheint mir, gelangte Shakespeare zu einer neuen, einer versöhnenden Wahrheit. Seine letzten Stücke sind heiter und symbolhaft, als sei er, durch alles Häßliche hindurch, in ein Reich vorgedrungen, wo es wieder Schönheit gibt. So gesehen gibt Shakespeares Gesamtwerk ein Weltbild wieder, das vollkommener ist als das jedes anderen Autors, außer vielleicht Dantes, eines italienischen Dichters, der einige Jahrhunderte früher gelebt hat.« Er war weit abgekommen von Macbeths Selbstgespräch. Andere Lehrer hatten ihm schadenfroh erzählt, daß die Gören sich einen Sport daraus machten, ihn zum Reden zu bringen. Er sah zu Geoffrey hinüber. Der Junge kritzelte gelangweilt in seiner Kladde herum. Mr. Prosser schloß: »Das letzte Stück, das Shakespeare geschrieben hat, ist eine außergewöhnliche Dichtung und heißt *Der Sturm*. Vielleicht hat ja der eine oder andere von euch Lust, es zu lesen – fürs nächste literarische Referat, das am 10. Mai fällig ist. Es ist ein kurzes Stück.«

Die Klasse hatte es sich bequem gemacht. Barry Snider flippte Schrotkügelchen gegen die Tafel und schielte zu Brute Young hin, ob der das auch sähe. »Ein einziges Mal noch, Barry«, sagte Mr. Prosser, »und du gehst hinaus.« Barry wurde rot und grinste, um sein Erröten zu verbergen, während seine Augäpfel in Brutes Richtung kullerten. Das stumpfsinnige Mädchen in der letzten Reihe bemalte sich die Lippen. »Leg den Lippenstift weg, Alice«, befahl Mr. Prosser. Sie kicherte und gehorchte. Sejak, der kleine Pole, der die Nacht über arbeitete, schlief an seinem Pult; weiß drückte seine Wange sich gegen das lackierte Holz, und sein Mund war schief zur Seite gesackt. Mr. Prossers erste Regung war, ihn schlafen zu lassen. Aber diese Regung entsprang womöglich nicht echter Güte, sondern lediglich der selbstgefälligen gütigen *Pose*, in der er sich zuweilen ertappte. Und außerdem – ein derartiger Verstoß gegen die Disziplin hätte weitere zur Folge. Er trat energisch in den Mittelgang und rüttelte Sejak wach. Dann wandte er sich dem Getuschel vorn im Klassenzimmer zu, das immer lauter wurde.

Peter Forrester flüsterte auf Gloria ein, versuchte, sie zum Lachen zu bringen. Aber ihr Gesicht war kühl und würdevoll, als sei in ihrem Kopf ein Gedanke geboren. Vielleicht hatte wenigstens *sie* aufgenommen, was Mr. Prosser gesagt hatte. Ermutigt und voll großzügigen Entgegenkommens sagte Mark: »Peter, ich habe den Eindruck, du möchtest deiner These dringend noch etwas hinzufügen.«

Peter erwiderte höflich: »Nein, Sir. Ich verstehe den Absatz ehrlich nicht. Bitte, Sir, was hat er zu bedeuten?«

Dies offene Eingeständnis und die befremdliche Bitte um Aufklärung verblüfften die Klasse. Ruckartig wandten sich

Mark sämtliche Gesichter zu: weiß und rund und voller Lernbegierde. »Ich weiß es nicht«, sagte er. »Ich habe gehofft, *ihr* würdet es *mir* sagen.«

Wenn im College ein Professor sich so verhalten hatte, war die Wirkung immer ungeheuer gewesen. Die Demut des Professors, die Notwendigkeit produktiven Zusammenspiels zwischen Lehrer und Schüler hatten auf die Studenten dramatischen Eindruck gemacht. In den Augen der 11 D aber war Unwissenheit bei einem Lehrer genauso ein Unding wie ein Loch im Dach. Es war, als hätte er vierzig Stränge in Händen gehalten und mit ihnen vierzig Gesichter straff zu sich hergezogen und dann die Stränge losgelassen. Kopfschütteln, Augenabkehr, Stimmengeschwirr. Ein paar von den Schwierigen – wie Peter Forrester – grinsten einander vielsagend zu.

»Ruhe!« rief Mr. Prosser. »Das gilt für alle! Dichtung ist keine Arithmetik. Es gibt nie nur eine einzige richtige Antwort. Ich möchte euch nicht meine Ansicht aufdrängen, auch wenn ich ein bißchen *mehr* Erfahrung mit der Literatur habe.« Er artikulierte den letzten Teil des Satzes sehr laut und bestimmt, und etliche von den gefügigeren Schülern schienen beruhigt. »Außerdem weiß ich, daß *ihr* das auch nicht mögt«, sagte er.

Ob sie es ihm nun abnahmen oder nicht, sie beschieden sich damit. Mark meinte, er könne jetzt getrost wieder seine Mensch-unter-Menschen-Haltung einnehmen. Er setzte sich auf die Kante des Katheders und beugte sich eindringlich vor. »Also mal ehrlich. Hat irgend jemand ein ganz persönliches Empfinden bei diesen Versen, an dem er die Klasse und mich teilhaben lassen möchte?«

Eine Hand, die ein zerknülltes, geblümtes Taschentuch umklammerte, streckte sich unsicher hoch. »Schieß los, Teresa«, sagte Mr. Prosser ermunternd. Teresa war ein schüchternes, linkisches Mädchen, Tochter einer Zeugin Jehovas.

»Ich muß dabei an Wolkenschatten denken«, sagte sie.

Geoffrey Langer lachte. »Sei nicht so rüde, Geoff«, sagte Mr. Prosser leise zur Seite hin und sprach dann mit tönender Stimme weiter: »Danke, Teresa. Eine interessante und zudem begründete Assoziation. Das Dahinziehen der Wolken hat tatsächlich etwas von dem langsamen, monotonen Rhythmus, den man in der Zeile ›Morgen und morgen und dann wieder morgen‹ spürt. Eine sehr düstere Zeile, nicht wahr – ihr anderen?« Niemand stimmte dafür, niemand dagegen.

Draußen vor den Fenstern ballten sich eilig die Wolken, und unstete Sonnenstrahlen flirrten im Zimmer umher. Anmutig, goldübergossen, hob sich Glorias Arm und wölbte sich über ihrem Kopf. »Gloria?« fragte Mr. Prosser.

Sie sah von ihrem Pult auf, ein finsteres Leuchten im Gesicht. »Ich finde sehr gut, was Teresa eben gesagt hat«, sagte sie mit einem Funkeln zu Geoffrey Langer hin. Geoffrey gluckste herausfordernd. »Und ich habe eine Frage. Was bedeutet ›mit kleinem Schritt‹?«

»Das bezieht sich auf das öde, tagaus, tagein gleiche Leben, wie, sagen wir, ein Buchhalter oder ein Bankangestellter es führt. Oder ein Schulmeister«, setzte er hinzu und lächelte.

Sie lächelte nicht zurück. Nachdenkliche Falten trübten ihre glatte Stirn. »Aber Macbeth hat Kriege geführt und Könige umgebracht und ist selber König«, hielt sie ihm entgegen.

»Ja, aber gerade das alles ist es ja, was Macbeth als ›nichts‹ verdammt. Leuchtet dir das nicht ein?«

Gloria schüttelte den Kopf. »Noch etwas, das mich beschäftigt – ist es nicht ein bißchen komisch von Macbeth, mitten in diesem Krieg Selbstgespräche zu führen, noch dazu, wo seine Frau gerade tot ist und alles?«

»Ich finde nicht, Gloria. Einerlei, wie schnell die Ereignisse hereinbrechen, der Gedanke ist schneller.«

Seine Antwort war schwach. Jeder wußte das, auch wenn Gloria nicht laut vor sich hin gedacht hatte – bestimmt hatte sie es nur für sich gedacht, allerdings so, daß die ganze Klasse es hörte: »Das ist ja *blöde*.«

Mark zuckte zusammen, durchbohrt von der fürchterlichen Schärfe, mit der seine Schüler ihn durchschauten. Wie absonderlich mußte er ihnen vorkommen, mit seinen langen Händen und der Hornbrille und dem ewig zerrauften Haar und dem ständigen Eingesponnensein in ›Literatur‹, wo der

König, wenn die Lage mulmig wird, ein Gedicht brabbelt, das niemand versteht. Das Entzücken, das Mr. Prosser an diesem blödsinnigen Gefasel fand, weckte nicht nur Zweifel an seinem gesunden Menschenverstand, sondern auch an seiner Männlichkeit. Es war geradezu edel von ihnen, daß sie ihn nicht zur Tür hinauslachten. Er senkte den Kopf und rieb die Fingerspitzen aneinander, um den Kreidestaub wegzuwischen. Alle Geräusche in der Klasse versickerten, eine unnatürliche Stille breitete sich aus. »Es wird spät«, sagte er schließlich. »Fangen wir jetzt mit dem Aufsagen an. Bernard Amilson, du bist dran.«

Bernard hatte Schwierigkeiten mit der Aussprache, und seine Rezitation hörte sich folgendermaßen an: »Morng n morng n dann wieda morng...« Tröstlich, was für eine Mühe die Klasse sich gab, ihr Lachen zu unterdrücken. Mr. Prosser schrieb eine Eins in sein Notizbuch neben Bernards Namen. Er gab Bernard immer eine Eins in Rezitation, der Schulärztin zum Trotz, die behauptete, daß mit dem Mund des Jungen organisch alles in Ordnung sei.

Es herrschte der Brauch – grausam, aber Tradition –, zum Aufsagen nach vorn zu kommen. Als Alice an der Reihe war, brachte schon die erste Grimasse, die Peter Forrester ihr schnitt, sie völlig aus der Fassung. Mark ließ sie eine gute Minute schmoren, bis ihr Gesicht zu Kirschröte herangereift war; dann verzieh er ihr. Sie sollte es später noch einmal versuchen. Die meisten hatten die Stelle einigermaßen im Kopf; allerdings ließen sie fast durchweg die Zeile ›Zur letzten Silb auf unserm Lebensblatt‹ weg, und aus ›spreizt und knirscht‹ machten sie ›knirscht und spreizt‹ oder schlicht ›spreizt und spreizt‹. Sogar Sejak, der sich mit dem Absatz unmöglich befaßt haben konnte, bevor er das Klassenzimmer betrat, gelangte glücklich bis ›und dann nicht mehr vernommen wird‹.

Geoffrey Langer brillierte wie immer damit, daß er seinen eigenen Vortrag mit gescheiten Fragen unterbrach. »›Morgen und morgen und dann wieder morgen‹«, sagte er, »›kriecht so‹ – müßte es nicht ›kriechen so‹ heißen, Mr. Prosser?«

»Es heißt ›kriecht‹. Trotz der drei Subjekte steht das Verb im Singular, das ist betonter. Fahr fort.« Mr. Prosser war es leid, immer wieder auf Geoffrey einzugehen. Wenn man denen allzu sehr die Zügel schießen ließ, diesen fixen Schülern, dann würden sie noch die ganze Klasse rebellisch machen. »Ohne Fußnoten bitte.«

»›Kriechttt so mit kleinem Schritt von Tag zu Tag, zur letzten Silb auf unserm Lebensblatt; und alle unsre Gestern führten Narrn den Pfad des stäub'gen Tods. Aus, kleines Licht...‹«

»Nicht so!« Mr. Prosser sprang von seinem Stuhl auf. »Das sind doch Verse! Nuschle doch nicht alles ineinander! Mach eine kleine Pause nach ›Narrn‹.«

Geoffrey sah diesmal ehrlich bestürzt drein, und Mark begriff seinen Ärger selber nicht ganz, und in Gedanken zurückblickend, war ihm, als erspähte er im feuchten Dickicht zwei böse funkelnde Augen: den Blick, den Gloria auf Geoffrey abgefeuert hatte. Er sah sich plötzlich in der absurden Rolle als Glorias Söldner in ihrem Privatkrieg gegen diesen intelligenten Jungen. Er seufzte reumütig. »Dichtung baut sich aus Versen auf«, begann er, sich der Klasse zuwendend. Gloria schob Peter Forrester einen Zettel zu.

So eine Unverfrorenheit! Briefchen zu schreiben während einer Strafpredigt, die sie verschuldet hatte, ganz allein sie! Mark fing ihr zierliches Handgelenk ein und pflückte ihr den Zettel aus den Fingern. Er las ihn für sich, aber vor aller Augen, obwohl er derartige Erziehungsmethoden verabscheute. Auf dem Zettel stand:

»Pete, ich finde, Du hast *unrecht* mit Deiner Meinung über Mr. Prosser. Ich finde ihn fantastisch, und ich lerne enorm bei ihm. Er ist himmlisch, wenn er über Dichtung spricht. Ich glaube, ich liebe ihn. Ich liebe ihn wirklich. Das wär's.«

Mr. Prosser kniffte den Zettel zusammen und schob ihn in seine Jackentasche. »Komm nach dem Unterricht zu mir, Gloria«, sagte er. Und dann, zu Geoffrey: »Fang noch mal an. Von vorn bitte.«

Während der Junge noch deklamierte, ertönte der Schnarrer: die Stunde war um. Die letzte für heute. Das Zimmer leerte sich rasch, nur Gloria blieb. Im Flur wurden Schließfächer aufgerissen, Bücher klatschten gegen Metall, Stimmen tönten durcheinander.

»Wer hat 'nen Wagen?«
»Los, rück mal 'ne Kippe raus!«
»Man kriegt überhaupt nichts mit in diesem Saftladen.«

Mark hatte nicht genau darauf geachtet, wann der Regen angefangen hatte, aber es goß jetzt in Strömen. Er ging mit der Fensterstange durchs Klassenzimmer, schloß die Fenster, zog die Rolläden herunter. Regentropfen sprühten ihm auf die Hände. Er sprach zu Gloria in einem forschen Ton, der, ebenso wie sein Herumhantieren an den Fenstern, verhindern sollte, daß sie beide in Verlegenheit gerieten.

»Zum Thema Briefchen-Schreiben.« Sie saß reglos vorn in der ersten Reihe an ihrem Pult, ihr kurzes, hochgebürstetes Haar war wie eine kühle Fackel. An der Art, wie sie dasaß – die nackten Arme vor den Brüsten verschränkt, die Schultern hochgezogen –, spürte er, daß sie fröstelte. »Es ist nicht nur ungehörig, zu kritzeln, während der Lehrer redet, sondern es ist auch dumm, etwas zu Papier zu bringen, was sich geschrieben viel törichter ausnimmt, als wenn man es mündlich formuliert hätte.« Er lehnte die Fensterstange in eine Ecke und ging zu seinem Katheder.

»Und nun zum Begriff Liebe. ›Liebe‹, das ist eines von den Worten, die deutlich machen, wie sehr sich die Sprache im Laufe der Zeit abnutzt. Jeder Filmstar, jeder Schlagersänger und Pastor und Psychiater nimmt heutzutage dies Wort in den Mund, es ist völlig heruntergekommen, bedeutet gar nichts mehr, allenfalls eine verschwommene Vorliebe für irgendwas. Ich liebe den Regen in diesem Sinne, die Wandtafel, die Pulte, dich. Du siehst, es bedeutet nichts mehr, wohingegen es ursprünglich für etwas sehr Bestimmtes stand: für die Sehnsucht, alles, was man hat und ist, mit einem anderen zu teilen. Es wird Zeit, daß wir ein neues Wort prägen, das dies ausdrückt, und wenn *du* für dich eines gefunden hast, schlage ich vor, daß du sparsam damit umgehst. Behandle es als etwas, das du nur einmal vergeben kannst – wenn schon nicht um deiner selbst willen, dann wenigstens um der Sprache willen.« Er legte zwei Bleistifte aufs Katheder, als wollte er sagen: »Das ist alles.«

»Es tut mir leid«, sagte Gloria.

»Nein, nicht doch«, sagte Mr. Prosser, ziemlich überrascht.

»Aber Sie verstehen mich nicht.«

»Natürlich nicht. Wahrscheinlich habe ich nie verstanden. Ich war wie Geoffrey Langer, als ich so alt war wie ihr.«

»Nein, das glaube ich Ihnen nicht!« Das Mädchen weinte fast, er war ganz sicher.

»Na komm, Gloria. Zieh ab. Schwamm drüber.« Langsam nahm sie ihre Bücher in die Wiege zwischen ihrem nackten Arm und dem Pullover, und mit melancholischem Teenager-Schlurfen verließ sie das Zimmer; es sah aus, als schwebe ihr Körper auf den Schenkeln über die Pulte hin.

Worauf, fragte Mark sich, waren diese Kinder eigentlich aus? Was wollten sie? Über die Dinge hinweggleiten, vermutete er, einfach nur dahingleiten. Sich treiben lassen, immer im Rhythmus, immer kühl, auf summenden kleinen Rädern, die keinem bestimmten Ziel zurollten. Wenn es den Himmel gab – so und nicht anders würde es dort sein. »Er ist himmlisch, wenn er über Dichtung spricht.« Sie hatten eine Vorliebe für dieses Wort. Der Himmel kam in fast allen ihren Liedern vor.

»Guter Gott, er summt!« Strunk, der Turnlehrer, war ins Zimmer gekommen, ohne daß Mark es gehört hatte. Gloria hatte die Tür nur angelehnt.

»Ach«, sagte Mark, »ein gefallener Engel, nur Flausen im Kopf.«

»Was um alles in der Welt beglückt dich denn so?«

»Ich bin nicht beglückt, nur heiter. Was paßt dir daran nicht?«

»Du –« Strunk kam mit unangenehm weibischem Watschelschritt, trächtig von Klatsch, auf Mark zu – »hast du schon gehört – das mit Murchison?«

»Nein.« Mark ahmte Strunks albernen Flüsterton nach.

»Dem sind heute sämtliche Felle weggeschwommen.«

»Na so was.«

Strunk lachte, wie immer, bevor er eine Klatschgeschichte vom Stapel ließ. »Du weißt, daß er sich für 'n Superkerl hält in puncto Weiber?«

»Und ob«, sagte Mark, obschon Strunk dies von jedem männlichen Mitglied des Lehrkörpers behauptete.

»Du hast Gloria Angstrom, nicht?«

»Und ob.«

»Also, heute morgen schnappt Murky ihr einen Zettel weg, und auf diesem Zettel steht, was für ein verdammt netter Kerl Murchison ist und wie sehr sie ihn *liebt*!« Strunk wartete, daß Mark etwas sagte, aber der schwieg, und Strunk fuhr fort: »Du kannst dir ja vorstellen, Murky fühlt sich mächtig am Bauch gekitzelt. Aber – halt dich fest – in der Mittagspause stellt sich raus, daß Fryeburg in Geschichte gestern genau dasselbe passiert ist!« Strunk lachte und knackte schadenfroh mit den Knöcheln. »Das Mädchen ist zu blöd, um's selber ausgeheckt zu haben. Wir glauben alle, Peter Forrester steckt dahinter.«

»Bestimmt«, pflichtete Mark bei. Er ging hinaus zu seinem Schließfach, und Strunk begleitete ihn und beschrieb ihm Murchisons Gesichtsausdruck, als Fryeburg – in aller Arglosigkeit, versteht sich – erzählte, was ihm passiert war.

Mark drehte die Zahlenkombination seines Fachs: 18-24-3. »Würdest du mich jetzt bitte entschuldigen, Dave«, sagte er. »Meine Frau wartet in der Stadt auf mich.«

Strunk war zu dickfällig, um Marks Ärger zu spüren. »Ich muß rüber zur Turnhalle. Kann die kleinen Lieblinge nicht dem Regen aussetzen, ihre Mammis schreiben sonst Briefe an den bösen Lehrer.« Er ging mit klappernden Schritten den Korridor entlang, und ganz hinten drehte er sich um und rief: »Nicht weitersagen – na, du weißt schon!«

Mr. Prosser nahm seinen Mantel aus dem Schließfach und zog ihn an. Setzte sich den Hut auf. Streifte die Gummigaloschen über und klemmte sich schmerzhaft die Finger dabei ein. Nahm den Regenschirm vom Haken. Überlegte, ob er ihn schon hier, im leeren Korridor, aufspannen sollte, aus Spaß. Und beschloß dann, es bleiben zu lassen. Das Mädchen hatte fast geweint. Er war ganz sicher.

KURT KUSENBERG

Eine Schulstunde

Der Lehrer für Zoologie legte großen Wert auf anschaulichen Unterricht. Aus diesem Grunde brachte er die Tiere, deren Merkmale und Lebensweise erläutert werden sollten, stets in die Schule mit. Ein anderer Schulleiter hätte vielleicht Einspruch erhoben, denn von Rechts wegen gehören lebende Tiere, vor allem Raubtiere, nicht ins Klassenzimmer, ganz davon zu schweigen, daß sie unter Umständen den Schülern gefährlich werden können. Der Mann jedoch, dem die Schule unterstand, war ebenfalls der Meinung, Unterricht könne nicht anschaulich genug sein. Bevor er sich anschickte, Geschichtsstunde zu erteilen, pflegte er die Tracht der jeweils behandelten Zeit anzulegen, und solange man die Dramen des großen Shakespeare durchnahm, sahen ihn seine Schüler nie anders als glatzköpfig und spitzbärtig. Es versteht sich demnach, daß er der Letzte gewesen wäre, der dem Lehrer für Zoologie sein Tun verwiesen hätte.

Wir haben wenig Ursache, aus zahllosen Unterrichtsstunden, die der Tierkunde gewidmet waren, gerade die folgende herauszugreifen, denn sie alle spielten sich mehr oder weniger in gleicher Weise ab. Will man aber anschaulich werden, so muß man sich schon entschließen, ein Exempel zu geben, und das geschehe hiermit. Die Stunde, von der wir berichten, war dem Bären gewidmet.

Die Schüler wußten das bereits, denn der Unterricht ließ sich vom Lehrbuch leiten, und das Lehrbuch verhieß ihnen eben dieses Tier. Sie waren daher nicht erstaunt, als der Lehrer, indem er eintrat, einen großen braunen Bären an der Kette hinter sich herzog. Einige freilich traf das hart, weil sie mit einem Eisbären gerechnet und kleine Geldbeträge darauf gewettet hatten; den schlimmsten Verlust erlitt ein Schüler namens Artur, der alles, was er besaß, auf einen Malaienbären gesetzt hatte, in der Meinung, ein solcher sei besonders handlich und für die Schulstube wie geschaffen. Da die Gewinner in der Überzahl waren, erhielt das Tier freundlichen Beifall. Unbekümmert darum, kauerte der Bär sich nieder und blinzelte die Klasse listig an.

Die gute Aufnahme, welche sein Begleiter gefunden, tat dem Lehrer sichtlich wohl. Er, der von den heimlichen Wetten nichts wußte, konnte nicht erklären, warum gewisse Tiere beifällig begrüßt und andere mürrisch hingenommen wurden. Er schrieb es einer seltsamen, aus Urzeiten herrührenden Wechselbeziehung zwischen Mensch und Tier zu und arbeitete in den Mußestunden an einem großen Werk, dem er die Erfahrungen, die er mit seinen Schülern machte, vertrauensvoll zugrunde legte. Beglückt über die Tatsache, daß gerade der Bär, den er aufs höchte schätzte, den Schülern wohlgefiel, setzte er sich ans Katheder und eröffnete die Stunde.

»Ehe man sich«, sprach er, »über einen Gegenstand neues Wissen aneignet, soll man besinnlich herzählen, was man über diesen Gegenstand bereits weiß oder über ihn zu wissen vermeint. Was weißt du, Artur, über Bären?«

Der Aufgerufene befand sich nicht in der besten Laune, denn er rechnete eben seine Verluste nach. Unwillig stand er auf und antwortete: »Es gibt vielerlei Bären: Himbeeren, Erdbeeren, Stachelbeeren, Brombeeren, Johannisbeeren –«

»Schluß!« rief der Lehrer. »Das ist weder ergiebig noch geistreich, und ich verbitte mir solche Abschweifungen in die Botanik. Wir treiben hier Zoologie, dumme Witze sind uns ein Greuel, und wer nichts weiß, möge lieber schweigen – mit einem Wort: es geht nicht an, daß man in Anschauung eines lebendigen Tieres von Früchten spricht, die ihm allenfalls als Nahrung dienen könnten, jedoch nichts mit ihm selbst zu schaffen haben. Setze dich, Artur, und danke es meiner Langmut, wenn ich dich nicht strafe. Du hingegen, Paul, wirst mir gewiß über den Bären zu erzählen wissen. Ist dir irgendeine Eigenschaft bekannt, die den Bären von anderen Tieren unterscheidet?«

Paul, der bei den Wetten nicht übel abgeschnitten hatte, war durchaus erbötig, dem Lehrer Auskunft zu geben. Daß es ihm nicht geriet, hing mit einem Mangel an Klugheit zusammen, der angeboren war.

»Der Bär«, erklärte Paul frohgelaunt, »ist eßbar.«

Das war nun wirklich eine alberne Antwort, die selbst der Lehrer belächelte, indes das Schulzimmer vor Lachen widerhallte. Paul lachte auf alle Fälle mit, nicht wissend, wie er die große Wirkung zustande gebracht hatte. Als der Lärm sich legte, nahm der Lehrer die Führung wieder auf.

»Deine Antwort, Paul, befriedigt nicht, denn fast alle Kreaturen sind eßbar. Auch du bist eßbar.«

Bei diesen Worten hob der Bär, der bis dahin träge vor sich hingedämmert hatte, den Kopf und sah Paul aufmerksam an. Verstand er, wovon die Rede war? Wie dem auch sei: Paul hielt es für geraten, sich niederzusetzen, und richtete es so ein, daß sein Vordermann ihn dem Blick des Bären entzog. Die Klasse, die schon zu neuem Gelächter bereit gewesen war, blieb plötzlich seltsam still. Nur der unzufriedene Artur murmelte verstockt: »Preiselbeeren, Vogelbeeren, Blaubeeren...« erhielt jedoch von seinem Nachbarn einen Stoß, der auch ihn zum Schweigen brachte.

Beglückt über die ungewohnte Stille, fuhr der Lehrer fort: »Wenn ihr schon keine Eigenart unseres Gastes zu nennen vermögt, so ist euch vielleicht dieser oder jener Anverwandte des braunen oder gemeinen Bären – um einen solchen handelt es sich hier – bekannt. Na, Josef, wie steht es damit?«

Der Schüler wand sich aus der Bank, schickte einen vorsichtigen Blick nach dem Tier, das ihn aber nicht beachtete, und sprach: »Eißer dem gemeinen Bir gibt es den Eisbir, den Grizzly-Bir, den schwirzen Bir und indere Biren, die gleichfills im Lehrbuch stehen.«

Der Lehrer erstarrte. »Josef, du bist des Teufels! Wie kommst du dazu, mutwillig unsere Sprache zu verunstalten?«

Josef schwieg eine ganze Weile, ehe er sich zu einer Erklärung bequemte. »Die Siche ist die, Herr Lehrer, diß ich ein Gelöbnis ibgelegt hibe, vier Wochen ling den ersten Vokil des Ilphibets nicht eiszusprechen. Ilso helfe ich mir mit dem Vokil i. Wis kinn ich tun? Schwur ist Schwur und muß gehilten werden.«

»Setzen!« donnerte der Lehrer. »Dein törichtes Gelöbnis wird dich teuer zu stehen kommen.« Josef tat, wie ihm geheißen, und machte dazu die Miene eines Ritters, der eine harte Probe übersteht. Wider alles Erwarten lachte niemand; die Klasse ehrte Josefs standhaften Mut. Und es war wie eine Erlösung, als plötzlich ein Schüler den Arm in die Höhe reckte.

Alle blickten zu ihm hin, sogar der Bär, und der Lehrer fragte freundlich: »Na, Kurt, was hast du uns zu sagen?«

Kurt sprang auf: »Der Bär, Herr Lehrer, hat Bärenkräfte.«

»Gut«, lobte der Lehrer. »Das ist eine treffliche Bemerkung.«

Der Bär schien der gleichen Ansicht zu sein, denn er zerschlug mit einem einzigen Tatzenhieb das Stühlchen, welches neben ihm stand. Dann kauerte er sich wieder zusammen und schaute den Knaben gespannt an.

Kurt stockte, doch ein Kopfnicken des Lehrers ermutigte ihn, fortzufahren. »Wenn der Bär angegriffen wird, stellt er sich auf die Hinterbeine.«

»Ausgezeichnet«, murmelte der Lehrer und wandte sich blitzschnell nach dem Bären um, der jedoch liegenblieb, offenbar deshalb, weil ihn niemand angriff. Statt dessen ließ das gewaltige Tier ein Brummen vernehmen, welches sich recht beifällig anhörte. Von Stolz geschwellt, spielte der Schüler seinen letzten Trumpf aus. »Der Bär«, sagte er und betonte jedes Wort, »ist ein Leckermaul. Am liebsten frißt er Honig.«

»Aber nicht meinen!« Artur schnellte empor und blickte ängstlich nach dem Schrank, auf dem ein goldgelbes Glas stand. »Wenn ich ihn nicht nach Hause bringe, setzt es Schläge.« Kaum waren die Worte gesprochen, so erhob sich der Bär mit allen Anzeichen lüsterner Gier und ging daran, den Schrank zu ersteigen, wobei ihm ein kleiner Waschtisch, der eigentlich den Lehrern vorbehalten war, gute Dienste leistete. Artur rannte vor, der Lehrer stellte sich ihm in den Weg, andere Schüler sprangen herbei, um den Unbesonnenen zu zügeln – kurzum, es herrschte ein unbeschreiblicher Tumult, den der Bär weidlich ausnutzte, indem er sich, nunmehr auf dem Schranke sitzend, über den Honig hermachte.

Der Lärm war wohl weithin hörbar geworden; jedenfalls ging die Tür auf, und der Leiter der Schule trat ein. Er war in die Tracht Ludwig des Vierzehnten gekleidet, mit Rücksicht darauf, daß er seine Klasse über die Kriege des Sonnenkönigs unterrichtete. Seine Haltung war derart majestätisch, daß alle ringsum reglos wurden. Selbst der Bär ließ von dem Honig ab und starrte unruhig auf den Ankömmling.

»Was geht hier vor?« sprach eine mächtige Stimme.

Der Lehrer ermannte sich und trat einen Schritt vor: »Wir obliegen, Herr Direktor, in diesem Augenblick einem besonders anschaulichen Unterricht. Der Schüler Kurt machte die zutreffende Bemerkung, der braune oder gemeine Bär sei ein Leckermaul und fresse am liebsten Honig. Um solches zu bewahrheiten, stellte der Schüler Artur ein eigens zu diesem Zwecke mitgebrachtes Honigglas zur Verfügung. Was Wunder, daß Meister Pelz sogleich die Gelegenheit beim Schopfe ergriff und uns bewies, wie sehr er es verdient, ein Leckermaul genannt zu werden? Dort oben hockt er, Herr Direktor, und ließe es sich auch weiterhin wohl sein, wenn Ihre unverhoffte Dazwischenkunft ihn nicht aufgestört hätte.«

Als habe er auf das erlösende Wort gewartet, fuhr der Bär fort, das Glas auszuschlecken. Der Schulleiter sah ihm wohlwollend zu, nickte dann kurz und wandte sich an den Lehrer.

»Ich schätze die Art Ihres Unterrichts sehr, denn sie ist der meinen nicht unähnlich. Will man den Schülern etwas einprägen, so muß man es ihnen anschaulich machen. Das verstehen Sie meisterlich.«

Während er zur Tür ging, schrillte die Glocke und kündigte das Ende der Schulstunde an. Der Lehrer lockte den Bären vom Schrank herunter, nahm ihn wieder an die Kette und verließ mit dem Tier das Klassenzimmer. In dieser Weise, je nach den Tieren ein wenig verschieden, nahm für gewöhnlich der Zoologieunterricht seinen Fortgang.

GIOVANNINO GUARESCHI

Die Abendschule

Eine Gruppe in Mäntel gehüllter Männer schlich vorsichtig über die Felder. Es war sehr finster, aber alle kannten jeden Fußbreit Bodens und kamen mit sicheren Schritten vorwärts. Sie gelangten bis zu einem kleinen, einsamen Haus, eine halbe Meile vom Dorf entfernt, und schwangen sich über den Gartenzaun.

Durch die Jalousien eines Fensters im ersten Stock drang ein wenig Licht.

»Alles in Ordnung«, murmelte Peppone, der die kleine Expedition befehligte. »Sie ist noch wach. Das Unternehmen ist gelungen. Klopf du, Spiccio!«

Ein großer und knochiger Mann mit entschiedenem Gesicht trat nach vorn und klopfte einige Male an die Türe.

»Wer ist da?« fragte drinnen eine Stimme.

»Scartazzini«, erwiderte der Mann.

Einen Augenblick später ging die Tür auf, und es erschien eine Alte mit Haaren, die weiß waren wie Schnee. Sie hielt eine Laterne in der Hand. Die anderen traten auch aus dem Schatten hervor und kamen zur Türe.

»Wer sind alle diese Leute?« fragte die Alte mißtrauisch.

»Sie gehören zu mir«, erklärte Spiccio. »Alles Freunde. Wir haben über sehr wichtige Sachen zu reden.«

Sie kamen alle in ein saubergehaltenes Zimmer, zehn an der Zahl, und blieben stumm, verlegen und vermummt vor dem kleinen Tisch stehen, an den sich die Alte gesetzt hatte. Die Frau setzte die Brille auf und schaute die Gesichter an, soweit sie über den schwarzen Mänteln zu sehen waren.

»Hm«, murmelte sie. Sie kannte sie alle in- und auswendig, diese Typen. Sie war sechsundachtzig Jahre alt und hatte begonnen, das Abc in diesem Dorf zu lehren, als das Abc noch eine Sache der Städter war. Sie hatte die Väter, die Söhne und die Söhne der Söhne unterrichtet. Sie hatte die bedeutendsten Hinterteile des Dorfes oft ausgestaubt. Vor einiger Zeit hatte sie sich vom Unterricht zurückgezogen und lebte nunmehr allein in diesem abgelegenen Häuschen, hätte aber ruhig alle Türen unverriegelt lassen können, weil ›Signora Cristina‹ ein nationales Denkmal war und niemand gewagt hätte, ihr den kleinen Finger zu krümmen.

»Was gibt's denn?« fragte Signora Cristina.

»Folgendes ist geschehen«, erklärte Spiccio. »Wir haben Gemeindewahlen gehabt, und die Roten haben gesiegt.«

»Böse Leute, diese Roten«, kommentierte Signora Cristina.

»Diese Roten, die gesiegt haben, sind wir«, fuhr Spiccio fort.

»Trotzdem böse Leute«, beharrte Signora Cristina. »Im Jahre 1901 wollte jener Idiot von deinem Vater, daß ich das Kruzifix aus der Schule entferne.«

»Alte Zeiten«, sagte Spiccio. »Jetzt ist es anders!«

»Das ist schon besser«, murmelte die Alte. »Was ist also los?«

»Los ist, daß wir gesiegt haben, im Gemeinderat aber auch eine Minderheit sitzt, zwei Schwarze.«

»Schwarze?«

»Ja, zwei Reaktionäre, Spilletti und Cavaliere Bignini...«

Signora Cristina kicherte:

»Wenn ihr die Roten seid, dann werdet ihr durch diese anderen vor Ärger gelb werden. Stellt euch nur vor, was für Dummheiten ihr im Gemeinderat begehen und sagen werdet!«

»Darum sind wir auch da«, murmelte Spiccio. »Wir können nur zu Ihnen kommen, weil wir nur Ihnen vertrauen. Sie müssen uns helfen, natürlich gegen Bezahlung.«

»Helfen?«

»Hier ist der gesamte Gemeinderat. Wir werden am späten Abend über die Felder kommen, und Sie werden uns ein wenig unterrichten. Es handelt sich zum Beispiel um Berichte, die wir im Gemeinderat vorlesen sollen. Sie werden uns die Worte erklären, die wir nicht verstehen, und so weiter. Wir wissen schon, was wir wollen, und wir würden diese ganze Poesie gar nicht brauchen, aber mit den zwei Kanaillen muß man so fein reden, wie man mit Gabelspitzen ißt. Ansonsten machen sie uns vor dem Volk lächerlich.«

Signora Cristina nickte bedächtig.

»Wenn ihr seinerzeit, anstatt solche Lausbuben zu sein, ein wenig mehr gelernt hättet, dann wäre jetzt...«

»Signora, es sind ja dreißig Jahre her...«

Signora Cristina legte ihre Brille zurecht und richtete sich auf, als ob sie um dreißig Jahre jünger geworden wäre. Auch die anderen wurden in diesem Moment um dreißig Jahre jünger.

»Setzt euch!« sagte Signora Cristina. Und alle nahmen auf den Sesseln und Bänken Platz.

Signora Cristina drehte den Docht in der Lampe höher und schaute sich noch einmal die zehn Gesichter an: Appell ohne Worte. Jedes Gesicht ein Name und die Erinnerung an eine Kindheit.

Peppone saß in einer dunklen Ecke, halb abgewandt.

Signora Cristina hob die Lampe höher. Sie stellte sie dann wieder auf den Tisch und hob einen knochigen Finger.

»Du dort, schau, daß du weiterkommst!« sagte sie mit harter Stimme.

Spiccio versuchte etwas zu sagen, Signora Cristina schüttelte den Kopf.

»In meinem Hause darf sich Peppone nicht einmal auf einer Fotografie zeigen«, rief sie zornig. »Zu viele böse Streiche hast du mir gespielt, mein Söhnchen! Zu viele und zu starke. Hinaus und laß dich nicht mehr sehen!«

Spiccio breitete verzweifelt die Arme aus.

»Aber, Signora Cristina, was sollen wir denn machen? Peppone ist ja Bürgermeister!«

Signora Cristina stand auf, zog drohend eine lange Rute heraus.

»Bürgermeister hin, Bürgermeister her, hinaus oder du bekommst solche Prügel, daß dir hinten keine Haut mehr bleibt.«

Peppone stand auf.

»Hab ich euch nicht gesagt«, sagte er beim Hinausgehen, »ich hab ihr zu viel angetan.«

»Und erinnere dich, daß du dieses Haus niemals betreten darfst, wenn du auch eines Tages Unterrichtsminister wirst!« drohte Signora Cristina und setzte sich wieder. »Esel!«

In der leeren und nur von zwei Altarkerzen beleuchteten Kirche war Don Camillo gerade im Begriff, mit dem Christus vom großen Kruzifix zu plaudern.

»Der Gedanke liegt mir fern, Deine Absichten und Pläne zu kritisieren«, beschloß er eine längere Rede. »Ich hätte aber doch nicht erlaubt, daß ein Peppone Bürgermeister wird, mit einem Gemeinderat, in dem nur zwei Personen richtig lesen und schreiben können.«

»Die Bildung ist nicht das Wichtigste, Don Camillo«, antwortete lächelnd Christus. »Was wichtig ist, sind die Gedanken. Die schönen Reden führen zu nichts, wenn hinter den schönen Worten keine praktischen und wahren Ideen stehen. Bevor wir diese Leute verurteilen, lassen wir sie zeigen, was sie können.«

»Sehr richtig«, stimmte Don Camillo zu. »Ich habe das lediglich deshalb gesagt, weil ich im Falle eines Sieges der Liste des Rechtsanwaltes bereits das Versprechen in der Tasche gehabt hätte, daß unser Kirchturm repariert wird. Jedenfalls, wenn der Turm zusammenfällt, wird im Dorf um so eher ein herrliches ›Haus des Volkes‹ entstehen, mit einem Tanzsaal und Ausschank für Alkohol, mit Sälen für Glücksspiele, mit einer Varietébühne...«

»Und mit einem Käfig für Giftschlangen wie Don Camillo«, schloß Christus.

Don Camillo ließ den Kopf hängen. Es tat ihm leid, daß er so boshaft war. Dann hob er den Kopf wieder.

»Du beurteilst mich schlecht«, sagte er. »Du weißt, was für mich eine Zigarre bedeutet. Na gut, bitte schön: das ist die einzige Zigarre, die ich besitze. Und schau, was ich damit mache!« Er zog eine Zigarre aus der Tasche und zerkrümelte sie in seiner enormen Pranke.

»Bravo!« sagte Christus. »Bravo, Don Camillo! Ich nehme deine Buße entgegen. Zeig mir jetzt aber, daß du die Krümel wegwirfst, weil du imstande wärest, sie in die Tasche zu stekken und dann in der Pfeife zu rauchen.«

»Aber... Wir sind ja in der Kirche«, protestierte Don Camillo höchst ehrerbietig.

»Mach dir nichts draus, Don Camillo. Wirf den Tabak dort in die Ecke.«

Don Camillo gehorchte unter dem zustimmenden und gnädigen Blick Christi. Und schau, in diesem Augenblick hörte man an der Tür der Sakristei klopfen und Peppone trat ein. »Guten Abend, Herr Bürgermeister«, rief Don Camillo höchst ehrerbietig.

»Hören Sie einmal zu«, sagte Peppone. »Wenn ein Christ im Zweifel ist über etwas, was er getan hat, und zu Ihnen kommt, um es Ihnen zu erzählen, und Sie sehen, worin sein Fehler liegt, müssen Sie ihm dann das sagen oder können Sie darauf pfeifen?«

Don Camillo wurde es verdächtig.

»Wie kannst du überhaupt wagen, die Rechtschaffenheit eines Priesters in Frage zu stellen? Des Priesters erste Pflicht ist, alle Fehler, die ein Sünder begangen hat, klar festzulegen und den Sünder darüber zu belehren.«

»Ist recht«, sagte Peppone. »Sind Sie bereit, mein Geständnis entgegenzunehmen?«

»Ich bin bereit.«

Peppone zog ein großes Blatt Papier aus der Tasche und fing an vorzulesen: »Bürger, indem daß wir die siegreiche Bestätigung unserer Liste begrüßen...«

Don Camillo unterbrach ihn mit einer Handbewegung und kniete vor dem Altar nieder.

»Jesu«, murmelte er, »ich bin für nichts mehr verantwortlich!«

»Ich bin verantwortlich«, erwiderte Christus. »Peppone hat dich geschlagen, und du mußt den Schlag anständig einstecken und dich pflichtgemäß verhalten.«

»Jesu«, flehte Don Camillo geradezu, »bist Du Dir darüber im klaren, daß Du mich für die kommunistische Propaganda arbeiten läßt?«

»Du arbeitest für Grammatik, Syntax und Rechtschreibung, alles Dinge, die weder teuflisch noch ketzerisch sind.«

Don Camillo setzte die Brille auf, nahm einen Bleistift und brachte die hinkenden Sätze der Ansprache, die Peppone am nächsten Tag lesen sollte, in Ordnung. Peppone las es noch einmal durch, mit ernster Miene.

»Ist recht«, stimmte er zu. »Das einzige, was ich nicht verstehe, ist folgendes. Wo ich sagen wollte: ›Es ist unsere Absicht, das Schulhaus zu vergrößern und die Brücke über den Fossalto wiederaufzubauen‹, haben Sie ausgebessert: ›Es ist unsere Absicht, das Schulhaus zu vergrößern, den Kirchturm zu reparieren und die Brücke über den Fossalto wiederaufzubauen.‹ Warum?«

»Es ist eine Frage der Syntax«, erklärte Don Camillo ernst.

»Selig, die Latein gelernt haben und alle Feinheiten der Sprache verstehen«, seufzte Peppone. »Und so«, fügte er hinzu, »ist's auch mit der Hoffnung aus, daß Ihnen der Kirchturm einmal über dem Kopf zusammenfallen wird.«

Don Camillo breitete die Arme aus.

»Wir müssen uns alle dem Willen Gottes beugen.«

Als er dann Peppone bis zur Türe begleitet hatte und zurückkam, ging er, Christus zu begrüßen.

»Bravo, Don Camillo«, sagte Christus lächelnd. »Ich habe dich falsch eingeschätzt, und es tut mir jetzt leid, daß du deine letzte Zigarre zerkrümelt hast. Es war eine unverdiente Buße. Seien wir übrigens ehrlich: Es war von diesem Peppone gar nicht schön, daß er dir nicht einmal eine Zigarre angeboten hat nach dieser ganzen Mühe, die du dir gemacht hast.«

»Ist schon gut«, seufzte Don Camillo und zog aus der Tasche eine Zigarre, indem er Anstalten machte, sie in seiner großen Hand zu zerquetschen.

»Nein, Don Camillo«, sagte lächelnd Christus. »Geh und rauche sie in Frieden. Du hast sie verdient.«

»Aber...«

»Nein, Don Camillo, du hast sie nicht gestohlen. Peppone hat zwei Zigarren in der Tasche gehabt. Peppone ist Kommunist. Indem du ihm geschickt eine enteignet hast, hast du dir nur dein Teil genommen.«

»Niemand kennt sich in diesen Dingen besser aus als Du«, rief Don Camillo mit großer Achtung aus.

Tierisches Vergnügen

»Fang ihn, Simpson!
Er ist mein bestes Pferd im Stall!«

MARK TWAIN

Der berühmte Springfrosch von Calaveras

Der Bitte eines Freundes entsprechend, der mir aus dem Osten geschrieben hatte, suchte ich den gutmütigen, geschwätzigen alten Simon Wheeler auf und erkundigte mich, wie ich gebeten worden war, nach meines Freundes Freund *Leonidas W.* Smiley und lege im folgenden das Ergebnis dar. Ich hege den leisen Verdacht, daß *Leonidas W.* Smiley eine Erfindung ist, daß mein Freund einen solchen nie gekannt hat und nur vermutete, daß, wenn ich den alten Wheeler nach ihm frage, ihm nur sein berüchtigter *Jim* Smiley einfallen würde und er sich dann ins Zeug legen und mich zu Tode langweilen würde mit irgendeiner zermürbenden Erzählung über ihn, die ebenso weitschweifig und ermüdend wie nutzlos für mich wäre. Wenn das die Absicht war, so hat er sie erreicht.

In der alten baufälligen Kneipe der ehemaligen Goldgräbersiedlung Angel's Camp fand ich Simon Wheeler am Ofen des Schankraums in behaglichem Halbschlummer, und ich bemerkte, daß er dick und kahlköpfig war und auf dem ruhigen Gesicht den Ausdruck gewinnender Güte und Einfalt trug. Er wachte auf und sagte mir guten Tag. Ich erzählte ihm, einer meiner Freunde habe mich beauftragt, Ermittlungen über einen teuren Jugendgefährten namens *Leonidas W.* Smiley – *Ehrwürden Leonidas W.* Smiley, einen jungen Geistlichen, anzustellen, der, wie er gehört hatte, einmal in Angel's Camp wohnhaft gewesen war. Ich fügte hinzu, daß ich Mr. Wheeler zu großem Dank verpflichtet wäre, wenn er mir etwas über diesen Ehrwürden Leonidas W. Smiley sagen könnte.

Simon Wheeler drückte mich rückwärts in eine Ecke und blockierte mich dort mit seinem Stuhl, setzte sich dann hin und haspelte den monotonen Bericht herunter, der diesem

Abschnitt folgt. Dabei lächelte er nie, runzelte nie die Stirn, seine Stimme änderte nie den ruhig dahinfließenden Tonfall, in dem er den ersten Satz angestimmt hatte, er verriet nie den geringsten Anflug von Begeisterung; aber den ganzen nicht enden wollenden Bericht hindurch spürte man Aufrichtigkeit und einen ergreifenden Ernst, was mir deutlich machte, daß er, weit von der Vorstellung entfernt, irgend etwas an seiner Geschichte könnte lächerlich oder komisch sein, sie für wirklich wichtig hielt und seine beiden Helden als Männer von wahrhaft überragender und genialer Raffinesse bewunderte. Für mich war das Schauspiel, wie ein Mann gelassen solch ein fragwürdiges Garn abspann, ohne jemals zu lächeln, ausgesprochen absurd. Wie ich schon sagte, bat ich ihn, mir zu erzählen, was er von Ehrwürden Leonidas W. Smiley wisse, und er antwortete mir wie folgt. Ich ließ ihn auf seine Art erzählen und unterbrach ihn nicht ein einziges Mal.

»Wir hatten hier mal einen Burschen namens *Jim* Smiley, im Winter neunundvierzig, oder vielleicht war's im Frühjahr fünfzig – ich kann mich irgendwie nicht genau erinnern, doch war's, glaub' ich, neunundvierzig oder fünfzig, denn ich besinne mich darauf, daß der große Kanal noch nicht fertig war, als der Bursche zum erstenmal im Camp auftauchte. Aber wie dem auch sei, das war der merkwürdigste Kerl in der Gegend, da er ständig auf irgend etwas, das ihm gerade über den Weg lief, eine Wette abschloß, wenn er jemand finden konnte, der dagegenhielt; und wenn er keinen fand, wechselte er die Seite. Was immer dem anderen recht war, war ihm recht – wenn er nur zu einer Wette kam, ganz gleich wie, war er zufrieden. Aber trotzdem hatte er Glück, ungewöhnlich viel Glück; fast immer blieb er der Gewinner. Ständig war er bereit und lauerte auf eine Gelegenheit; man konnte nicht eine einzige Sache in den Mund nehmen, ohne daß der Bursche anbot, darauf zu wetten und die Seite zu vertreten, die einem grad recht war, wie ich Ihnen eben gesagt hab'. Wenn ein Pferderennen stattfand, schwamm er am Ende in Geld, oder er war pleite; gab's einen Hundekampf, wettete er; gab's einen Katzenkampf, wettete er; gab's einen Hahnenkampf, wettete er; na, wenn da zwei Vögel auf einem Zaun saßen, wettete er, welcher zuerst auffliegen würde;

oder wenn im Freien Gottesdienst gehalten wurde, war er regelmäßig dabei, um auf Pfarrer Walker zu setzen, den er für den besten Bußprediger im Umkreis hielt, und das war er auch – ein guter Mann. Sogar wenn er einen langstelzigen Käfer sah, der sich irgendwohin auf den Weg machte, schloß er eine Wette ab, wie lange der wohl bis dahin brauchen würde, wo er hin wollte, und wenn man auf die Wette einging, lief er dem Käfer nach bis Mexiko, nur um herauszubekommen, wohin er wollte und wieviel Zeit er für den Weg brauchte. Eine Menge von den Jungs hier haben diesen Smiley gekannt und können Ihnen von ihm erzählen. Wirklich, ihm hat das nichts ausgemacht – der hat auf alles gewettet, der verrückte Kerl. Einmal lag Pfarrer Walkers Frau längere Zeit schwerkrank danieder, und es sah schon so aus, als wäre sie nicht mehr zu retten; aber eines Morgens kam der Pfarrer herein, und Smiley ging auf ihn zu und erkundigte sich nach ihrem Befinden, und der Mann sagte, es ginge ihr wesentlich besser – Dank dem Herrn für seine unendliche Gnade – und sie erhole sich so gut, daß sie mit Hilfe der Vorsehung noch einmal gesund würde; und Smiley sagte: ›Na, jedenfalls wett' ich zweieinhalb Dollar, daß sie nicht wieder auf die Beine kommt.‹

Dieser Smiley hatte einen Gaul – die Jungs nannten ihn den Viertelstundenklepper, aber das war nur ein Spaß, müssen Sie wissen, denn natürlich war er schneller – und er gewann fortwährend auf den Gaul, obwohl der so langsam war und ständig Asthma hatte oder die Staupe oder die Schwindsucht oder sonst was Ähnliches. Er bekam gewöhnlich zwei- oder dreihundert Yard Vorgabe und wurde dann überholt; aber immer gegen Ende des Rennens, da packte es ihn und er wurde verwegen und kam angestrampelt, die Beine gespreizt und gelenkig in alle Richtungen geworfen, manchmal in die Luft und manchmal nach einer Seite zwischen die Zaunstaketen, und er wirbelte immer mehr Staub auf und machte immer mehr Spektakel mit seinem Husten und Niesen und Nasenschnauben – und kam am Ziel immer gerade eine Nasenlänge voraus, so knapp, daß man es kaum feststellen konnte.

Und er hatte eine kleine, kurzbeinige junge Bulldogge,

wenn man die ansah, schien sie einem keinen Cent wert, höchstens dazu da, herumzusitzen und gemein auszusehen und auf der Lauer zu liegen, um was zu stehlen. Aber sobald man Geld auf sie setzte, wurde sie ein anderer Hund; der Unterkiefer schob sich vor wie das Vorderdeck von 'nem Dampfer, und die Zähne entblößten sich und flackerten wild auf wie die Kesselfeuer. Und ein Hund konnte ihn anfahren und ihm zusetzen, ihn beißen und zwei-, dreimal über die Schulter werfen, und Andrew Jackson – so hieß der junge Köter nämlich –, Andrew Jackson tat immer nur so, als ließe er sich alles gefallen und habe nichts anderes erwartet, und die Einsätze auf den Gegner wurden dauernd verdoppelt und verdoppelt, bis alles Geld angelegt war; und nun plötzlich packte er den anderen Hund genau am Hintergelenk und biß sich fest – nicht tief, verstehen Sie, er schnappte nur zu und hängte sich daran, bis sie das Handtuch warfen, und wenn's ein Jahr dauerte. Smiley hat mit dem Köter jede Wette gewonnen, bis er sich einmal einen Hund vorknöpfte, der keine Hinterbeine mehr hatte, weil er damit in die Kreissäge geraten war. Und als die Sache lange genug gedauert hatte und alles Geld gesetzt war und der Köter jetzt nach seinem Lieblingshalt schnappen wollte, da merkte er sofort, wie man ihn hereingelegt hatte und wie ihn der andere Hund sozusagen in der Tasche hatte, und er schien überrascht, und dann sah er irgendwie entmutigt aus und machte keinen Versuch mehr, den Kampf zu gewinnen, und so mußte er übel zugerichtet das Feld verlassen. Er warf Smiley einen Blick zu, als wollte er sagen, sein Herz sei gebrochen und es sei Smileys Schuld, weil er ihm einen Hund vorgesetzt hatte, der keine Hinterbeine hatte, an denen man sich festhängen konnte, worauf er sich doch beim Kampf hauptsächlich verließ, und so hinkte er dann ein Stückchen zur Seite, legte sich nieder und starb.

Es war ein guter Köter, dieser Andrew Jackson, und er hätte sich einen Namen gemacht, wenn er am Leben geblieben wäre, denn er hatte das Zeug dazu, und er war begabt – ich weiß das, denn er hatte ja keine Gelegenheiten, die der Rede wert waren, und es ist durchaus nicht selbstverständlich, daß ein Hund unter diesen Umständen einen solchen

Kampf liefert, wenn er kein Talent hat. Es macht mich immer ganz traurig, wenn ich an seinen letzten Kampf denke und an das Ende, das er nahm.

Also, dieser Smiley hatte Rattenterrier und Kampfhähne und Kater und alles mögliche, das man gar nicht aufzählen kann, und man konnte ihm auf nichts eine Wette anbieten, die er nicht annahm. Eines Tages fing er einen Frosch, nahm ihn mit nach Hause und sagte, er habe vor, ihn zu trainieren; und so tat er drei Monate nichts anderes, als sich in den Garten zu setzen und dem Frosch das Springen beizubringen. Und Sie können sich drauf verlassen, er brachte es ihm bei. Er gab ihm hinten einen kleinen Schubs, und im nächsten Augenblick sah man den Frosch wie 'nen Pfannkuchen durch die Luft wirbeln – einen Salto schlagen oder auch zwei, wenn er gut abgekommen war, und unversehrt plattfüßig wieder herunterkommen wie eine Katze. Er dressierte ihn ebenso zum Fliegenfangen und hielt ihn ständig in Übung, so daß er jede Fliege erwischte, so weit er sehen konnte. Smiley sagte, ein Frosch brauchte nur die richtige Ausbildung, dann bringe er fast alles fertig – und das glaub' ich ihm. Na, ich hab' erlebt, wie er Daniel Webster hier auf den Fußboden setzte – Daniel Webster, so hieß der Frosch – und dann rief: ›Fliegen, Daniel, Fliegen!‹, und bevor man richtig gucken konnte, sprang der senkrecht hoch, schnappte eine Fliege von der Theke dort, plumpste wieder auf den Boden wie ein solider Dreckklumpen und fing an, sich so gleichgültig mit dem Hinterbein am Kopf zu kratzen, als habe er keine Ahnung, daß er etwas gemacht hatte, was nicht jeder Frosch kann. Sie haben noch nie einen Frosch gesehen, der trotz seiner Begabung so bescheiden und schlicht war. Und wenn's zum offenen und ehrlichen Weitsprung kam, da brachte er mit einem Satz mehr Boden hinter sich als jedes andere Tier seiner Art, das man kennt. Weitsprung war seine Stärke, müssen Sie wissen; und wenn's dazu kam, setzte Smiley so lange auf ihn, wie er noch einen roten Heller besaß. Smiley war ungeheuer stolz auf den Frosch, und er hatte auch Grund dazu, denn Leute, die weit herumgekommen und überall gewesen waren, sagten alle, er steche jeden Frosch aus, den sie jemals gesehen hätten.

Nun, Smiley hielt das Viech in einer kleinen Kiste mit Gitter, und er nahm's manchmal mit in die Stadt und schloß eine Wette darauf ab. Eines Tages hatte er seine Kiste mit, und ein Kerl begegnete ihm – er war fremd im Camp – und sagte: ›Was mögen Sie da wohl in der Kiste haben?‹

Und Smiley antwortete, als wäre es ihm gleichgültig: ›Vielleicht einen Papagei oder vielleicht einen Kanarienvogel, könnte sein, stimmt aber nicht – 's ist nur 'n Frosch.‹

Und der Kerl nahm ihn, sah ihn sich genau an, drehte ihn so herum und anders und sagte dann: ›Hm – stimmt. Na und wozu ist der gut?‹

›Na‹, sagte Smiley so leichthin und lässig, ›der ist zu *einem* gut, sollte ich meinen – der springt weiter als jeder andere Frosch von Calaveras County.‹

Noch einmal nahm der Kerl die Kiste und guckte sich den Frosch wieder lange und gründlich an, gab ihn Smiley zurück und sagte sehr bedächtig: ›Also, ich finde nichts an dem Frosch, daß er besser wäre als andere.‹

›Vielleicht nicht‹, sagte Smiley. ›Vielleicht verstehn Sie was von Fröschen, vielleicht auch nicht; vielleicht haben Sie Erfahrung damit, vielleicht sind Sie aber sozusagen nur ein Laie. Jedenfalls hab' ich meine Meinung, und ich wette vierzig Dollar, daß er weiter springt als jeder andere Frosch von Calaveras County.‹

Und der Kerl überlegte eine Minute und sagte dann fast traurig: ›Nun, ich bin hier nur 'n Fremder, und ich hab' keinen Frosch; aber wenn ich einen hätte, würde ich die Wette annehmen.‹

Und Smiley sagte darauf: ›Schon recht – schon recht – wenn Sie die Kiste eine Minute halten wollen, geh ich Ihnen einen Frosch holen.‹ Und so nahm der Kerl die Kiste, legte seine vierzig Dollar neben Smileys und setzte sich hin, um zu warten.

Eine ganze Weile, saß er so da, überlegte und überlegte, und dann nahm er den Frosch heraus, sperrte ihm das Maul auf, nahm einen Teelöffel und füllte den Frosch mit Schrotkugeln – stopfte ihn fast bis zum Kinn voll – und setzte ihn auf die Erde.

Smiley ging unterdessen zu einem Sumpf, stapfte dort lange Zeit im Morast herum und fing schließlich einen

Frosch; er brachte ihn, gab ihn diesem Kerl und sagte: ›Also, wenn Sie soweit sind, setzen Sie ihn neben Daniel, die Vorderbeine auf einer Linie mit Daniels, und dann geb' ich das Zeichen.‹

Dann sagte er: ›Eins – zwei – drei – los!‹, und er und der Kerl stupsten die Frösche von hinten, und der neue Frosch hüpfte los, aber Daniel hievte an und zog die Schultern hoch – so, wie ein Franzose –, aber es hatte keinen Zweck, er kam nicht vom Fleck; er saß so fest am Boden wie ein Amboß, und er konnte sich nicht bewegen, als wäre er verankert. Smiley war reichlich erstaunt und ärgerte sich auch mächtig, aber er hatte natürlich keine Ahnung, was los war.

Der Kerl nahm das Geld und schob, und als er zur Tür hinausging, wies er mit dem Daumen über die Schulter – so hier – auf Daniel und sagte wieder sehr bedächtig: ›Also, ich finde nichts an dem Frosch, daß er besser wär als andere.‹

Smiley stand da und kratzte sich den Kopf, blickte lange zu Daniel hinunter und sagte schließlich: ›Ich möcht' wissen, warum in aller Welt der Frosch aufgesteckt hat – ich möcht' wissen, ob nicht irgendwas mit ihm los ist – irgendwie sieht er, scheint's mächtig geschwollen aus.‹ Und er packte Daniel beim Genick, hob ihn hoch und sagte: ›Na, nu brat mir einer 'nen Storch, wenn der nicht fünf Pfund wiegt!‹, und er stellte ihn auf den Kopf, und der Frosch spuckte zwei Handvoll Schrotkugeln aus. Da merkte er, was los war, und wurde fast verrückt. Er setzte den Frosch wieder hin und rannte hinter dem Kerl her, aber er holte ihn nicht mehr ein. Und ...«

Hier hörte Simon Wheeler aus dem Vorgarten seinen Namen rufen und stand auf, um nachzusehen, was man von ihm wollte. Als er wegging, wandte er sich zu mir um und sagte: »Bleiben Sie ruhig dort sitzen, wo Sie sind, Fremder, und machen Sie sich's bequem – ich bin keine Minute weg.«

Doch bitte, ich glaubte nicht, daß die Fortsetzung der Geschichte des unternehmungslustigen Strolches *Jim* Smiley Wesentliches über *Ehrwürden Leonidas W.* Smiley zutage fördern würde, und so machte ich mich auf die Socken.

An der Tür begegnete mir der redselige Wheeler, der zurückkam, und er hielt mich beim Kopf fest und begann von neuem: »Nun, dieser Smiley hatte eine gelbe, einäugige Kuh, die keinen Schwanz hatte, nur einen kurzen Stummel wie eine Banane, und...«

»Oh! Zum Teufel mit Smiley und seiner elenden Kuh!« murmelte ich gutmütig, verabschiedete mich von dem alten Herrn und ging.

RUDOLF HAGELSTANGE

Ein Bärenfang

»Laßt uns einen Bären fangen!« sagte ich zu meinen beiden amerikanischen Freunden Bob und James, mit denen ich eines schönen Maimorgens von Lewistown, einem Städtchen am Fuße der Sierra Nevada, ins Gebirge aufgebrochen war, um die wildromantischen Naturschutzgebiete des Yosemitetales kennenzulernen. Wir hatten die vorsintflutliche Car von James – er hatte sie vor achtzehn Jahren einem trinkfreudigen Wanderprediger im Spiel abgewonnen – am Straßenrand gestoppt und saßen in der Sonne, verzehrten das mitgebrachte Frühstück: Weißbrot, gekochte Eier, Honig, den in Cellophan geborgenen Chesterkäse, und weil wir zu bequem waren, den kleinen Benzinkocher zu einem Tee oder Kaffee in Gang zu setzen, begannen wir gleich mit Gin und tonic water. Das erste Glas – ein Drittel Gin, zwei Drittel Wasser – hatten wir schon hinter uns. Das zweite – halb Gin, halb Wasser – ging eben zur Neige. Das dritte, das James, der irischer Abstammung und ein unheimlicher Säufer war, jetzt einschenkte, bestand schon zu zwei Dritteln aus Gin und zu einem Drittel aus tonic water.

»Wir sind auf dem besten Wege, uns langsam jeder einen Affen anzutrinken«, brummte er zufrieden. »Was sollen wir da mit einem Bären anfangen?«

Bob, der sich gerade kunstvoll Honigfäden auf sein Brot träufelte, bemerkte sachlich: »Die Bären stehen unter Naturschutz. Du darfst ihnen kein Härchen ihres Pelzes krümmen. Sie befinden sich im Range etwa eines Forstbeamten. Außerdem: Wir haben ja nicht einmal eine Pistole.«

»Fangen!« sagte ich. »Nicht jagen!«

»Wenn wir nur ein Schlückchen Glück haben«, meinte James, sein Glas halb leerend, »werden wir den einen oder andern Bären ohnedies unterwegs treffen. Wir werfen ihm dann ein paar Bonbons aus dem Wagen oder einen Riegel Schokolade. Dann fahren wir weiter, sonst werden die Burschen aufdringlich oder aggressiv – vor allem, wenn sie merken, daß du ein Deutscher bist, der auf Bärenfang aus ist.« Er wog die leere Ginflasche in der Hand und warf sie dann in hohem Bogen ins Gebüsch.

»Hol eine neue«, sagte er zu Bob.

Bob ging an den Wagen – nun ja... Wagen ist vielleicht etwas übertrieben, wenigstens für heutige Begriffe. Natürlich hatte er vier Räder und eine komplette Karosserie; man hätte ihn sogar als Limousine bezeichnen können. Aber das Modell zu beschreiben fällt schwer. Bremsen und Gashebel waren mit dem Fuß zu bedienen. Aber die Gänge waren noch seitlich zu schalten. Die Vorder- und Hintersitze waren durch verschiebbare Glaswände voneinander geschieden. Einen Kofferraum gab es nicht. Unser Proviant lag ziemlich wahllos in einer Holzkiste neben dem Fahrersitz. Bob entnahm ihr eine Flasche, schraubte sie auf und goß jedem ein.

»Wir sollten uns nicht allzu festsaufen«, sagte ich leicht mißbilligend. Aber James brummte etwas von einem »sauren Moralisten«, und Bob sagte ruhig: »Wir frühstücken doch nur.«

Als wir jeder das sechste Glas gefrühstückt hatten, schlug ich vor, ein paar Schritte in den Wald zu tun.

James knurrte, aber dann stand er doch auf. Wir ließen alles liegen und stehen, wie es lag und stand, und zogen los. Es waren reizende Burschen, aber auf Ordnung gaben sie nichts.

Als wir nach zwanzig Minuten zurückkamen, war es geschehen.

Ich ging einige Schritte voraus und sah sofort, daß irgend jemand sich im Wagen zu schaffen machte. Ich legte den Finger an die Lippen, und von hinten her pirschten wir uns an die Car heran.

»Nicht zu glauben!« frauchte James und schlug ein Kreuz. »Wie kriegen wir den 'raus?«

»Ich hätte doch die Tür zuschlagen sollen«, flüsterte Bob schuldbewußt.

Ich aber dachte mir: Wie gut, daß sie aufblieb! Halblaut aber sagte ich: »Das läßt sich nachholen.«

Ich hieß Bob und James stehenbleiben, schlich vorsichtig

näher, war dann mit einem Sprung an der Tür und schlug sie zu. Gott sei Dank war das Fenster geschlossen.

Aber: was ich erwartet hatte, blieb aus.

Der Bär, das Honigglas in den Tatzen haltend, wandte zwar flüchtig seinen Kopf – wie ein Schalterbeamter, den man höflich anspricht –, fuhr aber gleich wieder unbekümmert fort, mit seiner riesigen, dunkelroten Zunge das Glas auszulecken.

Immerhin trat ich sofort zurück. James' Wagentür schloß so schlecht, daß sie leicht – oder lange Weile überhaupt nicht aufging.

Etwa zehn Schritte vom Wagen entfernt beratschlagten wir.

»Noch ist er friedlich«, sagte James, »aber wenn er fertig ist, kann sich das ändern. Er ist leider sehr groß. Wir dürfen ihn nicht reizen.«

»Wenn er rauskommt«, meinte Bob, »wird es brenzlich. Wohin dann?«

Wir dachten nach.

Schließlich sagte ich: »Es gibt nur einen Platz, an dem wir wirklich sicher sind, den Wagen selbst. Wir müssen hinten einsteigen, die Türen fest schließen und warten, bis er geht. Oder ihn vertreiben.«

»Ich denke, du wolltest ihn fangen«, sagte James bissig. Aber er sah ein, daß ich recht hatte.

Der Bär hatte das Glas geleert und kramte in der Kiste herum, die griffbereit neben ihm stand. Er entdeckte die Schokolade und begann, sie zu fressen.

Wir saßen etwas beklommen nebeneinander und beobachteten ihn, wie er jetzt einen Käse zerbiß, wobei ihm das Cellophan, das sich auf einem Schneidezahn festgespießt hatte, zu schaffen machte. Als er sich unter einigem Gebrumm davon befreit hatte, griff er eine der Flaschen.

James stöhnte auf, als er sah, daß es die Whiskyflasche war. In seiner Eifersucht klopfte er sogar an die Scheibe, und der Bär wandte sich diesmal um. Seine Augen blitzten jetzt tückisch.

Nach einigen vergeblichen Versuchen, den Inhalt in die Kehle zu befördern, riß er die Kapsel mit seinen Zähnen ab und begann hingebungsvoll zu trinken. Aber plötzlich schien ihm der unbekannte Saft so in den Gedärmen zu brennen, daß er die Flasche fallen ließ und zu toben anfing. Er warf sich auf dem Sitzpolster hin und her, hieb gegen die Tür, riß am Steuerrad, an den Gängen, und plötzlich merkten wir, daß sich der Wagen – sacht, ganz sacht – in Bewegung setzte. Die Straße war leicht abschüssig, und breit war sie auch. Es war das Natürlichste von der Welt, daß wir fuhren. Aber wie wir fuhren!

Nun erst, da wir fuhren, schien der Bär zu erfassen, daß er gefangen war. Das jagte ihm einen panischen Schrecken ein, und er versuchte, sich aus seiner Haft zu befreien, hieb und tastete um sich, machte sich auch immer wieder an der Tür zu schaffen, wollte durch die Fenster, die er nicht begriff, versuchte es wieder an der Türe – die hatte sich diesmal entschlossen, zu klemmen –, und bei all diesem Hin und Her gewann der Wagen an Fahrt und lief, infolge der regellosen Manipulationen des Fahrers im Zickzack, mal nach rechts, mal nach links, stoppte plötzlich, weil der Bär den Bremshebel getroffen hatte, setzte sich wieder in Bewegung, weil der Fahrer ihn nicht festhielt, und so rollten wir mit langsam zunehmender Geschwindigkeit dahin, wobei es zunächst ein Wunder schien, daß wir nicht im Gebüsch landeten. Aber noch wunderbarer war, daß der Bär mehr und mehr die Funktion des Steuerrades zu begreifen schien, das er anfangs sehr willkürlich bediente, dann jedoch auf ähnliche Weise handhabte wie z. B. die radelnden Bären im Zirkus ihre Lenkstange. Er hatte seine Tatzen aufs Steuerrad gelegt, rutschte unruhig mal nach rechts, mal nach links, brummte dabei, aber im ganzen erwies er sich doch als ein leidlich gelehriger Fahrschüler.

Nichtsdestoweniger brach uns der Schweiß aus den Poren, und wir suchten uns, in abgerissenen Sätzen, über einen Ausweg zu beraten.

»Aufmachen und 'rausspringen!« meinte Bob.

»Mein schöner Wagen!« schrie James, über diesen Vorschlag entsetzt.

»Die Vordertür öffnen«, schlug ich vor, »damit er rausfällt!«

»Versuch's!« schrie James.

Ich öffnete die Hintertür; Bob hielt mich dabei fest. Die Vordertür klemmte natürlich. Wir hatten Not, die Hintertür wieder zu schließen.

Währenddessen wütete der Bär wie ein Besessener und, wohl weil sein Hinterteil nicht für menschliche Sitzgelegenheiten geschaffen war, rutschte er plötzlich vom Polster nach unten und kam mit seinem ganzen Gewicht auf den Bremshebel zu liegen. Die Bremsen quietschten, wir flogen durcheinander, der Wagen bockte, schütterte und stand.

»Raus!« schrie James, riß die rechte Hintertür auf und stürzte in den Wald. Bob rannte ihm nach.

Ich war in Versuchung, das gleiche zu tun, aber irgendein Instinkt sagte mir, daß es sinnlos sei, den Bären in seiner Lage zu belassen, und zugleich schien es mir töricht, das bislang so glücklich verlaufene Abenteuer kopflos abzubrechen. War er nicht gefangen? Und nun sollten wir ihn laufen lassen?

Der Bär brüllte jetzt. Er versuchte verzweifelt, sich aus seiner Lage zu befreien. Es galt also, keine Zeit zu verlieren.

Ich sprang hinaus und legte rasch einen Stein vor das linke Vorderrad. Dann schob ich – mich durch die offene Hintertür in den Wagen beugend – das halbe Zwischenfenster beiseite, schnalzte mit der Zunge und redete dem Bären gut zu.

Es gab keinen Grund dafür, daß der Bär, der vom Sitz gerutscht war, nicht irgendwie wieder hinauf gelangen sollte, und so kam also der Bär schließlich wieder unter dem Steuerrad hervor, kletterte auf das Sitzpolster und, weil er nun einmal am Klettern war, stieg er nun in den weitaus geräumigeren hinteren Teil des Wagens, durch dessen offene Tür er das Freie witterte.

Ich schlug rasch die Tür zu und riß, während der Bär in den Fond des Wagens plumpste, die rechte Vordertür auf und schob das Zwischenfenster wieder zu, nicht ohne die Flasche Cherry, die wir noch mit uns führten, auf den Hintersitz geworfen zu haben. Diese, zu zwei Dritteln noch voll, hatte einen Korken, an dem noch Bestandteile des leicht gesüßten Alkoholsaftes klebten. Jedenfalls griff der Bär die Flasche, leckte an ihr, riß den locker sitzenden Pfropfen mit den Zähnen heraus und süffelte sie, erst zögernd und mißtrauisch, dann aber befriedigt grunzend aus.

Ich stürzte aus dem Wagen, schrie nach James und Bob, die sich eben wieder neugierig hinter den Bäumen zeigten, stieß den Stein fort, der das linke Vorderrad blockierte, stieg rasch ein, und versuchte, während ich immerfort »Einsteigen! Einsteigen!« schrie, den Motor in Gang zu bringen.

Der streikte natürlich. Als Bob und James jedoch in einem verzweifelten Entschluß zu mir in den Wagen hereinsprangen, lösten sich die Bremsen, wir rollten los, und nun sprang auch der Motor an.

Wir fuhren.

Ich konnte mich nicht umsehen; aber James gab ständig Bericht:

»Er trinkt noch. Er hat sich beruhigt. Er legt sich lang. Er richtet sich wieder auf! Er sinkt wieder um. Er muß betrunken sein. Der Hund!« schrie er plötzlich, »er macht unter sich!«

»Laß ihn machen«, sprach Bob, »das ist ein gutes Zeichen.«

Und er hatte recht. Der Bär streckte sich erleichtert auf dem verschlissenen Polster aus und schlief ein.

»Wohin fährst du?« fragte James.

»Nach Lewistown«, sagte ich.

»Ja, laß ihn nach Lewistown fahren«, pflichtete Bob bei, »es wird einen Heidenspaß geben!«

Und so wendete ich bei der nächsten Abzweigung, und wir fuhren den Weg zurück, vorbei an unserem Frühstücksplatz, talwärts, Richtung Lewistown.

Einmal standen zwei Bären am Weg und hoben bettelnd die Tatzen. James warf ein paar Bonbons hinaus. »Sorry«, schrie er, »wir sind sehr eilig, Gentlemen!«

Aber da wir fast zwei Stunden zu fahren hatten und nicht wußten, ob der Bär so lange ruhig bleiben würde, hielten wir an der nächsten Kneipe, James holte Whisky und Cherry und, nachdem wir die Cherryflasche, fast entkorkt, vorsichtig neben den schlafenden Bären bugsiert hatten, fuhren wir weiter.

Unsere Überlegung war goldrichtig. Eine halbe Stunde

vor Lewistown erwachte der Bär, entdeckte die Flasche, sukkelte sie gierig aus und schlief wieder ein.

Und so fuhren wir – es war gegen ein Uhr mittags – in Lewistown ein, hielten vor dem Rathaus und gaben das Erlebte zu Protokoll. Der Sheriff kam heraus mit sechs Polizisten, Stricken, einem Satz Maschinenpistolen, und das halbe Städtchen stand dabei, als er die Wagentür öffnete.

Es dauerte eine Weile, bis sie den Bären wachkriegten. Schließlich kroch er auf allen vieren heraus, blickte mit trüben Augen in die Menge und setzte sich dann schwankend auf seine Hinterbeine.

»Ihr könnt mich aufbinden, wem ihr wollt«, lallte er gutmütig. »Ich bin völlig betrunken.«

Dann kippte er langsam um und wurde auf einer Tragbahre in ein Sanitätsauto geschoben, das ihn zurückbrachte, selbigen Tages, zurück in die Wälder und Schluchten des Yosemite-Tals, in ein geregeltes Bärenleben.

PETER RÜHMKORF

Rotkäppchen und der Wolfspelz

Es war einmal eine kleine süße Dirne, ja, mit Apfelbäckchen so richtig zum Anbeißen und einem Haarschopf so gelb wie frischer Entenkükenflaum, die hatten alle Leute gern, die sie ansahen, am liebsten aber seine gute Großmutter Maßschneiderin in Niederwolfsbruchermoor/über Stade-Elbe. Als das Mädchen sechs Jahre alt war und in die große graue Schule nach Stade mußte, schenkte ihm sein Vater einen festen Rindslederranzen und seine Mutter ihm eine Fibel und ein Rechenbuch, seine Großmutter aber nähte ihm eine Haube so rot so rot, daß das Mädchen schon auf tausend Meter und mehr zu erkennen war und die Autofahrer augenblicklich den Gasfuß lockerten und auf die Bremse traten – ffffchchch – tschschschsch – rrrrmmmmmmms – zkk! Das war sicher einerseits gut. Zum anderen sind die Menschen ja nicht gerade von den besten, und die Schulkinder auch nicht viel besser, so daß sie das Mädchen wegen seiner Haube so foppen begannen und ihm allerlei seltsame Necknamen anhängten, zum Beispiel Glühköpfchen, Rückleuchtchen, Rotkäppchen, da konnte das Mädchen schon froh sein, daß es schließlich auf dem ›Rotkäppchen‹ klebenblieb.

Als das Rotkäppchen in die Jahre kam und fast schon so gut mit Nadel, Faden und Schere umgehen konnte wie die Großmutter-Maßschneiderin, trug es immer noch das wunderliche Kindermützchen. Ja, es schien sich sogar eine Lust aus dem Trotz zu machen und behielt die Kappe selbst dort auf dem Kopf, wo alle anderen Kinder ihre Mützen abzunehmen pflegen, in der Schule und im Kindergottesdienst, in der Stube und schließlich sogar im Bett. »Das ist doch wirklich zu und zu bunt mit dem Rotkäppchen«, mochte dann der Vater gelegentlich auffahren, und die ratlose Mutter ergänzte seufzend: »Woher das Kind das nur hat?!« Das aber scherte sich nur wenig um das ganze Ordnungsgewese und dachte sich immer neue Anlässe aus, um ins ferne Niederwolfsbruchsmoor zu radeln, wo die Schrebergärten unversehens in Äcker und Wiesen übergingen und die Wiesen und Weiden schließlich in den düsteren Wolfenbruch. »Gib nur acht, daß dich dort nicht einmal ein fremder Mann anspricht!« – »Jojo, klarklar.« – »Diesen Männern sieht man die Bösigkeit nämlich nicht gleich an der Nase an.« – »Das hör' ich jetzt schon zum hundertsten Mal!« – Wenn das Rotkäppchen aber wirklich einmal nachbohrte, wie die fremden Männer denn aussähen, etwa wie der Papa?, konnten seine Eltern auch nur sehr unbestimmt mit den Köpfen wackeln, najanun, wie der Papa selbstverständlich nicht, aber auch wie der Lehrer Langbehn nicht und nicht wie der Pastor Papenfoth und der Kaufmann Kophamel, aber ganz gewiß nicht gerade wie der böse Wolf. »Das ist immerhin was«, dachte angeödet das Rotkäppchen, und es nahm sich vor, in Zukunft auf alle Männer zu achten, die nicht wie der Wolf und der Papa und der Lehrer Langbehn und der Pastor Papenfoth und der Kaufmann Kophamel aussahen.

An einem schönen Sommertag – so schön, daß sich alle Leute die Hemden aufknöpften und die Strümpfe runterkrempelten – wollte die Großmutter gern ihr vierzigjähriges Putzmacherjubiläum feiern. Da die Eltern mehr als genug zu tun hatten und auch am Abend nicht abkömmlich waren, schienen sie zum ersten Male richtig erleichtert, daß sie das Rotkäppchen schicken konnten und gaben ihm neben vielen guten Ermahnungen noch einen schokoladenüberzogenen Napfkuchen, eine große Flasche Rotwein und eine frisch geschärfte Schneiderschere mit auf den Weg. Wie es so ein Stündchen oder zweie durch die sengende Sonne gefahren war und aus purem Vergnügen noch einmal um den Hasenberg herum und noch einmal mit Karacho am Mühlenbach entlang, geschah es aber, daß der Schokoladenguß immer weicher und weicher wurde und die klebrige Masse schon durch das Packpapier schlug. Das Rotkäppchen, das wohl merkte, daß die Klebrigkeit irgendwie mit seiner Säumigkeit zusammenhing, dachte gleich, den Schaden werden wir besser unterwegs beheben. Am Rand des Waldes, wo es sich unbeobachtet glaubte, wickelte es also den Kuchen vorsichtig aus dem Papier und wischte erst die eine Schokoladenträne mit dem Zeigefinger auf, dann die andere mit dem Mittelfinger, dann die dritte mit dem Ringfinger, aber die Haut wurde dadurch nicht im mindesten glatter, allenfalls fleckiger, schrundiger, und so nahm es denn schließlich seine lange Zunge zur Hilfe und leckte mit der Sonne um die Wette die gesamte süße Oberfläche ab. Weil es aber vom Lecken und Schlecken großen Durst bekommen hatte, nahm es auch noch einen Schluck aus der großen Rotweinflasche – der schmeckte ihm herzlich sauer, brrrr! –, aber der zweite und dritte und vierte mundeten schon etwas besser, bis das Rotkäppchen – wie sollen wir sagen? – auf eine seltsame Weise unternehmungslustig wurde und ganz tolle Schlangenlinien fuhr, zuerst nur weiter am lustig gewundenen Bach entlang und dann in den düsteren Wald hinein, dort wollte es die zu einem Viertel geleerte Flasche an der Mühlbachquelle wieder auffüllen.

Wer beschreibt seinen Schrecken, als es grad seine Röcke rafft, um zum Wasser niederzusteigen, und aus dem dunkelbunten Dickicht tritt auf einmal der Wolf hervor. Nun hatte es zwar keine groß besondere Angst vor solchen Wölfen, aber die Naschkatze ließ es sich doch nur ungern ansehen und der Vorsatz der Weinpanscherei schien überhaupt nicht mehr zu vertuschen. So sagte es denn mit übertriebener Höflichkeit, guten Tag, der Herr Wolf, und ob der Herr Wolf sich nicht zu einem Schlückchen niederlassen möge, denn: mitgestohlen, dachte es bei sich, heißt wohl auch: mitverhohlen. Der schüttelte aber nur die lange graue Nase und sagte höflich, der Wein sei zwar bemerkenswert rot, aber doch nicht halb so hübsch wie des Rotkäppchens mohnrote Mütze. – »Die hat mir die Großmutter genäht.« – »Die Großmutter? Ei, da würde einer wie wir schon etliche Markstücke hinlegen, um solch ein ausgesuchtes Schmuckstück zu erwerben.« – »Nicht leichter als das, es ist von hier aus nur eine kleine Stunde Wegs und gleich zwischen Stadtrand und Dorfende.« Dann beschrieb das Rotkäppchen dem Wolf den etwas verwundenen Weg mit allen Haken und Ösen und Abnähern, und um ganz sicher zu gehen, daß der Wolf seine Absicht auch wahrmachte, drückte es ihm am Schluß die Weinflasche in seine Pfoten: »Da! Geh schon einmal voraus, und sag der Großmama, das Rotkäppchen wäre kurz Blumenpflücken gegangen.« – »Den Teufel auch!« dachte der Wolf, »das nimmt ja richtig Gestalt an. Und wo wir erst in der friedlichen Hütte beisammen sind, wird uns auch kein Jäger mehr nachstellen.«

Als der Wolf bei dem Hüttchen anlangte – recht unbequem auf zwei Beinen, die ungewohnte Last an den Brustlatz gepreßt –, fand er die Türe nur angelehnt. Vorsichtig warf er zunächst einen spitzigen Blick durch den Spalt, da sah er die Großmutter hoch aufgerichtet und mit abgewandtem Gesicht bei der Nähmaschine stehen, eine stattliche Frau, wie es schien, und für einen ausgehungerten Räuber gerade der richtige Bissen, und ohne sich lange mit einem »Schönen Gruß« oder einem »Guten Tag« aufzuhalten, machte er einen mächtigen Satz in die Stube hinein und verschlang die stumme Person mit Haut und Haar und all ihren Röcken und Bändern. »Den Teufel auch«, dachte der Wolf, »das kann selbst einem gelernten Kälberdieb zu schaffen machen.« Dann sah er sich, der Ordnung halber, etwas in dem Zimmer um, fand aber außer einem Zettel mit der Aufschrift ›Bin gleich wieder da‹ nichts sonderlich Verdächtiges und streckte sich satt und müde auf dem breiten Großmutterbett zum Schlafen aus.

Wer kann heute noch sagen, wie lange er sich so in süßen und schweren Träumen wälzte. Immerhin stak die Sonne schon tief im Gehölz und die Vögel stimmten auch bereits ihre Abendlieder an, als das Rotkäppchen eintrat und mit viel Trara und Gelärm seine hübschen Wiesenblumen auf mehrere Einmachgläser verteilte. »Das nenn' ich mir Zeit vertrödeln«, sagte ungehalten der Wolf, »was treibst du dich so lang im wilden Wald herum?!« – »Du solltest reden, liegst hier dick und fett in der Oma ihrem Bett und willst mir auch noch nachträgliche Vorschriften machen.« – »Das hat mir die Großmutter aufgetragen.« – »Wer's glaubt wird selig, und wo ist sie geblieben?« – »In den Wald, nach dem Rotkäppchen kucken. Komm, reich mir einen Schluck Wein, der weite Weg und das lange Warten haben mir einen richtigen Brand gemacht.« – »Nix, nix, der Rest bleibt für die Oma.« – »Ei, so herum auf einmal, kleine Kröte, und hab' ich dich nicht eben noch vom Rotwein schlecken und den Kuchen ablecken sehen?!« – In diesem Augenblick erkannte das Rotkäppchen glasklar-eiskalt, daß es in einer Falle saß. So hatte der finstere Geselle denn sein ganzes heimliches Treiben mitbekommen und sich nur arglistig blind gestellt. Und es dachte mit trüben Sinnen: »Genau wie der Papa, wenn er mich beim Lehrer Langbehn anzuschwärzen droht.« Der Wolf, der freilich seine eigenen Gedanken hatte, sinnierte vor sich hin: »Was mag es nur sein, das mich so durstig macht? Das kann doch die alte salzige Großmutter nicht allein gewesen sein.«

Während das Rotkäppchen ihm notgedrungen nach und nach einschenkte und – wie wir gestehen müssen – bei jedem Glas auf ein halbes mithielt, geschah es aber, daß der Wolf immer tiefsinniger und melancholischer wurde und das Rotkäppchen immer ausgelassener. Der Wolf wollte lange Gespräche über einsame Wölfe führen – das Rotkäppchen klapperte mit der Schere herum und schnitt unsichtbare Figuren aus der Luft. Der Wolf versuchte, dem Rotkäppchen tief in die Augen zu sehen – das Rotkäppchen tutete auf dem Flaschenhals. Der Wolf haschte ungeschickt nach des Rotkäppchens Schürzenbändern – das Rotkäppchen wollte tanzen und sich im Kreise drehn. »Und wenn hier kein Mensch mit mir tanzt, dann tanz' ich eben mit der Großmutter ihrer Schneiderbüste!« Dabei stampfte das Mädchen klotzig mit dem kleinen Hacken auf und drehte sich wild entschlossen nach der Puppe um, die freilich fand sich weder an ihrem gewohnten Platz noch an einem anderen ungewohnten, und höchst verwundert fragte sich das Mädchen: »Die wird die Oma doch nicht in den Wald genommen haben?« Der Wolf, der gar nicht recht wußte, was er sich unter einer Schneiderpuppe vorzustellen habe, aber auch wieder nicht so dumm erscheinen wollte wie er wirklich war, lenkte vorsichtig abwiegelnd ein: »Wenn das die Eltern wüßten, wie du nachtschlafender Zeit noch so hitzig herumtollst! Komm, laß es genug sein, Rotkäppchen, und uns zu Bett begeben, wie es sich gehört.«

Der Gedanke an seine Eltern brachte augenblicklich etwas Ruhe in das Rotkäppchen. Auch meinte es kinderschlau, daß *zu Bett* noch lange nicht *schlafen* heiße, und so sprach es denn zu dem Wolf: »Wohlan, mein Herr, wenn Ihr mir dreimal nachtut, was ich Euch vorexerziere, dann will ich gern mit Euch das Lager teilen.« Das schien dem Wolf ein Wort und er gab dem Mädchen die Pfote darauf. Nun machte sich aber das Rotkäppchen als erstes daran, sich die Hände und die Füße zu säubern. »Nichts leichter als das«, sagte hocherfreut der Wolf und er schrubbte und wienerte an sich herum, daß es nur so eine Art hatte. Als nächstes begann das Rotkäppchen sich die Zähne zu putzen, und »Ja, das ist lustig und belehrend zugleich«, sagte wieder der Wolf und fuhr sich mit der Wurzelbürste übers Gebiß, daß die Borsten sich nur so spreizten und der Geifer durch die Gegend flockte. »Und als drittes –« – »Drittes?« – »Als ein drittes und letztes wünsche ich mir von dir, daß du endlich deinen grindigen Kratzepelz ablegst.« Dabei löste das Mädchen auch schon die Bänder seiner roten Haube, daß das goldene Haar wie ein Sturzbach niederschoß und der Wolf ganz stiere begehrliche Augen bekam, indes wie sollte ein Wolf – »Meine Pelz? Ich?! Ausziehn??« – seiner angeborenen Kleidung lebendigen Leibes ledig werden?

»Ja, sieh nur zu, wie du aus deinem Anzug herauskommst!« Der Wolf blickte grämlich schnüffelnd an sich herab, doch ließ sich auch bei genauester Prüfung kein Ausschlupfloch entdecken. »Nun, irgendeine verdeckte Knopfleiste wird es wohl noch geben.« Der Wolf zog der Probe halber einmal die Klauen durch die Zähne, aber es regte und rührte sich nichts. »Und wenn ich es denn nicht allein kann«, rief er schließlich in seiner Verzweiflung, »so schneide du mir mit der Schere eine Öffnung in den Pelz, nur binde dein Käppchen nicht wieder fest und laß mich in alle Ewigkeit deine goldenen

Haare schauen.« Das Wort Ewigkeit ließ sich das Rotkäppchen nicht zweimal sagen. Geschwind wie eine geborene Schneiderin machte es dem Wolf ritsch-ratsch ein paar passende Schnitte in den grauschwarzgrauen Overall und schon zerrten und zogen sie mit vereinten Kräften an den Zipfeln herum, und ehe die beiden närrischen Wesen es sich versahen, stand – flupsch! – und flapsch! – ein bleicher nackter Jüngling in der mausestillen Schneiderstube.

Zu erklären, wie es zu diesem Wunder hatte kommen können, blieb dem fremden jungen Mann leider gar keine Zeit. Kaum daß ihn ein unabwendliches Würgen angekommen, kaum daß er den Finger in den Hals gesteckt und sich nach seinem furchterregenden Äußeren auch noch seines fürchterlichen Inneren entledigt hatte, knarzte auch schon die Haustür in den Angeln und – unberufen wie richtige Geistererscheinung – stand die Großmutter auf der Schwelle. »Aber Kinder, wie kann man denn solch einen Unfug treiben! – Aber Rotkäppchen, wie kann man denn so mit meiner Schneiderbüste herumkegeln.« – »Aber mein Herr, wer wird denn einen so kostbaren Pelz einfach auf die schmutzigen Dielen werfen!« Dann stellte sie die Kleiderpuppe wieder auf die Beine und legte ihr behutsam kennerisch den Wolfspelz um die Schulter: »Jaja, das ist ein märchenhafter Stoff, aber sagen Sie, mein Herr, wer hat Ihnen den so saumäßig zugeschnitten?«

Von Künstlern und Lebenskünstlern

»Es ist schon erstaunlich,
wie sich persönlicher Besitz anhäuft.«

LEO SLEZAK

Seinerzeit der beste Tristan

Mein berühmter Kollege, der Tenor Karl Burian, seinerzeit der beste Tristan, war mit mir an der Metropolitanoper in New York engagiert.

Er kam, wie so viele Große, aus dem Künstlerzwinger des Hofrates Pollini in Hamburg, der die Gabe und das Glück hatte, junge Talente zu finden, diese auf ›berühmt‹ abzurichten, um sie dann, wie Hagenbeck seine Raubtiere an die verschiedenen zoologischen Gärten, den großen deutschen Theatern zu überlassen. Selbstverständlich tat er es nicht um der schönen blauen Augen der großen Theater willen, sondern um soviel wie möglich Profit und als Zuwaage Ehren, Orden und Titel zu ergattern.

Karl Burian kam nach Dresden ans Königlich Sächsische Hoftheater und wurde dort bald der Liebling des Publikums.

Die Gattin eines Universitätsprofessors, eines Zoologen, dessen Spezialfach die Erforschung der Fortpflanzung der Maikäfer und anderer Schädlinge des Waldes, der Wiese und der Flur war, verliebte sich sterblich in ihn, denn daß diese Käferangelegenheit auf die Dauer die hübsche, junge und temperamentvolle Frau nicht fesseln und befriedigen konnte, war nicht zu verwundern. Ganz Dresden wußte um diese Liebe, die nur deshalb nicht zum Skandal ausartete, weil das Interesse des Gatten voraussichtlich mehr auf die Seite der Käferschädlinge neigte, und er das andere nicht sehen wollte oder wirklich nicht sah.

Die Zeit der Amerikareise Burians rückte heran, da verschwand plötzlich Frau Marschenka, wie sie von Burian genannt wurde, aus Dresden, und da sie von ihrem Mann nicht reklamiert wurde, scheint dieser dadurch seelisch nicht allzusehr belastet gewesen zu sein.

Burian kam in New York an und wurde von Marschenka am Pier selig begrüßt. Sie zogen in eine Pension dritten Ranges, wo man in puncto sturer Einstellung auf das Verheiratetsein weniger Wert legte. Dort lebten die beiden als Mr. und Mrs. Burian in liebevoller Eintracht und Glückseligkeit.

Sie hatte einen wohltätigen Einfluß auf ihn, denn leider war auch er ein Quartalsäufer, der in der ominösen Zeit seines Rauschzustandes sich vieles zerstörte und seine Karriere schwer schädigte.

Er war ein kleiner, untersetzter, unscheinbarer Mann mit einem gewöhnlichen Mopsgesicht, einer Knöpfelnase und wasserverschwommenen Trinkeraugen: Trotz dieser körperlichen Defekte war er, wenn er auf der Bühne stand, eine große Persönlichkeit und zog das Publikum in seinen Bann.

Marschenka war ihm mit Leib und Seele ergeben, war immer um ihn, wenn er sang, ersetzte seinen Garderobier, verabreichte die kleinen Handgriffe vor Auftritt und Abgang von der Bühne, kurz, war ihm ein ungemein wertvoller Weggenoß.

Die beiden liebten sich unendlich, sie leitete die Wege ein, ihre Scheidung zu bekommen, woran sie nicht zweifelte, und sie entschlossen sich, wenn sie nach Europa zurückkämen, einander zu heiraten. Es kam der Monat März. Da erkrankte Marschenka. – Ende März starb sie.

Verzweifelt und niedergeschmettert saß Burian an ihrer Bahre und konnte das Unglück, das ihn betroffen, nicht fassen. Er ließ Marschenka einäschern und nahm Ende April die Urne, die ihre sterblichen Reste barg, nach Europa mit. Er trennte sich nicht von ihr, um sie in Prag in seinem Familiengrab zur letzten Ruhe zu betten.

In Prag, am Masaryk-Bahnhof, erwartete ihn sein Bruder Jan, der Bassist des Tschechischen Nationaltheaters. Er wollte ihm die in Zeitungspapier eingewickelte Urne abnehmen und sie dem Träger übergeben, der das ganze Gepäck Burians nach Hause zu schaffen hatte. Dieser wehrte sich. Als Jan fragte: »Was hast du denn in diesem Packel?« sagte er nichts als: »Meine Marschenka, und die gebe ich nicht aus der Hand; auch auf der Reise habe ich sie immer auf dem Schoß gehalten, weil es vorgekommen ist, daß einmal ein Schwiegersohn die Urne seiner Schwiegermutter im Gepäcknetz vergessen hatte und diese verlorengegangen ist.«

Der erste Gang vom Bahnhof war in ein berühmtes Pilsener Bierhaus, das in Verbindung mit einem Selcherladen ein Wahrzeichen von Prag bedeutete. Es ist selbstverständlich, daß nach monatelanger Entbehrung in Amerika seine Sehnsucht nach den Prager Selchwaren, die einzig in der Welt dastehen, so übergroß war, daß er sich vor allem diese Köstlichkeiten, für die die deutsche Sprache keine erschöpfenden Superlative hat, gönnen wollte.

Marschenkas Urne wurde mitten auf den Tisch gestellt, und die ganze Unterhaltung drehte sich nur um sie, um ihre unwahrscheinlichen Vorzüge, wobei viele Tränen vergossen und diese mit vielen Bechern wunderbarsten Pilsener Bieres ersetzt wurden.

Nachdem bereits eine gehobene Stimmung sich eingestellt hatte und statt einer schon drei Urnen auf dem Tisch waren und beim besten Willen keine Selchererzeugnisse mehr vertilgt werden konnten, entschloß man sich, ein anderes, ebenso berühmtes Bierhaus auf der Kleinseite aufzusuchen, wo das Pilsner noch um 50 Prozent besser sein sollte. Man ließ einen Einspänner kommen, nahm Marschenka auf den Arm und fuhr auf die Kleinseite.

Dort gab man sich weiter dem Genuß des Bieres hin, frischte fröhliche Erinnerungen aus der Jugendzeit auf; bei jedem frischen Glas wurde mit der Urne angestoßen, um Marschenka leben zu lassen. Die Brüder sahen sich schon vierfach, die Urne sechsfach, und da entschloß man sich, in ein Vergnügungslokal zu gehen, welches in der Gesellschaft verpönt ist.

Dort angekommen, fanden sie es nicht luxuriös genug und gingen nach einem kurzen Verweilen in ein anderes. Das wiederholte sich so einigemale, bis sie endlich den Wunsch hatten, nach Hause zu gehen.

Am nächsten Morgen erwachte Karl Burian mit einem riesigen Kater und stellte mit Entsetzen fest, daß seine Marschenka nicht da war. Trotz allem schärfsten Nachdenken gelang es ihm nicht, sich zu besinnen, wo er sie gelassen haben könnte. Er wußte nur noch, daß sie im Bierhaus Schumlaschek auf der Kleinseite in sechsfacher Ausführung am Tisch gestanden hatte. Da dort eine Anfrage negativ ausfiel, so konnte sie nur in einer der vielen Lasterhöhlen, deren Namen und Adressen ihm auch nicht mehr in Erinnerung kamen, geblieben sein.

Jetzt galt es herauszufinden – wo? Das konnte nur durch ein Zeitungsinserat geschehen, welches ungemein vorsichtig und taktvoll abgefaßt werden mußte, um nicht beim Publikum anzustoßen. Denn es war ja unmöglich zu schreiben: Ich, Karl Burian, habe meine Marschenka als Urne in einem Puff vergessen. Da ich in mehreren dieser Puffs gewesen bin, weiß ich nicht, in welchem. Ich bitte, gegen hohe Belohnung mir meine Marschenka wiederzubringen –. Sondern nach reiflichem Überlegen wurde in allen deutschen und tschechischen Blättern folgende Notiz aufgegeben:

»In einem Vergnügungslokal wurde eine Blechbüchse wertvollen Inhaltes vergessen. Da der Betreffende mehrere solcher Vergnügungslokale aufgesucht hat, deren Namen und Adressen ihm entfallen sind, bittet er die Administration des Blattes um zweckdienliche Mitteilung, die bei Übergabe dieser Blechbüchse hoch belohnt wird.«

Am nächsten Morgen bekam er von der Geschäftsleitung der Lidowé Noviny die Mitteilung, daß die Büchse im Lustbarkeitssanatorium ›Napoleon‹, Wodickova 28, erlegt sei und dem Besitzer zur Verfügung stehe.

Burian warf sich in einen Wagen und raste ins ›Napoleon‹. Dort hatte die Äbtissin des Etablissements die Büchse bereits mit dem Büchsenöffner aufgemacht, um nach dem in der Zeitung so bombastisch hervorgehobenen wertvollen Inhalt zu forschen.

Obwohl ein Drittel Marschenkas verschüttet war, freute sich Burian, daß er sie wenigstens zum Teil wieder hatte, entrichtete seinen Obulus und fuhr direkt auf den Friedhof, wo er sie gleich beisetzen ließ, damit er nicht noch einmal in Versuchung komme, die Arme wieder an einem Ausflugsort suchen zu müssen.

Von da ab ging es leider mit ihm rapid bergab, und nach kurzer Frist ist er an Delirium tremens gestorben. Auch einer von den unglücklichen Großen, die von unserem Herrgott so begnadet waren und nur der Gnade der Selbstbeherrschung nicht teilhaftig wurden.

Mein Vater, bettlergleich geführt

Haben Sie schon einmal im Sommer in der Nähe eines Schauspielers gewohnt, der seine Rollen probt? Nein? Dann freuen Sie sich nur und hören zu, wie es mir gegangen ist, damals in meiner *Chambre-garnie*-Zeit.

Das war im Sommer, so um die Zeit, wenn die Schauspieler ihre Ferien haben. Als man bei dem warmen Wetter wieder die Fenster offenstehen ließ, bemerkte ich gleich, daß in das Haus gegenüber, jenseits des Gartens, ein Schauspieler eingezogen war, der nun da seine Rolle zu üben begann.

Ich konnte dieses Haus nicht genau sehen, weil eben jener große Garten dazwischen lag mit vielen Birken und Ahornbäumen, an denen sich Starenkästen befanden. Aber wenn des Sommers die Fenster offenstanden, konnte man jeden Laut hören, der aus dem Haus drüben kam. Den Kanarienvogel bei Rat Fabricius, das Klavier der kleinen Melanie und wenn der alte Herr von Giesebrecht sich die Nase schnaubt. Alles das hört man und kennt es schon. Und da geschah es nun in jenem Sommer, daß plötzlich sich von drüben ein mächtiges rhythmisches Schreien und Toben vernehmen ließ, das jeden ganzen Tag dauerte von früh bis abends. Das war der neu eingezogene Schauspieler, der jetzt wohl Ferien hatte und in aller Ruhe eine große Rolle für die kommende Saison einzuüben gedachte.

Gesehn habe ich ihn nie. Er fing des Morgens so um neun mit seinen Proben an und schrie zunächst einmal in einem Satze bis halb zwei durch. Währendessen lagen alle die Häuser, die nach dem Garten zu gingen, in lautlosem Entsetzen da unter der Zuchtrute Goethes. Um halb zwei verstummte er für eine Stunde, weil er offenbar in irgendein benachbartes Restaurant zum Mittagessen gegangen war. Dann atmete man ein wenig auf und benutzte die kurze Pause, um Aspirin einzunehmen oder sonst so ein nervenstärkendes und beruhigendes Mittel. Denn schon nach einer Stunde war er wieder da, mit erneuten Kräften. Erst räusperte er sich ein wenig, um sich in Schwung zu bringen... ein Räuspern, das klang wie die Trompete des letzten Gerichts. Und dann schrie er wieder los mit seiner Rolle und nun in einem Zug bis in die Nacht.

Ich hatte bald heraus, daß er eigentlich immer nur die Rolle übte. Und zwar verstand ich aus dieser Rolle immer nur einen Satz oder auch Vers, der folgendermaßen lautete:

Mein Vater, bettlergleich geführt,
Welt, Welt, o Welt!

Dieser Satz kam alle dreiviertel Stunden wieder. Was dazwischen lag, also die übrige Rolle, das war nur ein großes Gegurgel und Geschnaufe, aus dem kein Mensch klug werden konnte. Und wenn er dreiviertel Stunden gegurgelt hatte, dann kam es wieder, klar und schmetternd über den Garten und die Birken und alle Starkästen hinweg:

Mein Vater, bettlergleich geführt,
Welt, Welt, o Welt!

Offenbar war ihm der Vers immer noch nicht schön genug, denn er suchte ihm auf alle mögliche Weise beizukommen. Einmal schrie er die ganze Bescherung wie in einem Pistolenlauf heraus, als sei es nur eine Silbe. Meaeeioohwelt! Dann teilte er sich die Sache mehr ein, betonte die erste Welt oder die zweite oder die dritte oder sprach jede einzelne Welt so langsam und feierlich aus, als hätte jede von ihnen fünf l's:

Mein Vater, bettlergleich geführt,
Wellllt, Wellllt, o Wellllt!

Diese Variationen und Auffassungen hörte ich mir von Mitte Juli bis gegen den beginnenden Herbst an. Dann machten sich bei mir die ersten Symptome der progressiven Paralyse bemerklich. Ich konnte nicht mehr zusammenhängend denken, verdrehte beim Sprechen die Augen und hatte des Nachts Alpdrücken. Um allem Weiteren vorzubeugen, zog ich aus meinem Zimmerchen aus und begab mich zunächst einmal in ein Sanatorium, wo mir durch energische Diät, durch Weißbrot und Milch, der Schauspieler und der bettlergleiche Vater und überhaupt der ganze Schwindel auskuriert wurde. »Nur nicht mehr daran denken«, sagte der Arzt, »eingeweichtes Milchbrot essen und nicht mehr an ihn denken, sonst könnte ein Rückschlag kommen.«

So war alles schön und gut, und es wäre nichts weiter geschehen, wenn ich nicht einige Zeit später, am Anfang der Saison, ein Billett für das Schauspieltheater geschenkt bekommen hätte. Ein Freund von mir, der Beziehungen zu mehreren Garderobefrauen unterhält, schenkte es mir, und ich ging hin in das Schauspieltheater, und es wurde der ›König Lear‹ von Shakespeare gegeben. Der freundliche Leser weiß vielleicht, daß in diesem Stück mehrere geisteskranke Engländer vorkommen, die immerfort im Wald und auf der Heide herumtoben. Der eine dieser Engländer heißt Edgar und ist von seinem Vater verstoßen worden, was ihn veranlaßt, das ganze Stück hindurch ein gar seltsames Geschrei und Gegrunze zu äußern. Ich hörte diesem Geschrei mit Aufmerksamkeit zu und wunderte mich, daß es mir eigentlich ein bißchen bekannt und vertraut vorkam. Hier und da stieg eine leise Erinnerung in mir auf, wie an Birken und Starenkästen. Da begab es sich, daß auch Edgars Vater ins Unglück geriet, und nun begegneten sich Vater und Sohn in der Wildnis. Edgar stand hinten, und wie er seinen Vater erblickte, hob er die Hände in die Höhe und machte den Mund ganz weit auf. Es ging mir in diesem Augenblick eiskalt durch, als fühlte ich es kommen. Dann rief Edgar laut und schmetternd wie damals:

Mein Vater, bettlergleich geführt,
Welt, Welt, o Welt!

Was nun passierte, weiß ich nicht mehr genau. Es liegt alles im Dunkeln. Aber als ich am Vormittag bei meinem Kaffee saß, las ich im Zeitungsblatt folgende Notiz: »Ein wilder Mann im *König Lear*. Mitten im vierten Akt fing ein Parkettbesucher plötzlich an zu toben und laute Hilferufe auszustoßen, worauf er mit markerschütternden Schreien über die Köpfe des Publikums hinwegkletterte und fluchtartig durch den Ausgang entkam. Wieder einmal ein Beweis, welch erschütternde Zaubermacht der Schwan von Avon auf empfängliche Gemüter auch heute immer noch auszuüben imstande ist.«

HERBERT ROSENDORFER

Die Karriere des Florenzo Waldweibel-Hostelli

Da die Anfänge der Laufbahn des heute weltberühmten Komponisten Florenzo Waldweibel-Hostelli absichtlich im dunkeln gehalten werden, ist nicht auszumachen – im Grunde genommen ist es auch gleichgültig –, wer als erster von den beiden in das Haus Annenstraße 14 eingezogen ist: Florenzo Waldweibel-Hostelli (damals noch Chemielaborant und ziemlich glückloser Schriftsteller) oder Erich Sagasser, der Pianist. Ob man in dem Zusammenhang und in Anbetracht dessen, wozu das alles geführt hat, von *Schuld* oder *Dank* und von *Glück* oder *Unglück* sprechen soll, lasse ich dahingestellt, nicht zuletzt, weil mir eine fachliche Würdigung der kompositorischen Werke Waldweibels (von denen damals noch nicht einmal in Ahnungen die Rede sein konnte) fernliegt. Fest steht jedenfalls, daß die jeweils aus nur einem Zimmer bestehenden Wohnungen Sagassers und Waldweibels nebeneinander im gleichen Stockwerk lagen. Ich glaube nicht, daß Waldweibel selber – selbst wenn er nicht mehr als jeder andere besorgt wäre, seine Anfänge zu verschleiern – die Stunde oder wenigstens den Tag anzugeben vermöchte, an dem *es* eigentlich anfing. Wie alle Dinge, ob groß oder klein, war *es* auf einmal da, ein Faktum, gewoben aus tausend Gründen im Bewußten und Unbewußten, die, wie alles, die Ahnenkette ihrer Kausalitäten wenigstens theoretisch bis auf den Urgrund unseres kosmogonischen Wellenstrudels zurückführen konnten: der Pianist. Erich Sagasser übte. Er hatte einen bescheidenen, nichtsdestoweniger ermunternden Preis bekommen. Er bereitete sich auf einen Klavierabend vor, den er beim Volksbildungsverband geben sollte; überhaupt war er jung, fleißig und strebsam, und als ein solcher Pianist übte er eben. Er übte vormittags, er übte nachmittags, gelegentlich übte er abends. Als der Tag seines

Konzerts näherrückte, übte er auch am Wochenende. Er spielte lange und komplizierte Tonleitern, um seine Finger geschmeidig zu halten. Er spielte sehr laute Oktavenparallelen, um Kraft in den Gelenken zu bekommen. Er übte säuselnde, elegische, hüpfende oder donnernde Etüden. Er spielte Bach, Schubert und Chopin. Er spielte Brahms, Skrjabin und Bartók. Er übte gelegentlich ein und dieselbe, vermutlich schwierige Stelle hundertmal hintereinander. Zur Erholung spielte er manchmal eine Sonate von Mozart. Hie und da kam ein Kollege, mit dem spielte er dann vierhändig.

Das alles wäre für Waldweibel-Hostelli kaum von Bedeutung gewesen, wenn die Töne nicht die dünnen Wände des Hauses Annenstraße 14 durchdrungen hätten. Zwar störte Waldweibel das vor- und nachmittägliche Üben seines Nachbarn nicht, denn um diese Zeit arbeitete Waldweibel an den Wochentagen in den unfreundlichen Räumen der Firma Dr. Harland & Dr. Filchner KG und ärgerte sich, daß er – anstatt lyrische Gedichte zu schreiben – irgendwelches Pulver mischen und in Flaschen abfüllen mußte. Gegen das abendliche Üben aber verwahrte sich Waldweibel in einer schriftlichen Beschwerde an die Hausverwaltung. Die Beschwerde war erfolglos, denn Sagasser hielt sich streng an die Hausordnung, soweit sie die Musikbetätigung der Inwohner reglementierte (im übrigen selbstverständlich auch, denn Sagasser hielt weder einen Leoparden noch ein Bordell, auch klopfte er seinen Teppich nie vor sechs Uhr in der Früh).

Es ist schwer zu entscheiden, ob ein musikalischer oder ein unmusikalischer Mensch mehr unter fremden pianistischem Üben leidet. Dem schmalen Genuß, der sich dem musikalischen Zwangshörer gelegentlich bietet, steht der oft lebenslange Schaden gegenüber, der ihm dadurch zugefügt wird, daß eine einzige Passage aus einem schönen und großen Werk bis zum Wahnsinn wiederholt wird, so daß der musikalische Nachbar später schon beim ersten Ton dieses Werkes Krämpfe bekommt und bedauernd das unschuldige Werk aus dem Kreis seiner möglichen Kunsterlebnisse streichen muß. Demgegenüber empfindet der unmusikalische Nachbar – letztlich doch wohl milder behandelt – pianistisches Üben nicht anders als schlichten Lärm. So Florenzo Waldweibel-Hostelli, dessen außerordentlich rudimentäre Musikalität höchstens relativ tiefe und relativ hohe sowie schnellere und langsamere Musikstücke unterscheiden konnte. Die Nationalhymne erkannte er – als Lyriker – am Text.

Der erwähnte Beschwerdebrief war nicht nur erfolglos, er bewirkte sogar eine Verschlimmerung. Sagasser, vielleicht darüber aufgebracht, daß Waldweibel nicht den direkten Weg von Nachbar zu Nachbar gefunden hatte, um in Güte die Sache zu regeln, hielt sich von nun an nachgerade zynisch an die Hausordnung. An Samstagen (an denen Waldweibel lang im Bett lag und dichtete) hatte Sagasser früher nicht vor zehn Uhr vormittags zu spielen angenfangen. In der Hausordnung hieß es, Musizieren an Werktagen sei erst ab acht Uhr gestattet. Der Samstag ist vorerst immer noch ein Werktag, sagte sich Sagasser und begann Schlag acht Uhr mit irgendwelchen besonders penetranten chromatischen Läufen. Am dritten Samstag, der so begann, bekam Waldweibel einen Tobsuchtsanfall und warf eine Bierflasche an die Wand. Darüber beschwerte sich nun Sagasser, und zwar mit Erfolg. Bierflaschenwerfen, so stand in einem ernsten Brief der Hausverwaltung an Waldweibel, sei keine Hausmusik und daher in der Wohnung weder nach acht Uhr an Werktagen noch überhaupt gestattet.

Das brachte Florenzo auf einen Gedanken. Er kaufte sich ein Waschbrett und rasselte darauf mit einem Kleiderbügel, sobald sein Nachbar zu üben begann. Leider mußte Florenzo bald erkennen, daß der Lärm, den er mit seinem Waschbrett erzeugte, dem pianistischen Üben seines Nachbarn nicht gewachsen war. Er nahm deshalb im Geschäft eine große, feste Pappschachtel mit, auf die er das Waschbrett band. Das Ergebnis war schon besser, befriedigte ihn aber immer noch nicht. Daraufhin nahm Waldweibel eine Kiste, dichtete die Fugen ab und schnitt Schallöcher hinein. In den Deckel der Kiste ließ er das Waschbrett ein. Wenn nun Florenzo darüberstrich, klang es ungefähr so, wie man sich das ferne Heulen einer gefolterten Elefantenherde vorstellt.

Wieder beschwerte sich Sagasser, diesmal ohne Erfolg, denn Waldweibel erklärte seinen Lärm gleichfalls für Musik und verwies, diesmal zu seinen Gunsten, auf die entsprechenden Paragraphen der Hausordnung, in denen von keinem bestimmten Instrument die Rede war.

Ermuntert durch den Erfolg, schaffte sich Waldweibel eine noch größere Kiste und ein zweites, größeres Waschbrett an. Dadurch, daß er eine rostige Kette rund um die Kiste befestigte, konnte er einen zusätzlichen, sehr befriedigenden Lärmeffekt erzielen.

Tags darauf fand Waldweibel neben den Mülltonnen den großen, verrosteten Deckel eines Waschkessels. Seine Wölbung ließ sich bequem mit dem Fluß eindrücken und gab beim Zurückschnellen einen ohrenbetäubenden Knall.

Große Freude bereitete Waldweibel die Entdeckung, daß eine Metallkugel, in einem bauchigen Glaskrug mit hoher Geschwindigkeit zum Rotieren gebracht, ein alles durchdringendes Kreischen erzeugte.

Das Arsenal seiner Lärmrevanche gegen den Pianisten Sagasser lag und stand stets griffbereit. Kaum daß Segasser bei Waldweibels nachbarlicher Anwesenheit einen Ton seines Klaviers rührte, stürzte Waldweibel zu seinem Instrumentarium und hörte nicht eher auf mit seinem höllischen Lärm, bis nicht auch Sagasser zu üben aufgehört hatte.

Sagasser war dem Nervenzusammenbruch nahe. Das Konzert rückte immer näher, Üben war notwendiger denn je. Er wagte schon nicht mehr, abends oder an Wochenenden zu spielen. Waldweibel aber nahm sich heimtückisch untertags frei, hie und da auch einen ganzen Tag Urlaub. Einen flehentlichen Brief Sagassers ließ Waldweibel unbeachtet. Die Bitte des gequälten Pianisten, auf seine Gesundheit und vor allem auf die junge, zarte Pflanze seines beruflichen Erfolges Rücksicht zu nehmen, beantwortete Waldweibel mit dem Ankauf von vier Kuhglocken und einer handlichen elektrischen Bandsäge. Der Gipfel in Florenzos teuflischem Instrumentarium aber war eine große Zinkwanne mit flachem Boden, in die er millimeterhoch Wasser einlaufen ließ, wonach er mit einem speziellen Gummisaugstößel durch wechselweises Ansaugen und Abreißen Geräusche von derartiger Lautstärke und vor allem Unanständigkeit hervorrief, daß sie mit nichts anderem als das Haus in seinen Fundamenten erschütternden Dinosaurierfürzen verglichen werden konnten.

Florenzo Waldweibel hatte aber nicht nur sein Lärmarsenal vervollkommnet, er hatte auch an Fertigkeit zugenommen, es zu handhaben. Wurde drüben der erste Ton am Klavier angeschlagen, begann er mit einem Motorsägen. Dann schüttelte er die Kuhglocken, sprang zu den Waschbrettern über – drei Knaller mit dem Waschzuberdeckel – das Kreischen der Eisenkugel... er mischte die Geräusche, wechselte mit Behendigkeit die Zusammensetzungen, immer schneller, immer lauter folgten und überstürzten sich Knall und Kreischen und Rasseln und Klirren, wie ein Wichtel sprang Waldweibel endlich zwischen seinen Gerätschaften umher und betätigte stöhnend und schwitzend bald hier, bald dort buchstäblich mit Händen und Füßen seine Instrumente, bis alle gleichzeitig bewegt erschienen. Kam dann als Stretta das markerschütternde Donnern der Saurierfürze hinzu, war es, als wären hundert besonders bösartige Teufel dabei, das heilige Osterläuten der Kirchen von Rom zu parodieren.

Längst hatte dann, wenn Florenzo Waldweibel erschöpft in einen Sessel sank, der Pianist Sagasser sein tränenüberströmtes Gesicht unter Kissen verborgen, betend oder fluchend. Er litt – vier Tage vor seinem Konzert – so stark unter Schlaflosigkeit, Lärmhalluzinationen und Gleichgewichtsstörungen, daß er kaum noch aufrecht zu gehen vermochte.

Zwei Tage vor dem Konzert bekam Sagasser unerwartet einen hohen Besuch. Der Musikkritiker Kurt Hubert Krabbel war gehalten (aus einem Grunde, der im für Außenstehende nur schwer zu durchschauenden Geflecht von Protektion und Rücksichtnahmen lag), das Konzert Sagassers zu rezensieren. Krabbel war selbstverständlich viel beschäftigt und hatte am Abend des Konzertes keine Zeit. An und für sich hätte er nicht angestanden, das Konzert zu besprechen, ohne es besucht zu haben. Kurz zuvor aber war er damit hereingefallen: er hatte infolge einer unvorhergesehenen Programmänderung die ›Waldstein‹-Sonate anstelle der ›Appassionata‹ rezensiert und mußte sich seitdem gefallen lassen, daß man ihm nachsagte, er könne Dur und Moll nicht unterscheiden. So suchte Krabbel den Künstler vor dem Konzert auf und wollte ihn auf Ehre und Gewissen über das Programm befragen, um nicht wieder eine unpassende Passage aus seinem Konzertführer abzuschreiben. (Es handelte sich dabei um einen sehr alten Konzertführer, den kaum noch jemand kannte, schon weil man große Teile der Auflage 1945 eingestampft hatte; im großen und ganzen aber war er für Krabbel durchaus noch brauchbar, wenn er jeweils die Wörter, ›jüdisch-dekadent‹ durch ›feinsinnig‹ ersetzte; dafür, daß Krabbel manchmal beim Abschreiben die Seiten verwechselte, kann der alte Konzertführer schwerlich verantwortlich gemacht werden.)

Sagasser war vor Schreck und Ehrerbietung zu Stein erstarrt, als Krabbel bei ihm eintrat. Sagasser erbot sich, unverzüglich sein ganzes Programm dem Kritiker vorzuspielen, der Kritiker winkte zwar dankend ab, aber Sagasser hatte sich schon ans Klavier gesetzt, die ersten Akkorde angeschlagen – er hatte in der Fülle seines Glücks ganz seinen satanischen Nachbarn vergessen, der auch diesmal unverzüglich seine ausgefeilte Lärmorgie entfaltete.

Sagasser spielte mit dumpfer Verbissenheit seinen Sonatensatz herunter. Krabbel saß festgebannt auf seinem Stuhl.

»Eine Offenbarung«, sagte Krabbel, als Sagasser geendet und auch der Lärm nebenan aufgehört hatte.

»Wirklich?« sagte Sagasser und war nahe daran, vor Krabbel in die Knie zu stürzen und ihm die Hand zu küssen.

»Wer ist das Genie?« murmelte Krabbel und eilte an dem verdutzten Pianisten vorbei zur Nachbarwohnung.

Der Rest ist bald erzählt. Schon am nächsten ›Internationalen Fest für Neue Musik‹ trat Waldweibel mit seinen ›Sadismen für Schlagzeug‹ auf und erntete das Lob aller Kritiker. Ein neuer Meister war entdeckt. Der Erfolg, wie es so heißt, wich hinfort nicht mehr von Waldweibels Seite.

Anfangs allerdings konnte sich Waldweibel nur schwer in die Rolle des Komponisten finden, nicht, weil er unmusikalisch war, sondern weil er fühlte, daß er seiner eigentlichen Berufung, der zum lyrischen Dichter, ferner war als zu den unseligen Zeiten in der stickigen Firma Dr. Harland & Dr. Filchner.

Die Anstrengungen seines Entdeckers, der an den Tantiemen partizipierte, die Tantiemen selber und endlich die Gewöhnung an den Erfolg heilten die unglückliche Liebe Waldweibels zur lyrischen Dichtung. Waldweibel erkannte sogar, daß seine bescheidenen literarischen Einfälle (die wohl nie ausgereicht hätten, ihm Ruhm als Dichter zu verschaffen) von unschätzbarem Wert für seine Kompositionen waren: er erfand Titel, die ihm den glühenden Neid seiner neuen Kollegen eintrugen. So erfand er vor einigen Jahren spezielle Posaunen, an deren Züge er kleine Häkchen löten ließ. Für diese Instrumente verfaßte er: ›Trepanationen für sechzehn vollbärtige Posaunisten zur Demonstration des natürlichen Kontrapunktes‹. Beim Blasen sollten sich die Häkchen in den Vollbärten der Bläser widerhakengleich verfangen; da die Posaunisten gehalten sind, weiterzublasen, reißt es dann natürlich an ihren Barthaaren, so daß sie – die Posaunisten – kurz ihre Instrumente absetzen und Schreie ausstoßen. Je tiefer die Posaunisten blasen, desto stärker reißt es an ihren Bärten, desto höher werden damit die Schreie. Das ist, erklärte Waldweibel im ›Melos‹, der natürliche Kontrapunkt.

Da das Werk 1959 beendet wurde, widmete es Waldweibel dem Land Tirol (wo anders wären noch sechzehn vollbärtige Posaunisten aufzutreiben!) zur 150. Jahresfeier des Aufstandes von 1809 und gab ihm den zusätzlichen Untertitel ›Berg-Isel-Cha-cha-cha‹. (Wahrscheinlich fiel Waldweibel dem leider verbreiteten und durch nichts als die gemeinsame Bärtigkeit gerechtfertigten Irrtum, der Andreas Hofer mit Fidel Castro verwechselt, zum Opfer.) 1965, zum 200-Jahr-Jubiläum der Uraufführung des ›Orfeo‹ von Gluck, legte Waldweibel ein anderes sensationelles Werk vor. Er ließ sich damals von einem der Notenschrift kundigen Freund alle Noten auf dem Klavier bezeichnen, aus denen die bekannte Arie ›Che farò senz' Euridice‹ besteht. Aus den von Gluck für diese Arie nicht verwendeten Tönen (im wesentlichen ganz hohe, ganz tiefe und ein paar tonartenfremde in der Mitte) wob er ein längeres Musikstück aleatorischer Machart, also eine Art Negativ der Gluck-Arie, und nannte es ›Christoph-Willibalds Abdruck im Schnee pocket-size-concerto‹.

Die Autorschaft an der Neubelegung der ormizellischen Katzenorgel (zweiundsiebzig angebundene Katzen, nach

Stimm- oder besser Miau-Höhen geordnet und in eine Klaviatur gespannt, in der die Katzen je nach Tastendruck mit einer Nadel in den Schwanz gestochen wurden, womit man verschiedene Töne, ja Akkorde hervorrufen konnte) unter dem Titel ›Hommage à Ernst Theodor Amadeus‹ bestritt Waldweibel allerdings. Möglicherweise, erklärte er im Freundeskreis einmal, sei diese Unterstellung eine kleinliche Rache des Pianisten Sagasser, von dem man im übrigen nie mehr etwas gehört hat.

EGON FRIEDELL

Wie ich Regisseur war und was dann noch weiter geschehen ist

Anfangs war ich von der Direktion des ›Intimen Theaters‹ als ›Literat‹ engagiert. Weil ich aber doch nun einmal die Literatur nicht mag und es ja überhaupt mit der Literatur Essig ist, so machte man mich zum Regisseur, um doch irgendwie meine Kraft nutzbringend zu verwenden. Ich war vollkommen damit einverstanden, denn ich hatte mir bisher unter einem Regisseur einen Menschen vorgestellt, der nichts zu tun hat, als daß er mit den Damen liebenswürdig und mit den Herren grob ist, und beides ist ja ein großes Vergnügen. Als ich aber einige Wochen diesen Beruf ausgeübt hatte, erschien der eine der beiden Direktoren (es waren nämlich zweie vorhanden, mit getrennten Ressorts: der eine für das ›Artistische‹, das heißt: für Verweigerung von Kostümen und Requisiten, und der andere für das ›Administrative‹, das heißt: für Vereitlung von Pfändungen); der ›Artistische‹ also kam und sagte: »Sie müssen einen Maeterlinck inszenieren.« Wir gingen also alle Stücke von Maeterlinck durch und berieten, welche etwa künstlerisch geeignet wären, das heißt also: welche ›geschützt‹ sind und welche nicht, und einigten uns auf ›Intérieur‹. Nun wurde der Theatermaler herbeigerufen, ein barscher Mensch, dessen Weltanschauung in dem Satz konzentriert war: alles ist aus flachem Pappendeckel; er war also hierin eine Art Fortsetzer der jonischen Naturphilosophen, nur daß sein Weltstoff nicht Wasser oder Luft war, sondern eben Pappendeckel. Ich glaube nicht, daß es jemandem gelungen wäre, ihm nachzuweisen, daß irgendein wirkliches oder bloß vorgestelltes, konkretes oder abstraktes Ding in der ganzen Welt seit Adam jemals aus etwas anderem bestanden habe als aus flachem Pappendeckel. Hätten wir behauptet, daß es mehr als zwei Dimensionen im Raume gebe, so hätte er sicher nach einem Arzt telefoniert. Er erklärte sich nach einigem Zögern bereit, vier Pappstreifen grün zu tünchen und damit listigerweise dem Publikum einen Wald vorzutäuschen, ferner in eine große Papp-Platte ein Viereck zu schneiden und dadurch in den Zuschauern die Sinnestäuschung wachzurufen, als sähen sie ein Haus mit Fenstern. Nach ihm wurde der Beleuchter gerufen, ein schüchterner Mensch, der sich ohne weiteres bereit erklärte, eine große Glühlampe mit außerordentlicher Geschwindigkeit auf und zu zu drehen, indem er versicherte, niemand im Zuschauerraum werde sich weigern, in dieser Lichterscheinung einen grellen Blitz zu erkennen. Ferner erschienen noch der ›Theatermeister‹, welcher bereits einen Papiersack mitgebracht hatte, in den er blies (welches Geräusch dem Sturmwind durchaus nicht unähnlich war), der ›Inspizient‹, in dem ich ohne Mühe den Beleuchter wiedererkannte, und der ›Requisiteur‹, der wieder in seiner äußeren Erscheinung an den Theatermeister erinnerte. Alle diese versicherten, indem sie mich ›Herr Oberregisseur‹ nannten, daß sie es in der Täuschung und Irreführung des Publikums an nichts fehlen lassen würden. Nun kamen die Proben, über deren Charakter man in Laienkreisen falsche Begriffe hat. Proben bestehen lediglich darin, daß einige Menschen aus Heften allerlei Reden ablesen, unter der Versicherung, diese Hefte seien nur ein provisorisches Hilfsmittel ›für heute‹, das ›morgen‹ bereits ohne praktischen Wert sei. Dieses ›Morgen‹ hat offenbar den Charakter eines bloßen Grenzwerts, es hat nur die rein negative, einschränkende Bedeutung von ›nicht heute‹. Es ist wissenschaftlich nicht das geringste dagegen einzuwenden, denn die Mathematik und Mechanik, gerade die exaktesten Wissenschaften, arbeiten bekanntlich schon seit langem mit solchen Grenzwerten.

Nach mehreren Proben mußte ich jedoch erkennen, daß das Ganze von trostloser Langweile war; auch war der Dialekt der Schauspieler nicht komisch genug, um zwanzig Minuten lang zu amüsieren. Indes, als ich gerade mit dem ›Theatermeister‹ über Regengeräusche verhandelte, kam mir eine jener genialen blitzartigen Erleuchtungen, die in meinem Leben nichts Seltenes sind. Er wollte mich gerade von der *illudierenden* Kraft trockener Erbsen in Trommeln überzeugen, als mir plötzlich einfiel: wie, wenn wir dem akustischen Sinnesreiz auch den optischen hinzufügten, mit einem Wort: wenn wir wirklich regneten, mit echtem Wasser? Gesagt, getan, und schon bei der nächsten Probe prasselte rauschender Regen hernieder, eine Naturerscheinung, die noch den Vorteil hatte, daß sie die Reden der Künstler völlig verschlang.

Es kam die Generalprobe. Eine Generalprobe unterscheidet sich von den übrigen Proben in sehr wesentlicher Weise: bei diesen wird nur gebrüllt, aber bei einer Generalprobe wird gebrüllt und geohrfeigt. Als ich kam, ohrfeigten sich gerade die beiden Herren Direktoren, wobei der Kneifer des einen zerschellte und das rechte Ohr des andern zu bluten begann. Inzwischen war jedoch der Kapellmeister mit vier Tonkünstlern erschienen, um eine Musikprobe abzuhalten, denn zur Einleitung sollte ein düsteres Tonstück gespielt werden. Er weigerte sich jedoch, diese Probe abzuhalten, es sei denn, man gebe ihm zehn Kronen Verschuß. Daraufhin versöhnten sich sofort die beiden Herren Direktoren und ohrfeigten gemeinsam den Kapellmeister. Infolgedessen bekam eine Schauspielerin einen hysterischen Schreikrampf.

Man führte sie jedoch auf die Bühne, und unter der erfrischenden Wirkung des kühlenden Regens beruhigte sie sich. Jetzt konnte die Probe beginnen, denn auch die beiden Herren Direktoren hatten sich inzwischen mit dem Kapellmeister versöhnt (ich weiß nicht, wen sie dann gemeinsam ohrfeigten). Im übrigen wäre ich auch beinahe geprügelt worden, denn am Schluß der Probe hielt ich an die Darsteller eine schöne Ansprache, in der ich ihnen dafür dankte, daß sie trotz der so ungünstigen Witterung so tapfer auf der Bühne ausgehalten hätten, und die Hoffnung aussprach, daß am Abend alles vortrefflich gehen werde, woraufhin vier Menschen von der Bühne sprangen und mich tätlich bedrohten, weil das, was ich gesagt hätte, ein böses Omen sei. Zum Glück blieb ich beim Hinausgehen an einem Nagel hängen und zerriß mir meinen neuen Rock, was ein gutes Omen ist.

Und es ging auch wirklich abends vortrefflich. Als der Vorhang gefallen war, klatschte Peter Altenberg wie besessen, was sechs Hervorrufe zur Folge hatte. Auch die Kritik am nächsten Tage war im ganzen recht günstig. Die meisten erkannten an, daß es eine gut inszenierte Wasserpantomime gewesen sei. Einige andere freilich waren wiederum weniger freundlich. So schrieb einer, daß diese Meiningereien denn doch schon aus der Mode seien, und bloße Pracht der Inszenierung genüge noch lange nicht, und solch protzige Ausstattung sei unkünstlerisch, und einer behauptete sogar, der Regen habe die symbolische Maeterlinckstimmung zerrissen.

Man sollte nun meinen, meine Regietätigkeit wäre damit erledigt gewesen. O nein, denn nach einiger Zeit kam ein Journalist und sagte, dieser Regen sei so natürlich gewesen, fast wie wirklich, und wie denn das gemacht werde, und er wolle darüber einen Artikel schreiben. Ich konnte ihm doch nun nicht sagen, daß ich mir bloß über einem durchlöcherten Blechstreifen den Mund ausgespült hatte und erwiderte daher: »Ja, die Sache ist ziemlich kompliziert, aber ich kann sie Ihnen verraten, denn ich habe bereits das Patent angemeldet. Also, Sie wissen doch, daß wir transversale Erdleitung haben, nicht wahr? Wenn also der Schaltstrom in das obere Relais eintritt, so geht er nicht, wie gewöhnlich, gleich in den Kommutator, sondern wird vorher über eine Primärspule geleitet. Hierdurch entsteht natürlich eine Stromschleife. Das Ganze ist aber in Verbindung mit einem longitudinalen Gestänge, das aus neutralem Kupfer hergestellt ist und daher wie ein Rezeptor wirkt. In dem Augenblick nun, wo der Transmitter den Empfängerdraht berührt, entsteht im Schließungskreis ein gleichgerichteter Polarisationsstrom, der Kollektor intermittiert: – und es regnet. Haben Sie alles genau begriffen?« – »O ja«, sagte der Journalist und verschwand. Er scheint aber doch nicht alles ganz genau begriffen zu haben, denn er schrieb nur ganz allgemein, im ›Intimen Theater‹ werde jetzt durch mehrere verwickelte Apparate ein elektrischer Regen mit Erdleitung erzeugt.

Man sollte nun meinen, meine Regietätigkeit wäre damit erledigt gewesen. O nein, denn nach längerer Zeit kam ein Mensch namens Franz R... und sagte, er habe ein großartiges Lokal gemietet, in dem modern-ästhetische Kurse stattfinden sollen, und ob ich über moderne Regie sprechen wolle, und zwar mit besonderer Berücksichtigung der modernen Theatermalerei. Ich wollte ihm zunächst sagen, daß ich zwar von der Regie nicht das geringste verstehe, daß das aber noch gar nichts sei gegen die Malerei, von der ich überhaupt am wenigsten von allen lebenden Menschen verstehe, und daß ich noch nie in einer Gemäldegalerie gewesen bin, und daß ich überhaupt gegen die menschliche Tätigkeit der Malerei im Prinzip bin, und daß ich meine sechswöchige Reise in Italien ausschließlich zum Studium der Weinsorten benützt habe, und überhaupt und so; er ließ mich aber gar nicht zu Worte kommen, sondern sagte, die Prinzipien der modernen Malerei müßten endlich in die Massen getragen werden, und die Prinzipien der modernen Regie müßten endlich in die Massen getragen werden, und das Lokal sei großartig, und dann sagte er etwas von einhundert Kronen, und schließlich dachte ich mir: warum soll ich denn eigentlich Geld verlieren, bloß weil ich zufällig nichts von Regie und Malerei verstehe, und richtig war schon bald darauf in den Zeitungen und auf den Plakaten ein Vortrag von mir annonciert: ›Modern-ästhetische Regie, ihre Aufgaben und letzten Ziele, mit besonderer Berücksichtigung ihrer malerischen Probleme.‹

Vor einigen Tagen bekam ich jedoch eine Postkarte. Auf dieser stand: ›Euer Wohlgeboren! Im Auftrage des Herrn Franz R... erlaube ich mir Ihnen mitzuteilen, daß die Frau Koplatschek, der, was das Lokal gehört, plötzlich eine Alternative bekommen hat und deshalb die Vorträge nicht stattfinden können. Ergebenst N. N.‹

Ich weiß nun zwar nicht, was ›Alternative‹ für eine Krankheit ist – offenbar so eine von den modernen, neurasthenischen – aber ich hoffe, damit wird doch endlich meine Regietätigkeit erledigt sein.

CHRISTIAN MORGENSTERN

Die Bierkirche

Eine Berliner Szene

Professor Steinhofer; Erich Kalkschmidt, Empfangszimmer bei Steinhofer.

KALKSCHMIDT: Guten Tag. Mein Name ist Kalkschmidt.

PROF. STEINHOFER: Mir ein großes Vergnügen. Was verschafft mir die Ehre?

KALKSCHMIDT: Sie kennen mein Etablissemang ja woll, Herr Professor.

PROF. STEINHOFER: Versteht sich. Mein Sohn ist sogar Stammgast –

KALKSCHMIDT: Stimmt. Also die Sache ist die. Ich will mir nämlich vergrößern.

PROF. STEINHOFER: Ja, ich hörte schon.

KALKSCHMIDT: So.

PROF. STEINHOFER: Sie haben doch das Grundstück Ecke Motzstraße gekauft?

KALKSCHMIDT: Jawoll. Und Sie, Herr Professor, Sie möcht ich mir jetzt noch dazu kaufen, verzeihen die Ausdrucksart. Aber ich bin n Mann aus dem Volke – ich habe als Brauknecht angefangen – und geh immer gleich gern aufs Ganze.

PROF. STEINHOFER: Ich stehe Ihnen völlig zur Verfügung; Sie wollen also dort ein neues Restaurant –

KALKSCHMIDT: Restaurang? Nee. Was ich jetzt habe in der Jägerstraße is 'n Restaurang, aber das an der Motzstraße, das soll eins der großartigsten Gebäude von Berlin werden. Deswegen komm ich ja auch zu Ihnen, Herr Professor.

PROF. STEINHOFER: Sehr schmeichelhaft. Etwas Ähnliches demnach wie ›Altbayern‹, wie?

KALKSCHMIDT: Sehn Se, Herr Professor, jetz haben wer's. Nur mit der einzigsten Unterscheidung, daß an mein Projekt, so wie ich mir die Sache denke, ›Altbayern‹ und ›Rheingold‹ zusammen noch nicht mal tippen können.

PROF. STEINHOFER: Sie machen mich ja höchst neugierig.

KALKSCHMIDT: Also kurz –! Das Grundstück kennen Sie?

PROF. STEINHOFER: Ja.

KALKSCHMIDT: Platz haben Sie also genug zum Bauen. Es muß aber auch so sein. Denn was ich will, das ist, –– kurz und gut, Herr Professor, ich möcht' das Haus so haben wie ne Kirche!

PROF. STEINHOFER: Wie meinen Sie das, Herr Kalkschmidt?

KALKSCHMIDT: Akkurat so wie ichs sage. Von außen wie von innerlich soll es ne Kirche sein, und zwar ne schöne Kirche, nich bloß so wie die Kaiser Wilhelm Gedächtnis, nee, so ne Kirche, wie se in Venedig sind mit prächtigen Bildern und alles vergoldet und gemalter Plafong und echter Carrara und alte Schnitzereien und Säulen und bunte Fenster mit Heiligen –

PROF. STEINHOFER: Ich verstehe Sie absolut nicht. Sie können doch einen Bierpalast nicht in Form einer Kirche bauen; Sie meinen offenbar einen Phantasiebau mit einem Saal darin oder einer Halle meinetwegen – kirchlichem Charakter sich nähernd – oder vielleicht so ner Art Klosterrefektorium – oder so was Ähnlichem, nicht?

KALKSCHMIDT: Nee, nee. Ich meine ganz richtig ne Kirche – ne richtige Kirche mit Schiff, oder wie mans nennt, und Seitenkapellen und Balkongs und Kanzel und Orgelorchestrion und, nicht zu vergessen, n Turm mit ner Glocke drin, aber det alles zur Abwechslung mal nicht für Leute, die beten wollen oder dergleichen, sondern für solche, die mein Bier trinken und meine Menüs essen.

PROF. STEINHOFER: Ja, aber das können Sie doch nicht, lieber Herr Kalkschmidt.

KALKSCHMIDT: Warum kann ich nich? Geld spielt keine Rolle. Können nur Sie, Herr Professor; ich kann alles. Sie können zwölf Millionen, Sie können auch vierundzwanzig Millionen verbauen. Das kommt bei meine Herrn modernen Berliner alles wieder 'rein. Das is ne Rasse, die wo mit sich leben läßt. Aber zu nehmen wissen muß man se. Bloß immer was Neues, was, wo er's Maul aufreißt. Is das erst offent, denn hat auch mein Bier n Abfluß, und det zweite, was er denn aufreißt, is sein Jeldbeutel. Aber solide, das versteht sich. Nich so, wie früher, Ramschbazar. Alles echt, Stoffe, Marmor, feine Hölzer, gute Arbeit, modernstes Kunstjewerbe, tadellose Küche, Extrajarderobe, betreßte Diener, dabei zivile Preise, mit einem Wort: Dat Beste ist gerade gut jenug. Un deswegen bleib ich nich erst beim Rittersaal und beim japanischen Jötzentempel, deswegen geh ich gleich lieber aufs Janze und sage: Baut Ihr Bierpaläste und Weinschatôs, so viel Ihr wollt, ich baue ne Bier*kirche*. Ob Se die nu romanisch machen, Herr Professor, oder jotisch oder maurisch oder was es sonst noch jiebt, das is mir – Sie verzeihen den Volksausdruck – Seefe. Hauptsache is die Pracht, die Se dabei herausspringen lassen. Sehen Se, ich dacht ja zuerst was anderes. Ich dacht mer so als Hauptzugstück nen sogenannten Talersaal, d. h. nen Saal, wo alle vier Wände mit außer Kurs gesetzten Talerstücken gepflastert sind, immer ein Taler neben dem andern. Se könn'n sich leicht ausrechnen, was das gekost' haben würde. Aber ne Kirche ist noch besser, ne Kirche zieht noch ganz anders. Passen Se Achtung, da kommen se von Frankfurt bis Neustrelitz, ja wat sage ich, bis von Stettin und von Hamburg werd'n se am Sonntag rüberkommen und in meine Kirche laufen.

PROF. STEINHOFER: Sie haben mich vorhin mißverstanden, verehrter Herr. Ich meine, Sie können Ihr Projekt vor allem deshalb nicht durchführen, weil Sie zu so was nie und nimmer die behördliche Erlaubnis bekommen.

KALKSCHMIDT: Nich! Was Sie sagen, Herr Professor. Aber verzeihen Sie, Sie sind n idealer Künstler und leben so, so – wie soll ich sagen – so'n bißchen in den Wolken; – vom richtigen Leben aber, so wie es wirklich is, da glaub ich, versteh ich n ganz klein bißchen mehr, ich, Erich Kalkschmidt, ehemaliger Braugeselle aus Schöneberg.

PROF. STEINHOFER: Na, wenn Sie meinen.

KALKSCHMIDT: Denn sehn Se, Geld is ne Macht, die macht alles. Die Genehmigung die lassen Se *mir* man über. Vorderhand möcht ich bloß erst mal Ihre Einwilligung in meinen Auftrag haben, Herr Professor.

PROF. STEINHOFER: Ja, es tut mir furchtbar leid, Herr Kalkschmidt. Ich will Ihnen jeden Bierpalast bauen, den Sie wollen und in welchem Stil Sie wollen, und wenn's ne getreue Nachbildung der Cheopspyramide sein soll – aber eine Kirche in der Art, wie Sie meinen, kann ich Ihnen nicht bauen.

KALKSCHMIDT: Nich! – Na denn nich. Und das is Ihr letztes Wort?

PROF. STEINHOFER: Ja, es muß das sein. Ihre Idee ist unausführbar. Das wird Ihnen jeder sagen, und Sie werden es mit der Zeit wohl auch selbst einsehen.

KALKSCHMIDT: Na, darauf wollen wir's mal ankommen lassen, Herr Professor. Es gibt, verzeihen Sie, noch viele Professoren.

PROF. STEINHOFER: Hm.

KALKSCHMIDT: Na; denn empfehle ich mir erjebenst.

PROF. STEINHOFER: Hoffentlich – auf Wiedersehen, Herr Kalkschmidt!

KALKSCHMIDT: Ich glaube schwerlich. Sie kennen det moderne Berlin nicht, Herr Professor. – Ihr Diener! –

Von Dichtern und Denkern

»Mein Lieber, ich glaube nicht, daß es etwas Intellektuelles ist – sie sind von der Universität.«

Tja --!

Eine bunte Gesellschaft, wie sie die Sommerfrische zusammenführt, saß im Postgarten zu Binswang und freute sich des schönen Abends und führte kluge Gespräche über dies und das. Alle Anwesenden vorzustellen, wäre ermüdend, denn es waren zwei lange Tische, an denen in dichter Folge Männer und Frauen saßen, und es genügt hier zu sagen, daß ein Kommerzienrat Diestelkamp aus Barmen wie auch ein Landgerichtsdirektor Höfler aus Fürth und ein pensionierter Hauptmann darunter waren und dem Kreise das Gepräge der besseren Gesellschaft verliehen.

Auch das bedeutende oder interessante Element fehlte nicht, da am Vormittage der bekannte Schriftsteller Harry Mertens eingetroffen war, dessen lyrische Gedichte und Versdramen nicht erst hervorgehoben werden müssen.

Er saß neben seiner Frau, die ihn an Stattlichkeit bei weitem übertraf, denn er war eine kleine semmelblonde Erscheinung mit kreisrunden blauen Augen und einem merkwürdig entsagungsvollen Lächeln um den süßen Dichtermund, während sie einen heftig arbeitenden Busen und pralle Arme und ein Doppelkinn hatte.

Die Gesellschaft würdigte vollkommen die Ehre, mit einem gedruckten, besprochenen und aufgeführten Genius unseres Volkes an einem Tische zu sitzen, und nicht nur waren es die Damen, welche mit leuchtenden Augen an ihm hingen, sondern auch die Herren Diestelkamp und Höfler legten eine mit Neugierde vermischte Ehrerbietung an den Tag.

Man hatte unmittelbar nach Mertens' Ankunft nicht geahnt, mit wem man es zu tun hatte, und Frau Mertens hatte nicht früher als beim ersten Mittagsmahle Gelegenheit gefunden, solche Bemerkungen hinzustreuen, welche allgemeine Aufklärung verschafften, indem sie laut nach einer Zeitung rief und den Semmelblonden fragte, ob nichts von ihm oder über ihn darin stünde. Sie wiederholte die Frage, schlug die stark rauschenden Blätter hastig um, überflog das Gedruckte und sagte, daß zu ihrer Verwunderung keine Notiz zu finden sei.

Sie beruhigte sich erst, als die Pfeile saßen und von den Nebentischen forschende Blicke ihren Mann streiften, der seine Suppe aß und sich apathisch wie ein dem Publikum vorgezeigter Menagerielöwe verhielt.

Frau Mertens warf zwischen Rindfleisch und Mehlspeise und zwischen Mehlspeise und Kaffee noch mehrmals die Angel aus, und als man sich erhob, biß Frau Direktor Höfler an und erhielt auf schüchterne Fragen eine erschöpfende Belehrung über das Stück Literaturgeschichte, welches der Zufall in ihren Kreis geworfen hatte.

Am Abend war dann alle Welt so unterrichtet, daß sie dem Dichter Bewunderung zeigen und Kenntnis seiner Werke heucheln konnte. »Woher nehmen Sie Ihre Stoffe?« fragte Landgerichtsdirektor Höfler, der hier zum ersten Male einen Genius inquirieren konnte und entschlossen war, das Wesen der Schriftstellerei zu zerlegen. »Bietet sich Ihnen der Stoff, wenn ich so sagen darf, zufällig dar, oder erfassen Sie durch einen Willensakt die Materie, der Sie dann poetische Form verleihen?«

»Tja ...«, sagte der Dichter.

»Ich meine, gehen Sie mit Überlegung und Absicht an das Objekt heran, oder drängt es sich unabhängig und gewissermaßen fertig Ihrem subjektiven Empfinden auf, oder ...«

»Tja ...«, sagte der Dichter.

»Oder«, wiederholte Höfler mit erhobener Stimme, denn er liebte es nicht, unterbrochen zu werden, »oder ist die Produktion in ihrem ersten Stadium ein von den den Willen bildenden Momenten unabhängiger Vorgang Ihrer Fantasie, welcher dann erst in seinem späteren Verlaufe in den Bereich Ihrer geistigen Machtsphäre gelangt und so Ihrem formenden Verstande unterworfen wird?«

»Er macht alles mit der Fantasie«, warf Frau Mertens ein, »er sitzt oft den ganzen Tag da und hat bloß Fantasie im Kopf; und dann kann man mit ihm reden, was man will – er hört einen nicht.«

»Das wäre also ein passiv empfangener Vorgang, der zeitlich dem aktiv gestaltenden vorausgeht«, bestätigte Direktor Höfler und sammelte zustimmendes Kopfnicken ein, indem er die Tafel entlang blickte.

»Ich denke es mir furchtbar interessant«, sagte Frau Kommerzienrat Diestelkamp, »wie so eine Dichtung entsteht; das muß zu spannend sein! Was hat man da nun eigentlich für ein Gefühl dabei?«

»Tja...«, sagte der Dichter.

»Das kann ich Ihnen ganz genau sagen, was wir da für ein Gefühl haben«, warf wiederum Frau Mertens ein. »Zuerst, wenn wir anfangen, ist es sehr nett, weil man sich darauf freut, und dann in der Mitte wird es traurig, weil es oft nicht geht, aber dann, wenn es heraußen ist, sind wir wieder froh.«

»Ich kann mir das sehr gut vorstellen«, meinte Frau Diestelkamp, »zuerst und dann...«

»So daß wir gewissermaßen drei Momente der aktiven Gestaltung unterscheiden«, warf der Direktor in erklärender Weise ein, »der von Hoffnungen getragene Beginn, das behinderte Werden und die Erleichterung der Vollendung.«

»Ja, ich bin immer erleichtert, wenn er es heraußen hat, denn Sie glauben nicht, was man als Frau dabei aussteht. Beim zweiten Akt ist es am ärgsten, weil man da immer steckenbleibt. Beim ersten hat er noch Appetit und schläft gut und hat auch seinen regelmäßigen Stuhlgang. Sie entschuldigen, wenn ich das erzähle...«

»Aber ich bitte Sie, es ist ja so interessant«, unterbrach hier Frau Diestelkamp die lebhafte Dichtersgattin, welche sogleich fortfuhr: »Ja, beim ersten Akt ist alles in Ordnung, aber sowie der zweite angeht, ißt er weniger und wacht mitten in der Nacht auf und verliert seine Regelmäßigkeit und verändert sich überhaupt. Ich kenne es sofort, wenn der zweite Akt angeht, und ich sage dann zu meiner Köchin, daß sie leichtverdauliche Speisen kocht und daß mir immer Kompott auf den Tisch kommt, und ich lasse ihn dann auch fleißig Hunyadywasser trinken, bis wir den zweiten Akt heraußen haben, denn der dritte geht schon wieder viel leichter. Er kriegt dann eine bessere Gesichtsfarbe und schwitzt auch nicht mehr so stark in der Nacht.«

»Also die Lösung des Knotens gestaltet sich weniger schwierig, Herr Mertens?« wandte sich der Direktor an den Mann, der sich teilnahmslos erklären ließ.

»Tja...«, antwortete dieser und schnitt an seinem Rettich weiter. Seine Frau aber ließ den Faden nicht aus der Hand gleiten.

»Der dritte Akt geht auch viel schneller. Wir haben höchstens vierzehn Tage Arbeit damit. Heuer, beim ›Barbarossa‹, haben wir drei Wochen gebraucht, weil eine Szene vorkam, wo sich alles reimen mußte. Ich habe es ihm gleich gesagt, daß wir steckenbleiben; aber es war eine Liebeserklärung, und da hat er es so im Kopf gehabt. Ein paar Tage hat es gefährlich ausgesehen, und meiner Köchin ist es auch aufgefallen. Sie hat mich gleich gefragt: ›Was hat denn der gnä Herr? Es wird doch um Gottes willen nicht schon wieder einen zweiten Akt geben?‹ ›Nein‹, sagte ich, ›Lina, den haben wir dieses Jahr glücklich hinter uns, aber es muß sich vier oder fünf Seiten voll reimen, und Sie können ja für morgen eine Eierspeise mit Pflaumenmus richten, und wenn es dann noch nicht besser wird, wollen wir schon sehen.‹ Aber zum Glück waren dann am andern Tag die Verse heraußen, und es ging wieder von selbst.«

Die Frauen der Tafelrunde hatten mit großem Ernste zugehört und nickten nun verständnisvoll mit den Köpfen.

»So lebt man doch eigentlich als Frau die Werke seines Mannes mit!« unterbrach Frau Direktor Höfler das kurze Schweigen.

»Ich kann es mir so gut vorstellen!« sagte Frau Kommerzienrat Diestelkamp.

»Sie dürfen mir glauben, daß ich als Frau meinen Kopf beisammen haben muß, wenn *er* dichtet.«

Frau Merten zeigte bei diesen Worten auf ihren Gatten, der kindlich lächelnd seinen Rettich einsalzte. »Ich muß an alles denken, und mich trifft es viel härter wie ihn. Er sitzt einfach in seinem Zimmer und schreibt, aber ich habe die Haushaltung und muß genau achtgeben, daß wir noch waschen und reinemachen, bevor der zweite Akt angeht, denn dann ist keine Zeit mehr zu so was, und es muß gut eingeteilt werden. Wie wir den ›Perikles‹ gedichtet haben, sind wir mit dem Stöbern gerade noch drei Tage in den zweiten Akt hineingekommen, und ich kann Ihnen bloß sagen, ich möchte das nicht wieder erleben, und ich habe auch beim ›Theodorich‹ eine zweite Zugeherin genommen, daß wir nur ja schnell fertig geworden sind.«

»Wie interessiert«, rief Frau Diestelkamp aus, »es wird einem alles so nähergebracht. Ich habe bis jetzt gar keine rechte Vorstellung gehabt, wie es wohl in Dichterfamilien ist, und nun verstehe ich manches.«

»Sie müssen aber trotzdem sehr glücklich sein«, fügte Frau Höfler hinzu. »Als Gattin eines Dichters! Ich stelle mir das entzückend vor.«

»Ich möchte mit niemand tauschen«, erwiderte Frau Mertens, »obschon manches vorkommt, was einem Sorgen macht. Denken Sie sich, wir haben fünfzehn Jahre lang romantisch gedichtet, und jetzt geht das nicht mehr, und wir müssen modern schreiben, oder realistisch, wie man auch sagt. Das ist ein Schlag, kann ich Sie versichern! Mein Mann wollte noch immer nicht, aber was kann man gegen die Kritiker machen?«

»Erlauben Sie mir die Bemerkung, gnädige Frau, daß ich da ganz auf Seite Ihres verehrten Gemahls stehe«, rief Herr Diestelkamp, »wir wollen gerade in unserer nüchternen Zeit die Romantik nicht missen, und wir suchen bei unsern Dichtern die herrliche Quelle der... den... den Ritt in... ich wollte sagen, wir wollen immer noch einen Trunk aus der romantischen Quelle schlürfen.«

»Es geht nicht«, sagte Frau Mertens mit einer Schärfe, die erraten ließ, daß man hier auf ein eheliches Streitthema gekommen war; »es geht durchaus nicht. Das nächste Stück muß er modern schreiben. Ich will nicht, daß die Zeitungen noch einmal von veralteter Manier schreiben, oder daß die Frau Nathusius die Nase rümpft, wenn sie mir begegnet, weil ihr Mann schon dreimal hochmodern gedichtet hat.«

»Aber die romantische Muse Ihres Mannes wird sich dagegen sträuben«, sagte Direktor Höfler.

»Sie *hat* sich gesträubt«, rief die streitbare Frau und blickte dabei mit einiger Strenge auf ihren Mann, der den endlich weinenden Rettich aß; »sie *hat* sich allerdings gesträubt, aber das ist jetzt vorbei. Ich muß es auch aushalten, und wenn es noch schlimmer wird bei den zweiten Akten.«

»So geben also auch Sie den Ritt ins alte romantische Land auf?« fragte Diestelkamp, der sich auf das Zitat besonnen hatte, mit starkem Pathos.

»Tja...«, antwortete der Dichter.

ROALD DAHL

Der große automatische Grammatisator

»Ach, da sind Sie ja, Knipe, mein Junge. Jetzt, wo wir's geschafft haben, wollte ich Ihnen doch sagen, wie sehr ich mit Ihrer Arbeit zufrieden bin.«

Adolph Knipe stand vor Mr. Bohlens Schreibtisch. Nach seiner unbewegten Miene zu urteilen, war er keineswegs begeistert.

»Freuen Sie sich denn nicht?«

»O doch, Mr. Bohlen.«

»Wissen Sie schon, was die Morgenzeitungen darüber geschrieben haben?«

»Nein, Sir.«

Der Mann hinter dem Schreibtisch nahm eine zusammengefaltete Zeitung zur Hand und las vor: »›Der Bau des großen Elektronengehirns, das die Regierung vor einiger Zeit in Auftrag gab, wurde soeben abgeschlossen. Diese elektronische Rechenmaschine ist vermutlich die schnellste der Welt. Sie erledigt in kürzester Zeit komplizierte mathematische Berechnungen, die von Naturwissenschaft, Industrie und Verwaltung in immer stärkerem Maße benötigt werden und deren Durchführung mit Hilfe der traditionellen Methoden physisch unmöglich wäre oder mehr Zeit in Anspruch nehmen würde, als die Probleme rechtfertigten. Eine Vorstellung von der Geschwindigkeit, mit der die neue Maschine arbeitet – so sagte uns Mr. John Bohlen, der Chef der *Electrical Engineering Inc.*, der die Konstruktion vor allem zu danken ist –, mag die Tatsache vermitteln, daß sie in fünf Sekunden die richtige Antwort auf eine Frage gibt, mit der sich ein Mathematiker einen Monat lang beschäftigen müßte. In drei Minuten liefert sie eine Berechnung, die schriftlich ausgeführt (wenn das möglich wäre) eine halbe Million Seiten in Folioformat füllen würde. Elektrische Stromstöße – eine Million je Sekunde – befähigen das Elektronengehirn, sämtliche Aufgaben zu lösen, bei denen Additionen, Subtraktionen, Multiplikationen und Divisionen erforderlich sind. Der praktischen Anwendung sind keine Grenzen gesetzt...‹«

Mr. Bohlen sah auf und blickte in das längliche, melancholische Gesicht des jüngeren Mannes. »Sind Sie nicht stolz, Knipe? Sind Sie nicht glücklich?«

»O doch, Mr. Bohlen.«

»Ich brauche Sie wohl nicht daran zu erinnern, daß Ihre Mitarbeit, besonders an den ursprünglichen Plänen, von entscheidender Bedeutung war. Ja, ich bin sogar der Meinung, daß ohne Sie und einige Ihrer Ideen dieses Projekt heute noch auf dem Reißbrett stünde.«

Adolph Knipe scharrte mit den Füßen auf dem Teppich und betrachtete die kleinen weißen Hände seines Chefs, die nervösen Finger, die mit einer Büroklammer spielten, sie aufbrachen und die Windungen geradebogen. Er mochte die Hände des Mannes nicht. Und ebensowenig mochte er seinen winzigen Mund mit den schmalen purpurroten Lippen. Wenn Mr. Bohlen sprach, bewegte sich nur die Unterlippe, und das sah scheußlich aus.

»Bedrückt Sie irgend etwas, Knipe? Haben Sie Sorgen?«

»O nein, Mr. Bohlen. Nein.«

»Wie wär's mit einer Woche Urlaub? Würde Ihnen guttun. Sie haben sich's redlich verdient.«

»Ach, ich weiß nicht, Sir...«

Der ältere Mann wartete, den Blick auf die lange, hagere Gestalt gerichtet, die so lasch vor ihm stand. Ein schwieriger Bursche, dieser Knipe. Warum konnte er sich nicht geradehalten? Immer ließ er die Schultern hängen. Und schlampig war er, mit Flecken auf der Jacke und ungekämmtem Haar.

»Ich möchte, daß Sie Urlaub nehmen, Knipe. Sie haben ihn nötig.«

»Schön, Sir. Wenn Sie es wünschen.«

»Nehmen Sie eine Woche. Zwei Wochen, wenn Sie Lust haben. Fahren Sie irgendwohin, wo es warm ist. Legen Sie sich in die Sonne. Schwimmen Sie. Spannen Sie mal so richtig aus. Schlafen Sie, soviel Sie nur können. Wenn Sie dann zurückkommen, unterhalten wir uns über Ihre Zukunft.«

Adolph Knipe fuhr mit dem Bus nach Hause. In seiner

Zweizimmerwohnung warf er den Mantel auf das Sofa, goß sich einen Whisky ein und setzte sich vor die Schreibmaschine, die auf dem Tisch stand. Mr. Bohlen hatte recht. Natürlich hatte er recht. Nur daß er keine Ahnung hatte, was wirklich los war. Vermutlich dachte er, daß eine Frau im Spiel sei. Wenn ein junger Mann bedrückt ist, denkt jeder, es sei wegen einer Frau.

Er beugte sich vor, um das halb beschriebene Blatt durchzulesen, das in der Maschine steckte. Die Überschrift lautete: ›Mit knapper Not entkommen‹, und der Text fing an: ›*Die Nacht war dunkel und stürmisch, der Wind pfiff durch die Bäume, es regnete in Strömen . . .*‹

Adolph Knipe trank einen Schluck Whisky, kostete den malzig bitteren Geschmack aus, fühlte, wie ihm die kalte Flüssigkeit die Kehle hinunterrann und sich im oberen Teil des Magens sammelte, bevor sie sich ausbreitete und eine kleine warme Zone in seinem Innern erzeugte. Ach, zum Teufel mit Mr. John Bohlen. Zum Teufel mit dem großartigen Elektronengehirn. Zum Teufel mit . . .

Seine Augen und sein Mund öffneten sich langsam, wie in höchster Verwunderung. Langsam hob er den Kopf, und so blieb er vierzig, fünfzig, sechzig Sekunden regungslos sitzen, während er mit einem geradezu ungläubig erstaunten, dabei aber ganz festen, gleichsam gesammelten Blick auf die gegenüberliegende Wand starrte. Dann (ohne daß er den Kopf bewegt hätte) veränderte sich allmählich der Ausdruck seines Gesichts, kaum merklich zunächst, nur an den Mundwinkeln sichtbar, bald jedoch immer ausgeprägter, immer umfassender, bis schließlich das ganze Gesicht von äußerstem Entzücken überstrahlt war. Das Staunen hatte der Freude Platz gemacht. Es war das erste Mal seit vielen, vielen Monaten, daß Adolph Knipe lächelte.

»Natürlich ist es völlig idiotisch«, sagte er laut. Wieder lächelte er und entblößte dabei auf eine seltsam sinnliche Weise die Zähne.

»Eine wunderbare Idee, aber so undurchführbar, daß es sich wirklich nicht lohnt, darüber nachzudenken.«

Von nun an dachte Adolph Knipe über nichts anderes mehr nach. Die Idee faszinierte ihn ungemein, anfangs nur deswegen, weil er sich ausmalte, wie schön es wäre, mit ihrer Hilfe an seinen schlimmsten Feinden teuflische Rache zu nehmen. Unter diesem Gesichtspunkt spielte er vielleicht zehn oder fünfzehn Minuten mit ihr; dann ertappte er sich plötzlich dabei, daß er sie allen Ernstes als praktische Möglichkeit in Betracht zog. Er machte sich ein paar vorbereitende Notizen auf einem Blatt Papier. Aber er kam nicht weit. Er fand sich fast sofort mit der altbekannten Tatsache konfrontiert, daß eine Maschine, so hochentwickelt sie auch sein mag, nicht selbständig denken kann. Sie kann nur Aufgaben lösen, die sich in mathematischen Begriffen ausdrücken lassen – Aufgaben, deren Lösung ein für allemal feststeht.

Das war eine harte Nuß. Er kam nicht darum herum: Eine Maschine hat keinen Verstand. Aber es gibt Menschen, die ein Gedächtnis haben, nicht wahr? Das Elektronengehirn der *Electrical Engineering Inc.* zum Beispiel hatte ein fantastisches Gedächtnis. Es konnte, einfach indem es elektrische Impulse durch eine Quecksilbersäule in hochfrequente Wellen verwandelte, mindestens tausend Zahlen auf einmal speichern und jede von ihnen genau in dem Augenblick abrufen, in dem sie gebraucht wurde. Sollte es also nicht möglich sein, nach diesem Prinzip ein Wort-Speicherwerk von nahezu unbegrenztem Fassungsvermögen zu bauen?

Wie stand es damit?

Plötzlich schoß ihm ein Gedanke durch den Kopf, eine simple, aber überwältigende Wahrheit: Die *englische Grammatik ist Regeln unterworfen, die in ihrer Strenge fast mathematisch sind!* Wenn die Wörter feststehen, wenn der Sinn dessen, was gesagt werden soll, feststeht, gibt es nur *eine* mögliche Reihenfolge, in der diese Wörter angeordnet werden können.

Nein, dachte er, das stimmt nicht ganz. Sehr oft gibt es für die Stellung von Wörtern und Salzteilen mehrere Möglichkeiten, die alle grammatisch korrekt sind. Na wenn schon! An der Theorie selbst ist nicht zu rütteln. Folglich muß sich eine Maschine, die nach dem Prinzip des Elektronengehirns gebaut ist, so einrichten lassen, daß sie Wörter (statt Zahlen) den grammatischen Regeln entsprechend anordnet. Füttere sie mit Verben, Substantiven, Adjektiven, Pronomen, so daß sich im Speicherwerk ein Wortschatz bildet, und sorge dafür, daß diese Wörter je nach Bedarf abgerufen werden können. Gib ihr dann noch ein Handlungsgerüst und überlaß es ihr, die Sätze zu schreiben.

Knipe war jetzt nicht mehr zu halten. Er machte sich unverzüglich ans Werk, und die nächsten Tage waren mit intensiver Arbeit ausgefüllt. Überall im Wohnzimmer lagen Papiere verstreut: Formeln und Berechnungen; Listen mit Wörtern, Tausenden und aber Tausenden von Wörtern; Handlungsgerüste von Kurzgeschichten, auf eigenartige Weise in Fragmente zerlegt; lange Auszüge aus *Rogets Thesaurus;* Seiten und Seiten mit männlichen und weiblichen Vornamen; Abschriften und Familiennamen aus dem Telefonbuch; komplizierte Zeichnungen von Leitungsdrähten, Stromkreisen, Schaltern und Kathodenröhren, von Maschinen, die unterschiedlich geformte Löcher in kleine Karten stanzen konnten, von einer elektrischen Schreibmaschine, deren Leistung sich auf zehntausend Wörter in der Minute belief, und von einer Art Schaltbrett mit kleinen Tasten, unter denen die Namen bekannter amerikanischer Magazine standen.

Er arbeitete in Hochstimmung, ging inmitten dieses Wirrwarrs von Papieren auf und ab, rieb sich die Hände und führte laute Selbstgespräche. Manchmal rümpfte er angewidert die Nase und stieß wilde Verwünschungen aus, in denen unweigerlich das Wort ›Redakteur‹ vorkam. Nach fünfzehn Tagen rastloser Arbeit packte er sämtliche Papiere in zwei große Mappen, mit denen er sich – beinahe im Laufschritt – in das Büro von John Bohlen, *Electrical Engineering Inc.*, begab.

Mr. Bohlen freute sich sehr, ihn wiederzusehen.

»Hallo, Knipe. Na, Sie sehen ja hundert Prozent besser aus. War's schön im Urlaub? Wo sind Sie denn gewesen?«

Unverändert häßlich und schlampig, dachte Mr. Bohlen. Warum steht er nicht gerade? Immer dieser krumme Rükken... »Wirklich, Sie sehen hundert Prozent besser aus, mein Junge.« Möchte bloß wissen, warum er so grinst. Und seine Ohren scheinen von Mal zu Mal größer zu werden.

Adolph Knipe legte die Mappen auf den Schreibtisch.

»Hier, Mr. Bohlen!« rief er. »Sehen Sie sich das an!«

Und nun ging es los. Er öffnete die Mappen, breitete die Pläne vor dem erstaunten kleinen Mann aus, berichtete, erzählte, erklärte, bis er endlich, nach einer guten Stunde, fertig war. Atemlos, mit gerötetem Gesicht trat er einen Schritt zurück und wartete auf das Urteil.

»Wissen Sie was, Knipe? Ich glaube, Sie haben nicht alle Tassen im Schrank.« Sei vorsichtig jetzt, ermahnte sich Mr. Bohlen. Faß ihn behutsam an. Der Bursche ist wertvoll für uns. Wenn er nur nicht so gräßlich aussähe mit diesem Pferdegesicht und den großen Zähnen. Und Ohren hat er – wie Rhabarberblätter.

»Aber Mr. Bohlen! Es geht! Ich hab's Ihnen doch bewiesen! Das können Sie nicht abstreiten!«

»Immer mit der Ruhe, Knipe. Immer mit der Ruhe. Hören Sie mir erst mal zu.«

Adolph Knipe sah seinen Chef an und verabscheute ihn mit jeder Sekunde mehr.

»Diese Idee«, sagte Mr. Bohlens Unterlippe, »ist sehr gescheit – ich möchte beinahe sagen genial –, und sie bestätigt nur meine hohe Meinung von Ihren Fähigkeiten, Knipe. Aber Sie dürfen das alles nicht zu ernst nehmen, mein Junge. Was kann uns Ihre Erfindung schon nützen? Wer in aller Welt braucht eine Maschine, die Kurzgeschichten schreibt? Und wo steckt da Geld drin? Können Sie mir das sagen?«

»Darf ich mich setzen, Sir?«

»Natürlich, nehmen Sie Platz.«

Adolph Knipe hockte sich auf die Kante eines Stuhls. Der Ältere beobachtete ihn mit wachsamen braunen Augen und harrte der Dinge, die da kommen sollten.

»Wenn Sie gestatten, Mr. Bohlen, möchte ich Ihnen erklären, wie ich auf die ganze Geschichte verfallen bin.«

»Schießen Sie los, Knipe.« Man muß ein bißchen auf ihn eingehen, dachte Mr. Bohlen. Der Junge ist ja für uns sein Gewicht in Gold wert. Ein unersetzlicher Mitarbeiter, geradezu ein Genie. Wenn ich mir nur diese Papiere hier ansehe... Das verschlägt einem doch glatt die Sprache. Eine erstaunliche Arbeit. Natürlich völlig sinnlos. Ohne geschäftlichen Wert. Aber sie beweist wieder einmal, wie begabt der Bursche ist.

»Ich ... ich muß Ihnen etwas gestehen, Mr. Bohlen. Dann werden Sie vielleicht begreifen, warum ich immer so ... na, eben so deprimiert bin.«

»Sagen Sie mir alles, was Sie bedrückt, Knipe. Ich bin dazu da, Ihnen zu helfen – das wissen Sie doch.«

Der junge Mann krampfte die Hände ineinander und preßte die Ellbogen gegen die Rippen. Ihm schien plötzlich sehr kalt zu sein.

»Sehen Sie, Mr. Bohlen, die Sache ist so, daß mir eigentlich nicht viel an meiner Arbeit hier liegt. Ich weiß, daß ich sie gut mache, aber offen gestanden, mit dem Herzen bin ich nicht dabei. Es ist nicht das, wovon ich immer geträumt habe.«

Mr. Bohlens Augenbrauen schnellten hoch wie eine Sprungfeder. Sein Körper erstarrte.

»Sehen Sie, Sir, ich wäre so schrecklich gern Schriftsteller geworden.«

»Schriftsteller?«

»Ja, Mr. Bohlen. Ob Sie es glauben oder nicht, ich verwende jedes bißchen Freizeit darauf, Geschichten zu schreiben. In den letzten zehn Jahren habe ich Hunderte, buchstäblich Hunderte von Kurzgeschichten geschrieben. Fünfhundertsechsundsechzig, um genau zu sein. Etwa eine pro Woche.«

»Um Himmels willen, Mann! Wozu denn das?«

»Ich weiß nur, Sir, daß ich den Drang dazu habe.«

»Was für einen Drang?«

»Den schöpferischen Drang, Mr. Bohlen.« Jedesmal wenn er aufblickte, sah er Mr. Bohlens Lippen. Sie wurden immer dünner, immer röter.

»Und darf ich fragen, was Sie mit diesen Geschichten machen, Knipe?«

»Ach, Sir, das ist es ja gerade. Niemand will sie kaufen. Wenn ich eine fertig habe, schicke ich sie reihum, von einem Magazin zum anderen. Das ist alles, was geschieht, Mr. Bohlen. Wie ein Bumerang kommen sie zu mir zurück. Es ist sehr deprimierend.«

Mr. Bohlens Züge entspannten sich. »Ich weiß genau, wie Ihnen zumute ist, mein Junge.« Seine Stimme triefte vor Mitgefühl. »Irgendwann im Leben macht jeder von uns so etwas durch. Aber jetzt, wo Sie den Beweis haben ... den positiven Beweis ... von den Fachleuten selbst, von den Redakteuren, daß Ihre Geschichten – wie soll ich sagen – nicht viel taugen, jetzt sollten Sie das Schreiben endgültig aufgeben. Vergessen Sie es, mein Junge. Denken Sie einfach nicht mehr daran.«

»Nein, Mr. Bohlen! Nein! Das ist nicht wahr! Ich *weiß*, daß meine Geschichten gut sind. Mein Gott, wenn ich sie mit dem Zeug vergleiche, das in manchen Magazinen erscheint – also wirklich, Mr. Bohlen ...! Dieser blödsinnige Kitsch, den man Woche für Woche in den Magazinen liest – auch, es ist zum Verrücktwerden!«

»Hören Sie mal, mein Junge ...«

»Lesen Sie Magazine, Mr. Bohlen?«

»Entschuldigen Sie, Knipe, aber was hat das mit Ihrer Maschine zu tun?«

»Alles, Mr. Bohlen, einfach alles! Sehen Sie, die Sache ist so: Nach gründlichem Studium der Magazine habe ich den Eindruck gewonnen, daß jedes Blatt einen besonderen Typ von Kurzgeschichten pflegt. Die Schriftsteller – die erfolgreichen – wissen das und passen sich jeweils den Wünschen der Redaktion an.«

»Moment, mein Junge, Moment. Beruhigen Sie sich, ja? Ich glaube nicht, daß uns das alles weiterbringt.«

»*Bitte*, Mr. Bohlen, hören Sie mich doch an. Es ist wirklich ungeheuer wichtig.« Knipe hielt kurz inne, um Luft zu schöpfen. Er war jetzt so richtig in Fahrt und fuchtelte beim Sprechen mit den Händen herum. Das längliche Gesicht mit den großen Zähnen und den abstehenden Ohren glänzte vor Erregung, und bei jedem Wort sprühten Speicheltröpfchen aus seinem Mund. »Verstehen Sie doch, Mr. Bohlen, wenn ich auf meiner Maschine einen verstellbaren Koordinator zwischen das ›Fabel-Speicherwerk‹ und das ›Wort-Speicherwerk‹ schalte, kann ich *jede* Art von Geschichten produzieren. Ich brauche nur auf die betreffende Taste zu drücken.«

»Ja, ich weiß, Knipe, ich weiß. Das ist alles sehr interessant, aber worauf wollen Sie eigentlich hinaus?«

»Ganz einfach, Mr. Bohlen. Der Markt ist begrenzt. Wir müssen in der Lage sein, das richtige Material zur richtigen Zeit zu liefern. Immer genau das, was gerade gebraucht wird. Es ist eine kommerzielle Frage, weiter nichts. Ich betrachte es jetzt von *Ihrem* Standpunkt aus – vom Standpunkt der Rentabilität.«

»Mein lieber Junge, von Rentabilität kann hier doch gar nicht die Rede sein. Überhaupt nicht. Sie wissen ebenso gut wie ich, was es kostet, eine solche Maschine zu bauen.«

»Ja, Sir, das weiß ich. Aber mit allem Respekt gesagt, ich glaube nicht, daß Sie wissen, was die Magazine den Autoren für ihre Geschichten zahlen.«

»Was zahlen sie denn?«

»Jede Summe bis zu zweitausendfünfhundert Dollar. Der Durchschnitt liegt wahrscheinlich bei tausend.«

Mr. Bohlen fuhr hoch.

»Ja, Sir, es ist wahr.«

»Völlig unmöglich, Knipe! Lächerlich!«

»Nein, Sir, es ist wahr.«

»Sie sitzen hier und wollen mir erzählen, daß diese Magazine derartig viel Geld für... für irgend so eine hingeschmierte Geschichte bezahlen! Du meine Güte, Knipe! Dann müßten ja alle Schriftsteller Millionäre sein!«

»Stimmt genau, Mr. Bohlen! Und damit kommen wir wieder auf die Maschine. Hören Sie nur noch eine Minute zu, Sir. Ich habe mir das mal ausgerechnet. Die großen Magazine bringen durchschnittlich drei Kurzgeschichten in jeder Ausgabe. Nun nehmen Sie die fünfzehn bedeutendsten Magazine – diejenigen, die am besten zahlen. Ein paar von ihnen erscheinen monatlich, aber die meisten kommen jede Woche heraus. Gut. Das macht, sagen wir, vierzig Geschichten, die jede Woche gekauft werden. Vierzigtausend Dollar also. Wenn wir unsere Maschine richtig arbeiten lassen, können wir praktisch den gesamten Bedarf decken!«

»Mein lieber Junge, Sie sind verrückt!«

»Nein, Sir, ehrlich, es ist so, wie ich sage. Verstehen Sie doch, wir werden die Schriftsteller allein vom Umfang her völlig an die Wand drücken! Die Maschine kann eine Geschichte von fünftausend Wörtern, fertig getippt und versandbereit, in dreißig Sekunden liefern. Wie können die Schriftsteller damit konkurrieren? Ich frage Sie, Mr. Bohlen, *wie*?«

Hier bemerkte Adolph Knipe eine leichte Veränderung im Gesichtsausdruck seines Chefs: Die Augen begannen zu glänzen, die Nasenflügel blähten sich, die Züge wurden unbewegt, fast starr. Hastig sprach er weiter: »Heutzutage, Mr. Bohlen, haben handgearbeitete Waren keine Chance mehr. Sie kommen einfach nicht gegen die Massenproduktion an, besonders in unserem Land nicht. Teppiche... Stühle... Schuhe... Ziegelsteine... Keramik... was Sie wollen – alles wird jetzt maschinell hergestellt. Die Qualität mag schlechter sein, aber das spielt keine Rolle. Was zählt, sind die Produktionskosten. Und Kurzgeschichten – nun, sie sind eben auch ein Produkt, genau wie Teppiche oder Stühle, und niemand schert sich um die Herstellungsmethode, solange die Ware pünktlich und preiswert geliefert wird. Wir werden sie en gros verkaufen, Mr. Bohlen! Wir werden jeden Autor im Lande unterbieten! Wir werden den Markt an uns reißen!«

Mr. Bohlen richtete sich in seinem Sessel auf. Dann beugte er sich vor, stützte die Ellbogen auf den Schreibtisch und blickte den jungen Mann aufmerksam mit seinen kleinen braunen Augen an.

»Ich glaube trotzdem, daß Ihre Idee undurchführbar ist, Knipe.«

»Vierzigtausend die Woche!« rief Adolph Knipe. »Und wenn wir den Preis herabsetzen, sagen wir um die Hälfte – also zwanzigtausend die Woche –, dann macht das immer noch eine Million im Jahr!« Und er fügte mit sanfter Stimme hinzu: »Für den Bau der elektronischen Rechenmaschine haben Sie keine Million im Jahr bekommen, nicht wahr, Mr. Bohlen?«

»Also jetzt mal im Ernst, Knipe. Meinen Sie wirklich, daß man uns das Zeug abkauft?«

»Ich bitte Sie, Mr. Bohlen, wer in aller Welt verlangt denn handgearbeitete Kurzgeschichten, wenn er die anderen für den halben Preis kriegen kann? Das leuchtet doch ein, nicht wahr?«

»Und wie wollen Sie sie verkaufen? Wen wollen Sie als Verfasser nennen?«

»Wir gründen eine eigene literarische Agentur, die den

Vertrieb übernimmt. Und die Namen der Verfasser – nun, die denken wir uns einfach aus.«

»Die Sache gefällt mir nicht recht, Knipe. Schmeckt irgendwie nach Betrug, finden Sie nicht?«

»Und noch etwas, Mr. Bohlen. Wenn wir erst einmal in Schwung sind, könnte noch so mancher Nebenverdienst abfallen. Nehmen Sie zum Beispiel die Werbung. Bierbrauer und solche Leute sind heutzutage gern bereit, gutes Geld zu zahlen, wenn sie berühmte Schriftsteller als Verbraucher ihrer Produkte bezeichnen dürfen. Mein Gott, Mr. Bohlen! Das ist kein Pappenstiel, das ist ein dickes Geschäft!«

»Werden Sie nur nicht größenwahnsinnig, mein Junge.«

»Und noch etwas. Nichts spricht dagegen, Mr. Bohlen, daß wir *Ihren* Namen unter einige der besseren Geschichten setzen, wenn Sie das wünschen.«

»Du meine Güte, Knipe, was hätte ich denn davon?«

»Ich weiß nicht, Sir, nur... einige Schriftsteller sind doch sehr berühmt geworden – Mr. Erle Gardner und Kathleen Norris zum Beispiel. Wir brauchen Namen, und ich habe sogar schon daran gedacht, meinen eigenen für ein paar Geschichten zur Verfügung zu stellen. Nur um auszuhelfen.«

»Ein Schriftsteller, hm?« sagte Mr. Bohlen nachdenklich. »Na ja, im Klub würden sie schön überrascht sein, wenn sie meinen Namen in den Magazinen sähen – in den guten Magazinen.«

»Allerdings, Sir.«

Ein verträumter, abwesender Blick kam in Mr. Bohlens Augen, und er lächelte. Gleich darauf aber riß er sich zusammen und fing an, in den Entwürfen zu blättern, die vor ihm lagen.

»Eines verstehe ich noch nicht ganz, Knipe. Woher kommen die Handlungen? Die Maschine kann doch keine Handlungen erfinden.«

»Die speichern wir, Sir. Das ist überhaupt kein Problem. Handlungen gibt's wie Sand am Meer. Drei- oder vierhundert finden Sie dort in der Mappe zu Ihrer Linken. Wir geben sie einfach in das ›Fabel-Speicherwerk‹ der Maschine.«

»Sehr interessant.«

»Ich habe auch für allerlei kleine Raffinessen gesorgt, Mr. Bohlen. Sie werden das sehen, wenn Sie die Pläne sorgfältig studieren. So wenden zum Beispiel fast alle Schriftsteller den Trick an, daß sie in jeder ihrer Geschichten irgendein langes, unverständliches Fremdwort gebrauchen. Weil der Leser dann denkt, der Autor sei sehr klug und gebildet. Ich lasse also die Maschine das gleiche tun. Wir werden einen Vorrat solcher Wörter eigens zu diesem Zweck speichern.«

»Wo?«

»Im ›Wort-Speicherwerk‹«, sagte Knipe epexegetisch.

Fast den ganzen Tag sprachen die beiden Männer über die Möglichkeiten der neuen Maschine. Schließlich erklärte Mr. Bohlen, er müsse noch einmal darüber nachdenken. Am nächsten Morgen zeigte er sich recht angetan von der Idee. Nach einer Woche war er völlig von ihr besessen.

»Natürlich halten wir die Sache geheim, Knipe. Wir werden sagen, daß wir eine zweite Rechenmaschine bauen, einen neuen Typ.«

»Jawohl, Mr. Bohlen.«

Sechs Monate später war die Maschine fertig. Sie wurde in einem Backsteingebäude am äußersten Ende des Fabrikgeländes aufgestellt, und als sie einsatzbereit war, durfte außer Mr. Bohlen und Adolph Knipe niemand in ihre Nähe.

Es war ein erregender Augenblick, als die beiden Männer – der eine klein, dick und kurzbeinig, der andere groß, dünn und langzahnig – vor dem Schaltbrett standen und sich anschickten, die erste Kurzgeschichte herunterzuschreiben. Sie waren von Wänden umgeben, zwischen denen schmale Gänge verliefen, und die Wände waren bedeckt mit Drähten, Steckdosen, Schaltern und riesigen Glasröhren. Knipe war ziemlich nervös, und Mr. Bohlen trat von einem Fuß auf den anderen, weil er einfach nicht stillstehen konnte.

»Welchen Knopf?« fragte Adolph Knipe, den Blick auf eine Reihe kleiner weißer Scheiben gerichtet, die an die Tasten einer Schreibmaschine erinnerten. »Suchen Sie sich eine Zeitschrift aus, Mr. Bohlen. Es ist alles da, *Saturday Evening Post, Collier's Ladies' Home Journal* – was Sie wollen.«

»Mein Gott, Junge, woher soll ich das wissen?« Er hüpfte hin und her, als hätte er Hautjucken.

»Mr. Bohlen«, sagte Adolph Knipe feierlich, »ist Ihnen klar, daß Sie es in diesem Augenblick in der Hand haben, der vielseitigste Schriftsteller des Kontinents zu werden? Sie brauchen nur...«

»Bitte, Knipe, fangen Sie jetzt an und lassen Sie diese Vorreden, ja?«

»Okay, Mr. Bohlen. Dann nehmen wir – warten Sie mal – diesen hier. Einverstanden?« Er streckte den Finger aus und drückte auf einen Knopf, unter dem in winzigen schwarzen Buchstaben TODAY'S WOMAN stand. Es gab einen scharfen Klick, und als Knipe den Finger fortnahm, sprang der Knopf nicht wieder heraus.

»So, unsere Wahl ist getroffen«, sagte er. »Und jetzt geht's los!« Er langte hoch und betätigte einen Schalter am Brett. Sofort war der Raum von einem lauten summenden Geräusch erfüllt, elektrische Funken knisterten, viele kleine, schnell arbeitende Hebel rasselten, und schon glitten aus einem Schlitz rechts vom Schaltbrett Papierblätter im Quartformat. In rascher Folge, jede Sekunde ein Blatt, fielen sie in einen bereitstehenden Korb, und nach einer halben Minute war alles vorbei. Es kamen keine Blätter mehr.

»Das wär's!« rief Adolph Knipe. »Hier ist Ihre Kurzgeschichte!«

Sie griffen nach dem ersten Blatt und lasen: »Aifkjmbsaoegwcztpplnvoqudskigt &, fuhpekanvbertyuiolkjhgfdsazxcvbnm, peruitrehdjkgmvnb, wmsuy...« In dieser Art ging es bis zur letzten Seite weiter.

Mr. Bohlen stieß laute Flüche aus. Adolph Knipe aber sagte beruhigend: »Es ist in Ordnung, Sir. Wirklich. Sie muß nur etwas nachgestellt werden. Wir haben da irgendwo einen falschen Schaltweg, das ist alles. Bedenken Sie doch, Mr. Bohlen, wie viele Drähte sich in diesem Raum befinden. Insgesamt fast eine Million Meter. Sie können nicht erwarten, daß es gleich beim ersten Male klappt.«

»Das Ding wird nie funktionieren«, knurrte Mr. Bohlen.

»Geduld, Sir. Nur Geduld.«

Adolph Knipe machte sich daran, die Fehlerquelle zu suchen, und nach vier Tagen kündigte er an, daß der Schaden behoben sei.

»Die Maschine wird nie funktionieren«, sagte Mr. Bohlen. »Ich weiß, daß sie nie funktionieren wird.«

Knipe lächelte und drückte auf den Knopf, unter dem READER'S DIGEST stand. Dann betätigte er den Schalter, und wieder ertönte das seltsame Summen. Eine vollgetippte Seite floge aus dem Schlitz in den Korb.

»Wo ist der Rest?« rief Mr. Bohlen. »Sie hat aufgehört! Eine Panne!«

»Nein, Sir. Die Länge ist genau richtig. Es ist doch für den *Digest*, verstehen Sie?«

Diesmal lautete der Text: »nurwenigewissenbishervonderentdeckungeinesrevolutionärenneuenheilmittelsdasmenschendieaneinanderschrecklichstenkrankheitenunsererzeitleidenfürimmerlinderungverschaffenkann...« Und so weiter.

»Das ist Kauderwelsch!« empörte sich Mr. Bohlen.

»Nein, Sir, es ist gut. Sie trennt nur die Wörter nicht. Das ist leicht zu beheben. Aber inhaltlich stimmt alles haargenau. Sehen Sie, Mr. Bohlen, sehen Sie! Der Text ist tadellos, nur daß die Wörter zusammenhängen.«

Und so war es.

Beim nächsten Versuch, der einige Tage später stattfand, war alles in bester Ordnung, sogar die Interpunktion und die Großschreibung. Die erste Geschichte, die sie für ein bekanntes Frauenmagazin fabrizierten, zeichnete sich durch eine gediegene und recht spannende Handlung aus. Es ging dabei um einen jungen Mann, der sich bei seinem reichen Arbeitgeber beliebt machen wollte. Der junge Mann, so wurde erzählt, überredete einen Freund zu einem fingierten Überfall auf die Tochter des reichen Mannes. In einer dunklen Nacht, als das Mädchen nach Hause fuhr, wurde der Plan in die Tat umgesetzt. Der junge Mann kam wie zufällig vorbei, schlug seinem Freund den Revolver aus der Hand und rettete das Mädchen. Die Dankbarkeit des Mädchens kannte keine Grenzen. Der Vater jedoch war argwöhnisch. Er nahm den Jungen scharf ins Verhör. Der Junge brach zusammen und gestand alles. Statt ihn mit einem Fußtritt aus dem Haus zu befördern, sagte der Vater, daß er die Findigkeit des Jungen bewundere. Das Mädchen bewunderte seine Ehrlichkeit – und sein gutes Aussehen. Der Vater versprach, ihn zum Chef der Buchhaltung zu machen. Das Mädchen heiratete ihn.

»Das ist fantastisch, Mr. Bohlen! Genau das Richtige!«

»Mir kommt es ein bißchen kitschig vor, mein Junge.«

»Nein, Sir. Es ist ein Knüller, ein ausgesprochener Knüller!«

Aufgeregt verfertigte Adolph Knipe sechs weitere Geschichten in ebenso vielen Minuten. Alle – bis auf eine, die aus irgendeinem Grunde etwas unzüchtig ausfiel – stellten ihn durchaus zufrieden.

Mr. Bohlen war jetzt besänftigt. Er hatte nichts mehr dagegen, in der Innenstadt eine literarische Agentur aufzumachen und Knipe mit ihrer Leitung zu betrauen. Nach einigen Wochen war es soweit: Knipe versandte das erste Dutzend Geschichten. Als Verfasser nannte er viermal sich selbst, einmal Mr. Bohlen, und die übrigen Namen dachte er sich aus.

Fünf Geschichten wurden sofort angenommen. Die Story, die unter Mr. Bohlens Namen lief, kam zurück. In dem Begleitschreiben des Feuilletonredakteurs hieß es: »Die Arbeit zeugt von Begabung, ist aber unserer Meinung nach nicht ganz geglückt. Wir wären jedoch an weiteren Beiträgen dieses Schriftstellers interessiert...« Adolph Knipe nahm ein Taxi, fuhr in die Fabrik und fertigte eine neue Geschichte für dasselbe Magazin an. Er setzte Mr. Bohlens Namen darunter und schickte sie unverzüglich ab. Diese Story wurde gekauft.

Die Einkünfte stiegen. Langsam und vorsichtig erhöhte Knipe die Produktion, und nach sechs Monaten verschickte er wöchentlich dreißig Geschichten, von denen etwas fünfzehn gekauft wurden.

Bald stand er in literarischen Kreisen im Ruf eines fruchtbaren und erfolgreichen Autors. Auch Mr. Bohlen machte sich einen Namen. Allerdings schätzte man ihn weniger als Knipe – aber das wußte er nicht. Außerdem stellte Knipe ein Dutzend oder mehr fiktive Personen als vielversprechende junge Autoren heraus. Alles lief wie am Schnürchen.

Um diese Zeit beschlossen sie, die Maschine so einzurichten, daß sie nicht nur Kurzgeschichten, sondern auch Romane schreiben konnte. Mr. Bohlen, der nach größeren

Ehren in der literarischen Welt dürstete, bestand darauf, daß Knipe sofort an die gewaltige Aufgabe heranginge.

»Ich möchte einen Roman machen«, sagte er immer wieder. »Ich möchte einen Roman machen.«

»Das werden Sie auch, Sir. Ganz bestimmt. Aber haben Sie bitte Geduld. Ich muß ziemlich komplizierte Veränderungen vornehmen.«

»Jeder beschwört mich, endlich einen Roman zu schreiben!« rief Mr. Bohlen. »Die Verleger rennen Tag und Nacht hinter mir her und flehen mich an, mit diesen albernen Kurzgeschichten aufzuhören und statt dessen etwas wirklich Bedeutendes zu schreiben. Ein Roman ist das einzige, was zählt – behaupten sie.«

»Wir werden Romane machen«, beruhigte ihn Knipe. »In Mengen sogar. Aber Sie müssen Geduld haben.«

»Hören Sie zu, Knipe. Ich habe vor, einen *guten* Roman zu machen, etwas, was die Leute aufhorchen läßt. Diese Geschichten, die Sie in letzter Zeit unter meinem Namen verschickt haben, hängen mir schon zum Hals heraus. Manchmal habe ich tatsächlich den Eindruck, daß Sie mich übers Ohr hauen wollen.«

»Übers Ohr, Mr. Bohlen?«

»Die besten behalten Sie immer für sich. Jawohl, so ist es.«

»O nein, Mr. Bohlen! Nein!«

»Aber diesmal liegt mir verdammt viel daran, ein erstklassiges, intelligentes Buch zu schreiben. Nehmen Sie das zur Kenntnis?«

»Gewiß, Mr. Bohlen. Mit dem Schaltbrett, das ich Ihnen zusammenbaue, werden Sie jedes Buch schreiben können, das Sie wollen.«

Und Adolph Knipe hielt sein Versprechen. Nach einigen Monaten hatte dieses Genie die Maschine auf Romane umgestellt und überdies ein wunderbares neues System eingebaut, das es dem Autor ermöglichte, buchstäblich jede Art von Handlung und jeden gewünschten Sprachstil vorzuwählen. Es gab so viele Skalen, Schalter und Hebel an dem Ding, daß es wie das Armaturenbrett eines riesigen Flugzeugs aussah.

Zunächst traf der Schriftsteller, indem er einen der sogenannten Hauptknöpfe drückte, seine prinzipielle Entscheidung: historisch, satirisch, philosophisch, politisch, romantisch, erotisch, humorvoll oder derb. Eine zweite Reihe von Knöpfen (die Grundknöpfe) bot ihm die verschiedensten Themen: Soldatenleben, Pionierzeit, Bürgerkrieg, Weltkrieg, Rassenproblem, Wilder Westen, Landleben, Kindheitserinnerungen, Seefahrt, der Meeresgrund und viele, viele andere. Die dritte Knopfreihe gestattete die Wahl des literarischen Stils: klassisch, skurril, gepfeffert, Hemingway, Faulkner, Joyce, feminin und so fort. Die vierte Reihe bestimmte Anzahl und Geschlecht der Romangestalten, die fünfte den Umfang des Buches und so weiter und so weiter – zehn lange Reihen von Vorwahlknöpfen.

Aber das war noch nicht alles. Während des Schreibprozesses selbst (der etwa fünfzehn Minuten pro Roman dauerte) war es jetzt möglich, eine Kontrolle auszuüben. Dazu mußte der Autor auf einer Art Führersitz vor zahlreichen beschrifteten Registern Platz nehmen. Durch Ziehen oder Drücken (wie bei einer Orgel) konnte er rund fünfzig verschiedene und variable Elemente regulieren oder sie miteinander mischen – zum Beispiel Spannung, Überraschung, Humor, Pathos und Geheimnis. Zahlreiche Skalen und Meßgeräte auf dem Armaturenbrett zeigten ihm jederzeit genau an, wie weit er mit seiner Arbeit war.

Und schließlich gab es noch die Sache mit der ›Leidenschaft‹. Nach gründlichem Studium der Bücher, die im vergangenen Jahr an der Spitze der Bestseller-Listen gestanden hatten, war Adolph Knipe zu der Erkenntnis gelangt, daß Leidenschaft das wichtigste Ingrediens von allen war, ein magischer Katalysator, der selbst den langweiligsten Roman in einen tollen Erfolg verwandeln konnte – jedenfalls finanziell. Aber Knipe wußte auch, daß Leidenschaft eine überaus starke, berauschende Wirkung hatte und vorsichtig dosiert werden mußte – die richtigen Mengen in den richtigen Handlungsmomenten. Um das zu gewährleisten, hatte er eine besondere Kontrollvorrichtung konstruiert: zwei hochempfindliche, stufenlose Leidenschaftsregler, die durch Pedale – ähnlich dem Gas- und dem Bremspedal beim Auto – bedient wurden. Das eine Pedal steuerte die Menge der injizierten

Leidenschaft, das andere ihre Intensität. Der einzige Nachteil lag natürlich darin, daß sich der Schreiber eines Romans nach der Knipe-Methode etwa in der Situation eines Mannes befand, der zur gleichen Zeit ein Flugzeug und ein Auto lenkt und nebenher auch noch Orgel spielt. Aber das kümmerte den Erfinder nicht. Als alles fertig war, geleitete er Mr. Bohlen stolz in das Maschinenhaus und erklärte ihm die Arbeitsweise des neuen Wunderwerks.

»Mein Gott, Knipe, das schaffe ich ja nie! Menschenskind, ich glaube, es wäre einfacher, das Ding mit der Hand zu schreiben.«

»Sie werden sich bestimmt bald daran gewöhnen, Mr. Bohlen. In ein, zwei Wochen ist Ihnen jeder Griff in Fleisch und Blut übergegangen. Es ist genauso wie beim Autofahren – ein Anfänger kann eben nicht gleich losbrausen.«

Nun, es war nicht ganz leicht, aber nach vielen Übungsstunden bekam Mr. Bohlen den Dreh heraus, und endlich, eines späten Abends, beorderte er Knipe zur Fabrikation des ersten Romans in das Maschinenhaus. Es war ein erregender Augenblick, als der kleine, dicke Mann nervös auf dem Führersitz hockte und der große, langzahnige Knipe eifrig um ihn herumzappelte.

»Ich habe die Absicht, einen bedeutenden Roman zu schreiben, Knipe.«

»Ich bin sicher, daß es Ihnen gelingt, Sir. Ganz sicher.«

Langsam und bedächtig drückte Mr. Bohlen auf die Vorwahlknöpfe:

Hauptknopf – *satirisch*
Thema – *Rassenproblem*
Stil – *klassisch*
Personen – *sechs Männer, vier Frauen, ein Kind*
Umfang – *fünfzehn Kapitel*

Zugleich richtete er sein Augenmerk auf die drei Orgelregister *Kraft, Geheimnis* und *Tiefe*.

»Sind Sie bereit, Sir?«

»Ja, ja, ich bin bereit.«

Knipe betätigte den Schalter. Die große Maschine summte. Fünfzigtausend gut geölte Zahnräder, Stangen und Hebel brachten ein dumpfes schwirrendes Geräusch hervor; dann begann die schnelle elektrische Schreibmaschine mit einem fast unerträglich lauten Geklapper zu arbeiten. Die vollgeschriebenen Seiten flogen in den Korb – alle zwei Sekunden eine. Für Mr. Bohlen, der die Register ziehen, den Kapitelzähler und den Geschwindigkeitsmesser beobachten und die Leidenschaftspedale bedienen mußte, waren der Lärm und die Aufregung einfach zuviel. Er geriet in Panik und reagierte genauso wie ein Fahrschüler im Auto, das heißt, er preßte beide Füße auf die Pedale und lockerte den Druck erst, als die Maschine anhielt.

»Ich darf Sie zu Ihrem ersten Roman beglückwünschen«, sagte Knipe und nahm das dicke Bündel beschriebener Blätter aus dem Korb.

Über Mr. Bohlens Gesicht rannen dicke Schweißtropfen. »Ich kann Ihnen sagen, das war verdammt anstrengend, mein Junge.«

»Aber Sie haben es geschafft, Sir. Sie haben es geschafft.«

»Zeigen Sie mal her, Knipe. Wie liest es sich denn?«

Er überflog das erste Kapitel und reichte Seite um Seite an den jüngeren Mann weiter.

»Um Himmels willen, Knipe! Was ist das?« Mr. Bohlens dünne Fischlippen zitterten leicht, und seine Wangen blähten sich langsam auf.

»Also wissen Sie, Knipe, das ist ja unerhört!«

»Es ist tatsächlich ein bißchen saftig, Sir.«

»*Saftig!* Empörend ist es, einfach empörend! Ich kann unmöglich meinen Namen dafür hergeben!«

»Da haben Sie recht, Sir.«

»Knipe! Ist das ein schmutziger Scherz, den Sie sich mit mir erlaubt haben?«

»O nein, Sir! Nein!«

»Sieht aber ganz so aus.«

»Könnte es vielleicht daran liegen, Mr. Bohlen, daß Sie etwas zu hart auf die Leidenschaftspedale getreten haben?«

»Mein lieber Junge, wie soll *ich* das wissen?«

»Versuchen Sie's doch noch mal.«

So schrieb denn Mr. Bohlen einen zweiten Roman herunter, und diesmal ging alles nach Wunsch.

Binnen einer Woche hatte ein begeisterter Verleger das

Manuskript gelesen und angenommen. Knipe zog mit einem Roman nach, für den er selbst als Verfasser zeichnete; dann fabrizierte er – da er schon einmal dabei war – ein Dutzend weitere. Bald war Adolph Knipes literarische Agentur berühmt für ihren Stall vielversprechender junger Romanciers. Und wieder begann das Geld hereinzuströmen.

Um diese Zeit stellte sich heraus, daß der junge Knipe nicht nur als Erfinder, sondern auch als Geschäftsmann ein großes Talent war.

»Hören Sie, Mr. Bohlen«, sagte er, »wir haben noch immer zuviel Konkurrenz. Warum schlucken wir nicht einfach all die anderen Schriftsteller des Landes?«

Mr. Bohlen, der sich inzwischen ein flaschengrünes Samtjackett zugelegt hatte und das Haar so lang trug, daß es zwei Drittel der Ohren bedeckte, war ganz zufrieden mit der augenblicklichen Lage der Dinge. »Ich weiß gar nicht, was Sie meinen, lieber Junge. Wir können doch nicht so mir nichts, dir nichts Schriftsteller schlucken.«

»Natürlich können wir das, Sir. Genauso wie Rockefeller es mit den Ölgesellschaften machte. Wir kaufen sie einfach auf. Und wenn sie sich weigern, setzen wir sie unter Druck. Das ist überhaupt kein Problem.«

»Vorsichtig, Knipe. Seien Sie vorsichtig.«

»Sehen Sie, Sir, ich habe hier eine Liste der fünfzig erfolgreichsten Schriftsteller des Landes, und ich werde jedem von ihnen einen lebenslänglichen Vertrag auf Gehaltsbasis anbieten. Dafür brauchen sie sich nur zu verpflichten, daß sie nie mehr ein Wort schreiben. Und natürlich müssen sie uns ihre Namen für unser eigenes Material zur Verfügung stellen. Wie finden Sie das?«

»Damit werden Sie nicht durchkommen, Knipe.«

»Sie kennen die Schriftsteller schlecht, Mr. Bohlen. Warten Sie nur ab.«

»Ja, aber der schöpferische Drang?«

»Das ist leeres Gerede! Das einzige, woran sie – wie jeder andere – wirklich interessiert sind, ist Geld.«

Mr. Bohlen war noch immer nicht überzeugt, meinte aber nach einigem Zögern, daß man es wenigstens versuchen könne. So fuhr denn Knipe mit seiner Schriftstellerliste in einem großen, von einem Chauffeur gesteuerten Cadillac fort, um seine Besuche zu machen.

Der Mann, der als erster auf der Liste stand, ein hervorragender und sehr bekannter Schriftsteller, war sofort bereit, ihn zu empfangen. Knipe erzählte seine Geschichte, legte mehrere Romane eigener Produktion zur Ansicht vor und zog einen Vertrag aus der Tasche, der dem Mann auf Lebenszeit soundso viel im Jahr garantierte. Der Schriftsteller hörte höflich zu, kam zu dem Schluß, daß er es mit einem Verrückten zu tun hatte, lud ihn zu einem Drink ein und führte ihn dann freundlich, aber energisch zur Tür.

Der zweite Schriftsteller auf der Liste entpuppte sich als gefährlicher Bursche. Er ging tatsächlich so weit, daß er Knipe mit einem schweren metallenen Briefbeschwerer bedrohte, und der Erfinder mußte durch den Garten flüchten, während sich eine Sturzflut wilder Flüche und Obszönitäten über ihn ergoß.

Aber es gehörte mehr dazu, einen Adolph Knipe von seinem Vorhaben abzubringen. Enttäuscht, doch nicht entmutigt, fuhr er in seinem großen Wagen weiter, und zwar zu einer berühmten und überaus populären Schriftstellerin, deren dickleibige Liebesromane zu Millionen gekauft wurden. Sie empfing Knipe sehr gnädig, setzte ihm Tee vor und hörte sich seine Geschichte aufmerksam an.

»Das klingt faszinierend«, sagte sie. »Aber ich kann es nicht so recht glauben.«

»Gnädige Frau«, antwortete Knipe, »kommen Sie mit und überzeugen Sie sich mit eigenen Augen. Mein Wagen steht zu Ihrer Verfügung.«

Sie fuhren also los. Am Ziel angelangt, wurde die erstaunte Dame in das Maschinenhaus geführt. Eifrig erklärte ihr Knipe die Arbeitsweise des Wunderwerks, und nach einer Weile erlaubte er ihr sogar, auf dem Führersitz Platz zu nehmen und probeweise die Vorwählknöpfe zu bedienen.

»Sehr schön«, sagte er plötzlich. »Möchten Sie jetzt vielleicht ein Buch machen?«

»O ja!« rief sie. »Bitte!«

Sie war zweifellos technisch begabt, und obendrein schien sie genau zu wissen, was sie wollte. Nachdem sie die Vorwahl selbständig getoffen hatte, brachte sie einen langen, abenteuerlichen, von Leidenschaft erfüllten Roman zustande. Sie las das erste Kapitel und war derart begeistert, daß sie den Vertrag sofort unterschrieb.

»Die haben wir glücklich aus dem Weg geräumt«, sagte Knipe später zu Mr. Bohlen. »Und bei ihr hat sich's wirklich gelohnt.«

»Gute Arbeit, mein Junge.«

»Und wissen Sie, *warum* sie unterschrieben hat?«

»Na?«

»Nicht wegen des Geldes. Davon hat sie genug.«

»Sondern?«

Knipe grinste und entblößte dabei einen langen Streifen blassen Zahnfleisches. »Sie hat einfach eingesehen, daß dieses maschinell hergestellte Zeug besser ist als ihr eigenes.«

Von nun an hielt es Knipe für geraten, sich auf mittelmäßige Talente zu konzentrieren. Die guten Schriftsteller – zum Glück gab es nur wenige, so daß sie kaum ins Gewicht fielen – ließen sich offenbar nicht so leicht verführen.

Schließlich, nach monatelangen Bemühungen, hatte er etwa siebzig Prozent der Schriftsteller auf der Liste bewogen, den Vertrag zu unterschreiben. Er fand bald heraus, daß es mit den Älteren, die keine Einfälle mehr hatten und Zuflucht beim Alkohol suchten, die wenigsten Schwierigkeiten gab. Die Jüngeren waren widerspenstiger. Sie neigten dazu, auf Knipes Vorschlag mit Beleidigungen, gelegentlich sogar mit tätlichen Angriffen zu reagieren, und mehr als einmal wurde er auf seinen Rundfahrten leicht verletzt.

Aber alles in allem war es ein verheißungsvoller Anfang. Man schätzt, daß im letzten Jahr – dem ersten, in dem die Maschine voll arbeitete – mindestens die Hälfte aller in englischer Sprache veröffentlichten Romane und Kurzgeschichten von Adolph Knipe auf dem großen automatischen Grammatisator hergestellt wurden.

Überrascht Sie das?

Wohl kaum.

Und Schlimmeres steht noch bevor. Inzwischen ist das Geheimnis ruchbar geworden, von Tag zu Tag drängen sich mehr Schriftsteller danach, mit Mr. Knipe ins Geschäft zu kommen, und für diejenigen, die der Versuchung bisher widerstanden haben, wird die Schraube immer fester angezogen.

Gerade in diesem Augenblick, da ich hier sitze und dem Gebrüll meiner neun hungrigen Kinder lausche, merke ich, wie sich meine Hand näher an jenen goldenen Vertrag herantastet, der drüben auf der anderen Seite des Schreibtisches liegt.

Gib uns Kraft, o Herr, unsere Kinder verhungern zu lassen!

RODA RODA

Das Zimmer in der Bognergasse

Was ich jetzt erzählen werde, ist gar nicht von mir, sondern von Franz Molnár. Er wird es zu bestreiten suchen. Darauf werde ich entgegnen:

Aber, aber, Herr Molnár! Erinnern Sie sich denn nicht mehr? Im Herbst 1914? Als Sie eben zu uns ins Kriegspressequartier gekommen waren? Wir zwei und Ihr Freund Fakler fuhren nach Przemysl. Unterwegs, in Sanok, blieben wir im Brei stecken. Es war Abend, ein Regen wie aus Kannen. Der Ort zur Hälfte verbrannt, der Rest von Truppen überfüllt. Ein alter, müder, erregter Oberleutnant im Stationskommando knurrte:

»Meine Herren, ich habe nur ein Quartier für Sie: die Totenkammer des Choleraspitals. Sie ist zufällig frei. Sie wollen nicht? Füchten die Cholera? Die können Sie überall anders eher bekommen als da – die Totenkammer ist wenigstens desinfiziert.«

Wissen Sie noch, Herr Molnár? Wie wir eine Stunde umherirrten, hundertmal abgewiesen – bis wir schließlich, windelweich vom Regen, klappernd vor Frost in die Totenkammer einkehrten? Und waren noch froh, in diesem Weltuntergang ein sicheres Dach zu haben. Zwei Tragbahren als Betten. Desinfizierte Bahren. Ein Kerzenstümpfchen brannte. Vielleicht war es sogar geweiht...

Man mußte etwas gegen die Greulichkeit der Umgebung tun: mit Absicht trinken, mit Absicht reden. – Sie glucksten Ihre Feldflasche leer und riefen:

»Bon, ich habe Fantasie genug, mir einzubilden, wir wären im Hotel Hungaria.«

Doch, zum Teufel – wo ist Fakler geblieben? Unser dicker Genosse Fakler?

»Ich wette«, sagten Sie, »der Schlaukopf hat ein Quartier gefunden, ein schönes, wohlfeiles Zimmer – wie damals in der Bognergasse.«

Und als ich fragend aufhorchte:

»Roda, Sie kennen nicht die Geschichte von Faklers Zimmer? In der Bognergasse, Wien? Ziemlich komische Geschichte. Die müssen Sie schreiben.«

»Warum tut es Franz Molnár nicht?«

»Unmöglich. Fakler risse mich einfach in Stücke.«

»Er wird auch mich...«

»Daran liegt mir erstens nicht soviel – und zweitens wäre die Frage erst zu klären, ob Fakler kräftiger ist als Sie.«

»Gut«, sagte ich, »ich werde versuchen, mich zu wehren. Erzählen Sie!«

»Wenn Sie mich aber als Quelle nennen, leugne ich.«

––– Dieser Fakler also war aus den Alpen nach Wien gekommen, ärmer denn je – aber mit einem Herzen voller Gefühle, und suchte nun ein möbliertes Zimmer, um die Gefühle in Ruhe niederzuschreiben.

Er suchte vormittag von acht bis eins in der Innern Stadt – treppauf, treppab; alles zu teuer. Nachmittag im Alserviertel: unter vierzig Schilling nichts zu haben. In Faklers Haushaltsplan waren aber nur dreißig für Wohnungsmiete ausgeworfen.

Da, auf dem Heimweg, in der Bognergasse, liest er plötzlich einen Anschlag:

»Sehr elegantes Zimmer, sehr billig.«

»Holla, mein Fall!« Und er stieg mit schmerzenden Beinen Stock- um Stockwerk hinan, um mit diesem letzten Versuch sein sparsames Gewissen zu beruhigen. Wenn es auch hier fehlgeht, will er verzweifelt den Haushaltsplan umstoßen; den Beruf wechseln.

Ein Blick ins Zimmer, und Fakler macht kehrt. Er hat sich's ja gedacht: Gardinen, Tapeten, Messingbett, schwelgende Sofas – nein, so elegant wohnen kann ein Dichter nicht.

»Wohin, Herr?« – Die Wirtin ist herzugesprungen und hat ihn mit schüchterner Dringlichkeit an den Schultern erfaßt. – »Hören Sie doch erst, ich bitte! Das Zimmer ist sehr billig. Schütteln Sie nicht den Kopf. Es ist sehr billig. Sie werden staunen.«

Fakler – tonlos:

»Wieviel?«

Die Wirtin:
»Fünfzehn Schilling monatlich.«
Als er stumm bleibt, setzt sie fort:
»Samt Bedienung. – Verehrter Herr, wozu Sie irreführen? Sie würden es ja doch innerhalb von einigen Minuten merken... Ja, das Zimmer hat einen großen Fehler. Wir haben ein schwächliches Kind. Unser Arzt, der Naturarzt, hat ihm Ziegenmilch verordnet. Wir halten eine Ziege. Die Ziege steht nebenan. Sie meckert manchmal... am Abend... spät am Abend... am Morgen... sehr zeitig... Das heißt: sie meckert Tag und Nacht. Hören Sie nur!«
›*Mähähähäck!*‹
»Ein Mieter nach dem andern ist uns deswegen ohne Kündigung ausgezogen.« – Die Frau wirft sich dem dicken Fakler fast an den Hals. – »Aber Sie – nicht wahr? – werden sich daran gewöhnen. Ich versichere Ihnen, Sie werden sich gewöhnen. Wir, mein Mann und ich, hören es gar nicht mehr. Ein so nützliches Tier. Und die gute Milch. Und das arme Kind. Das elegante Zimmer. Nur fünfzehn – nur dreizehn – was sage ich? – nur zwölf Schilling – samt Bedienung. Gut: auch die Beheizung ist inbegriffen. Ach bleiben Sie!«
Er blieb. Er war so müde des Suchens und Treppensteigens, daß er selbst in der Hölle geblieben wäre.
––– Er schrieb:

›Ich liebe Nebel, die aus feuchten Wiesen
Wie Feen in den Sommerabend steigen.
Grauseidne Schleier schwingen sie zum Reigen,
Goldbunt und leis in stummen Paradiesen.‹

›*Mähähähäck!*‹
»Nein«, sagte er, »das geht nicht. Die Stimmung ist hin.« – Knüllte das Blatt zu einem Kloß, warf es in den gestickten Plüschkorb und fing eine erregte Ballade an:

›Fürstin Elisabeth von Siebenbürgen
Ließ täglich hundert Kinder erwürgen.
Im Lande schrie der kalte Schreck...‹

›Mähähähäck!‹

»Das geht noch weniger«, murmelte Fakler und schmiß auch die Ballade in den Winkel.

Er legte sich schlafen. – Die Ziege meckerte ihn munter. Sie redete zudringlich in seine Träume.

Am Morgen nach der ärgerlichen Nacht – nein, spät am Vormittag – er schlief noch bleiern und erwachte erst vom Klappern eines üppig besetzten Teebrettes. Zeitfremd fuhr er auf.

»Das Frühstück ist ebenfalls inbegriffen«, sprach die Wirtin schüchtern... »Hoffentlich sind Sie nicht zu arg gestört worden. Mimi hat heute leider schon in der Dämmerung begonnen...«

»Mimi?« fragte er, »welche Mimi?«

»Nun ja, Sie wissen doch, die...«

›Mähähähäck!‹

»Ach so... Ich habe nichts gehört.«

»Na, sehen Sie! Mein Mann und ich hören sie auch nicht mehr. Lassen Sie sich den Tee schmecken! Ziehen Sie Schinken oder Eier dazu vor?«

»Donnerschock«, sagte sich Fakler und fraß und trank, »ein Philosoph kommt über Zahnschmerzen weg – und wenn auch nicht: Cervantes hat im Kerker gedichtet; ich werde der Welt zeigen, daß ein dummes Vieh von einer Ziege...«

›Mähähähäck!‹

»... von einer Ziege...«

›Mähähähäck!‹

»... von einer Ziege mich nicht um meinen Gleichmut bringen kann.« – »Mähähähäck!« äffte er ihr nach und – dichtete.

»Mähähähäck!« rief er ihr höhnisch zu, als er sich die Seele aus dem Leib geschrieben hatte.

Die Ziege antwortete.

Es wurde ein hübsches Duett.

––– Am zwanzigsten Tag – er formte eben ein Ritornell – da stand er in seltsamer Unruh vom Sofa auf. Was ist es nur? Was fehlt ihm heute?

Es pocht an die Tür. – »Herein!« – Die Wirtin kommt mit rotgeweinten Augen.

»Sie werden es schon gemerkt haben, Herr Fakler... Das Unglück, das uns getroffen hat...«

»Was denn, Jesusmaria?«

Die Wirtin: »Mimi ist verschieden. Tot. Ach, ach, ein großes Unglück für uns.«

Fakler war aufgesprungen und durchkreuzte sorgenvoll das Zimmer.

»Ein Unglück auch für mich, liebe Frau.« (Denn nun wird sie natürlich kündigen.) »Ich hatte mich schon so gewöhnt...«

»›Mä-hä-hä-häck!‹ hat sie noch gesagt – fiel um und streckte alle vier von sich.«

»Wie hat sie noch gesagt, liebe Frau? Bitte wiederholen Sie es! Es fehlt mir schon den ganzen Morgen.«

»Achachach, und wie fehlt es unserm Kindchen! Das Kindchen hat an Mimi so gehangen. Nun ruft das Kindchen – ruft und regt sich auf und fiebert. Wir dürfen gar nicht verraten, daß Mimi entschlafen ist – das Kindchen würde unaufhörlich weinen. Ich bin außer mir – mein Mann ist außer sich – wir, mein Mann und ich, sind außer uns. Wir haben alles mögliche erwogen – nirgends ein Ausweg. – Achachach, lieber, lieber Herr Fakler! Sie allein können uns helfen. Darf ich sprechen?«

»Sprechen Sie!«

»Lieber, lieber, guter, bester Herr Fakler! Meckern Sie!«

»Waaas soll ich?«

»Meckern Sie nur einmal – Sie können es so gut – damit sich das Kindchen drüben beruhigt!«

»Mähähähäck!«

»Wie danke ich Ihnen! Horchen Sie nur – das Kindchen ist still geworden, es ist zufrieden. Achachach, lieber, lieber Herr, tun Sie uns den Gefallen! Mein Mann und ich – nehmen Sie es nicht übel auf, lieber Herr Fakler – wir wollen Ihnen gern fünf Schilling von der Miete ablassen, wenn Sie so freundliche wären, hie und da...«

»Hie und da...«

»... zu meckern. Sie brauchen es nicht fortwährend zu tun – nur wenn Sie grade Zeit haben – einmal, zweimal die Viertelstunde...«

––– Fakler blieb. Und meckerte. Er schrieb meckernd seinen dicken Band Gedichte in der Bognergasse.

Als er sich verlobte, amüsierte sich seine Braut anfänglich über sein Gemecker; dann begann sie sich zu schämen und errötete, sooft er es tat. Sie brauchte im Ehestand Monate, um ihm wenigstens das öffentliche Meckern abzugewöhnen. Daheim im trauten Kreis meckert er noch heut.

ELKE HEIDENREICH

Die Welt des Geistes

Einstein

Von Albert Einstein kennze immer nur datt Bild, wo er so de Zunge rausstreckt, nä, un ich sach schon zu Willi, is der dafür eintlich so berühmt geworden, der wa doch irgendwie watt mit Fiesick oder so, nä? Die tun doch immer irgendwie blaues Pulver im Reagenzglas un dann gibtet grünes Licht un is am Explodieren oder so ähnlich – nä, Mamma, sacht unser Inge, wattu meinz, datt is Schemie, Fiesicker, die tun schomma eher de Glühbirne erfinden. Ich sach, de Glühbirne? Die gibtet doch schon? War nur en Beispiel, sacht unser Inge, die ham auch datt Radio erfunden un datte auffem Mond fliegen kannz unte Atombombe un all sowatt.

Ich sach, un der Einstein, watt hatter erfunden, datter so berühmt für is? Inne Zeitung stand nemmich ma, dattatt en ganz schlechten Schüler wa uns ist durche Prüfungen gefallen un alles. Siehsse, sacht unser Inge, un da recht ihr euch immer auf, wennich schomma schlecht inne Schule bin. Sei du nich so patzich, sacht Willi, der Einstein hatte bloß als Kind Malessen, später is datten ganz Schlauen geworden, da könnze dir leicht ma ne Scheibe von abschneiden. Ich sach, watt wa denn nu aber so schlau an den, kann mir datt nich ma einer verklickern, watt hatter denn nu erfunden?

Willi macht sonne fahrige Bewegung mitte Hand, nä – Der Einstein, sachter, dem seine Ideen ham de ganze Welt verändert.

Watt sintatt denn für Ideen gewesen? frarich.

Gezz laß mich demma lesen, verdorri, sacht Willi. Ich hab gezz Feierahmt un keine Lust, dir dem Albert Einstein seine Dingens, seine Rela – äh, diese Theorie von Realität, vonne Relativität dir die gezz zu erklären.

Ich sach Donnerwetter, wie heißtatt watt der erfunden hat, watt fürne Theorie?

Willi weiß schon, wenn ich so dranbleib, dann krichter keine Ruhe. Er lechte Zeitung weg, nä, also, sachter. Ingelein, habt ihr denn nix von den Einstein inne Schule durchgenomm?

Doch, sacht unser Inge, mittet Licht, diese Sachen, dattat immer gleich schnell is. Datt hatter irgendwie zuerst, gemerkt. Wie, sarich, wie will der dattenn gemerkt ham, wenn ich die Lampe anmach, dann is dattoch immer sofort an, wie will der denn da merken, ob datt immer gleich schnell is, kann doch kein Mensch messen.

Paß auf, sacht Willi, gezz stelln wer uns ma vor, durchem Ozean fährt en Schiff, nä.

Wo sollet denn sonz fahren, sarich.

Ja, willze gezz dem Einstein seine Ideen erklärt ham oder nich, schreiter mich gleich an.

Ja sicher, sarich, deshalb frarich ja, aber ihr kommt ja von Hölzken auf Stöcksken, unser Inge mitten Licht, gezz fängstu mitten Schiff an –

Datt is alle dattselbe, sachter. Paß auf. Auffen Ozean fährt gezz datt Schiff, un auf den Schiff fährten Fahrrad. Ich sach, gezz hör aber auf, watt is dattenn für ne dösige Geschichte, warum fährtenn auf den Schiff –

Auf den Schiff fährten Fahrrad un hat vorne datt Lämpken an. Un damit datt an is, muß einer treten, wegen den Dünamo, un an dies Schiff selbs brennt auch ne Lampe, un dat Fahrrad fährt, un datt Schiff fährt, unte Erde dreht sich aunnoch, un dem Licht is datt vollkommen egal, datt is überall immer gleich schnell, verstehsse datt gezz?

Nä, sarich.

Also, sacht Willi, machen wer en anderes Beispiel. Energie un sowatt, nä, un Masse, verstehsse, datt is immer alle relativ, nä, Ingelein?

Tja, sacht unser Inge, also 'n Killo is immer 'n Killo, datt stimmt.

Ja, sacht Willi, genau, datt is dem Einstein seiner Dingens, diese Relativitätstheorie da: obsse en Killo Blei nimms, oder 'n Killo Watte, datt eine ist zwa mehr wie datt andere, is aber alle relativ, Killo is Killo, so, un nu laß mich lesen.

Ich überlech noch so, nä, un dann sarich, Willi, weiße

watt? Gezz gehstu ma im Gaaten un ich bleib hier ohm un dann tu ich ma dem Albert Einstein seine Idee, die de Welt so verändert hat, tu ich die ma ausprobieren. Ich schmeiß dir nemmich, ersma en Killo. Watte auffem Kopp un dann en Killo Blei, un dann sachstu mir ma, watt relativ weher tut – fallze dattann noch sagen kanz. Un dann streckich nemmich aumma so de Zunge raus wie der immer!

(für Peter Stockinger)

Goethe

Den Goethe mach ich ja ma zu gerne, Sie, ich hab überhaupt als Kind gerne schomma so Sprüchskes gelesen, wir hatten ja auch alle son Pösiealbum, wo man watt reinschreiben mußte, un da wa dann meist viel von Goethe – waatense ma – ›Wer nie sein Brot im Bette aß, der weiß aunnich –« nä, der ging anders, ach ja, mit Tränen watt: »Wer nie sein Brot mit Tränen aß, der weiß aunnich, wie Krümmel drücken –« nä, datt gibt ja kein Sinn gezz, na, is egal, Sie wissen schon, wen ich mein, nä, Goethe – inne Schule mußten wir immer Osterspaziergang lernen von Goethe, »von Eise befreit sind Ströme un Bäche«, nä, kennse, un hier binnich dann Mensch un daaf datt sein, da hattet der Techtmeier her, nä, »bleibense Mensch«, hatter bestimmt von Goethe, höchstens noch von Schiller, mehr gibtet ja schon fast nich, bloß Mozart noch un Simmel. »Heinerich, mir graut vor dir«, datt hat unser Tante Klärchen immer zu ihren Gatte gesacht, wie der noch lebte, un datt wär auch irgendwie von Goethe, also ganz eimfachen Spruch, eintlich, un mit sowatt ist der so berühmt geworden, könnse ma sehen. Der kleine Hansgürgen von Kaatenkämpers, der studiert ja Deutsch für zum Lehrer werden, un der hat fümf oder sechs Bücher, alle von Goethe, da könnse ma sehen, watter Mann fleißig wa. Dabei soll der noch immer hinterde Frauen hergewesen sein wie Nachbas Lumpi, unser Inge, sacht, datt gab keine Farrerstochter dammals, wo der nich im Vorbeigehen ma rasch auffem Hintern gepackt hätte, datt könnter sich heute aunnimmehr leisten, aber andrerseits, wo gibtatt aunnoch Farrerstöchter, ma so gesehen, nä. Tja, der Goethe. Unser Omma kam neulich mit sonne Reformhauszeitung an, Else, sachtse, du machs doch den Goethe so gerne, kumma, hier stehen dem seine Lieblingsrezepte drin, willze datt nich aumma kochen?

Ich sach, wieso, meinze, denn lernt Willi Gedichte schreim? Hier, sachtse. Frankfurter grüne Soße –

Ich sach, wie, bloß Soße, hatterde Soße alleine gegessen, sonz mit nix?

Warum dennich, sacht Willi, früher wa doch alles anders, andere Klamotten, andere Sitten, warum sollnse nich auch de Soße allein gegessen ham?

Mit Jochhurt, sarich, un Pimpinelle. Jochhurt machs du doch ga nich, un kann mir ma einer erklären, watt Pimpinelle sein soll? Watt hatter denn noch gegessen, datt kann mir doch keiner erklären, datter mit Soße alleine fümf, sechs Bücher schreim konnt.

Salbeiblätter frittiert, sacht unser Omma un zeicht mir datt Rezept, ich sach, Salbeiblätter? Blätter? Wa dettenn en Hase, der Goethe? Watt gibtet denn an Blätter groß zu essen? Datt sollich Willi ma vorsetzen, da wär aber watt los, Salbeiblätter in Teich gebacken un mit Mangomus dazu – Mangomus! Ja, gezz werdich doch nimmehr, Mangomus!

Wa datt auch son dusseligen Feinschmecker wiese heute sind, dattse statt Appelkompott Apfelschnee sagen müssen un statt Bratkartoffeln Pommes Prinzeß?

Kumma, sacht unser Omma; Rührei mit Kerbel hatter auch gerne gegessen, aber nur mit echtes Vollmeersalz un Muskatblüten dran.

Wie, sarich, kein Fleisch? Hatter Mann nie ma'n anständigen Schweinebraten gegessen, kein Schinken, keine lecker Mettwürstkes mit Grünkohl? Kein Kotlett? Kein Schwattemagen? Watten Hungerleider!

Ja, sacht unser Omma; isser aber trotzdem schön alt bei geworden, kumma, anne achtzig.

Un, watt hattet davon, sacht Willi, gezz isser auch schon lange tot mit seine Pimpinelle un seine Jochhurtsoße, der mach ja schöne Gedichte un Sprüche erfunden ham, den Goethe da, Else, aber vonne gute Küche hatter scheinz nix verstanden.

Ich sach, ja, weiße warum? Weiler immer Junggeselle wa un inne Wirtschaft essen mußte, watt grade auffe Kaate stand. Der hatte keine Else zu Hause, die schomman leckern Leineweberfannekuchen gebacken hat odern schön Bratwürstken, da siehsse ma, wo datt hinführt, hieren Krösken und da en Krösken – Mangomus un Rührei un dann berühmt un tot, sei du ma froh, datte Willi Stratmann bis un nicht Johann Goethe!

Martin Lutter

Irgendwatt muß dran sein an den Martin Lutter, sonz hättense den nich neulich bloß wegen irgendein paahundertsten Todestach oder Geburtstach widder auss Versenkung geholt un ein Jah lang son Bahei drumgemacht. Der Mann is werweißwielange tot, nä, un kein Mensch redet von den, un plötzlich nix wie Lutter in Färnsehn un inne Zeitung un überhaupt, manchma denk ich so, velleicht is in 200 Jahre aumma plötzlich datt große Else-Stratmann-Jah, wose dann endlich wissen, wattse an mir hatten wie ich noch da wa, muß man ja in dies Land scheinz tot für sein. Der Martin Luther sitzt sicher da ohm irgendwo in Himmel bei sein lieben Gott un kuckt runter un sacht, ja, ihr Dösköppe, dammals warter mich dauernd am Verbannen un gezz auf eimma groß feiern un vonne Kirche laßter euch immer noch im Bockshorn jagen, un wenn der Papst sacht, de Aamen wärn zu arm, dann frachtern nich, watt er in sein Wattikan alle angehäuft hat, wo erse en bißken reicher ma mit machen könnte.

Daaf der da überhaupt rein im Himmel, der Lutter? Die sind ja da oben alle katholisch, un der hat ja evangelisch erfunden, datt gabet ja vorher nonnich, deswegen hatter ja auch dauern Knies mitten Papst gehabt dammals, is kla, den hattatt nich gepaßt, de Schäfchen nache Konkerrenz abwandern sehen. Dabei wa der Lutter ja soga ers Mönch, nä, richtich im Kloster mit kasteien un alles, un später isser dann da raus un hat sich verbessert mit Wein, Weib un Gesang, wie datt inne Bibel immer so schön heißt, un kann man verstehn, dattie Kirche datt nich richtich fand. Aber nuja, der Lutter fand ja aunnich alles richtich, wattie Kirche sich so ausgedacht hat, nä – diesen Ablaß, datt wa ja dammals Mode; immer feste sündigen, wa egal, Hauptsache hinterher schön anne Kirche bezahlen, hasse auch ne Quittung für gekricht, Sünden vergeben, fertich, Stempel, Unterschrift von Papst, un der Sünder wa am Lachen unter Papst hatte de Kasse schön voll, also wir müssen uns über dem Flick seine Pateispenden ga nich so aufregen, nä, neu is datt alle nicht, datt geht schon quer durche Jahrhunderte so. Aber nich mitten Lutter, nä, der hattann dammals gesacht, Ablaß, wo gibtet denn sowatt, watt is datten fürm Beschiß, un dann hatter de Prothesen anne Schloßkirche genagelt aus Protest un da wa de Karriere als Mönch soweso inne Binsen. Datt is wie heute, wennze sachz, watte vonne Obrichkeit hälz, krisse auch ein auffem Deckel, oder meinse, die lesen datt zum Beispiel gerne, watt ich hier schreib? Briefträger dürftich auch schon lange nimmeh werden, aber will ich ja nu aunnich, wo warich?

Ach ja, der Lutter, nä, ab in Acht un Bann, Berufsverbot, aus, zappenduster, weck nache Festung, un da saß er dann un hatte nix zu tun un hatte Bibel übersetzt, wenn der Tach lang wa, sonz könnten wir die heute nonnich lesen, wa ja alles auf lateinisch, nä, damittatt Volk nich dahinterkam, datta auch watt fü de Aam drinstand, tja, un da is de Kirche dann gespalten von in katholisch un evangelisch, deshalb hamse in Irland heut noch Kriech, un nu kommter Ayatollah aunnoch un sacht, nix, bloß seine Rellion wär richtich, ja, wattennu?

Ich sach so zu Willi, kumma, der Lutter, ein Männeken allein un gründet ne ganze Kirche, un du? Sitzt in Schluffen vor de Färnsehkiste un bis Sportschau am Kucken, nehm dir ma'n Beispiel, watter Lutter fleißich wa. Un der wa auch Optemist, Sie, deswegen gefällt mir der Mann auch so gut, der hatte ein son schön Sprüchsken drauf, wenn morgen de Welt unterging, wollte er vorher trotzdem nochen Appelbaum flanzen, un so denk ich auch: sollne doch rüsten un machen mitte Bomben wattse wolln, mehr wie grämen kannich mich nich, ich putz heute noch de Fenster un koch Appelkompott, watt ja nich heißt, dattich nich dagegen wär. Aber immer nur dagegen sein kannze ja nicht, Lehm muß ja auch weitergehen, un soga Lutter hat zwischendurch ma ehmt de Bibel übersetzt, sehnse.

Sinnlich – Übersinnliches

»Brüder, die Kirche muß mit der Zeit gehen – wir steigen jetzt ins After-Shave-Geschäft ein.«

ALPHONSE DAUDET

Der Pfarrer von Cucugnan

Alle Jahre, am Lichtmeßfest, veröffentlichen die provenzalischen Dichter ein lustiges kleines Buch, das ganz mit schönen Versen und hübschen Erzählungen gefüllt ist. Das von diesem Jahr geht mir soeben zu, und ich finde darin eine wundervolle Versdichtung, welche ich versuchen werde, euch zu übersetzen, indem ich hier und da etwas kürze... Pariser, spitzt den Mund. Es ist feinstes provenzalisches Mehl, das man euch dieses Mal auftischen wird.

Abbé Martin war Pfarrer... in Cucugnan.

Gut wie Brot, echt wie Gold, liebte er seine Pfarrkinder väterlich. Cucugnan wäre für ihn das Paradies auf Erden gewesen, wenn die Cucugnesen etwas mehr nach seinen Wünschen gelebt hätten. Aber, ach! Die Spinnen spannen ihr Gewebe in seinem Beichtstuhl, und am hohen Osterfest blieben die Hostien in seiner Monstranz. Dem guten Priester schmerzte das Herz darob, und dauernd bat er Gott um die Gnade, er möge ihn nicht eher sterben lassen, als bis er seine irregehende Herde in den Schoß der Kirche zurückgeführt habe.

Ihr werdet sehen, ob Gott ihn erhörte.

Eines Sonntags, nach Verlesung des Evangeliums, bestieg Herr Martin die Kanzel.

»Liebe Brüder«, sagte er, »ihr mögt es mir glauben oder nicht, aber heute nacht habe ich, der elende Sünder, mich an der Pforte des Paradieses befunden.

Ich klopfte, und der heilige Petrus öffnete mir.

›Sieh da! Sie sind es, mein teurer Herr Martin‹, sagte er zu mir. ›Welch guter Wind führt Sie her?... und was steht Ihnen zu Diensten?‹

›Heiliger Petrus, Sie führen doch das Hauptbuch und die Schlüssel; würde es da unbescheiden sein, wenn ich Sie bäte, mir zu sagen, wieviel Cucugnesen Sie im Paradies haben?‹

›Von Herzen gern, Herr Martin, will ich Ihnen Auskunft geben. Nehmen Sie Platz; wir wollen zusammen die Liste durchsehen.‹

Der heilige Petrus nahm das Hauptbuch, öffnete es und setzte sich die Brille auf.

›Suchen wir ein wenig: Cucugnan sagen Sie. Cu... Cu... Cucugnan. Da haben wir es. Cucugnan... Mein verehrter Herr Martin, die Seite ist ganz leer. Nicht eine einzige Seele... Ebensoviel Cucugnesen wie Gräten in einer Gans.‹

»Niemand? Niemand aus Cucugnan hier? Niemand? Das ist nicht möglich! Sehen Sie noch einmal nach...‹

›Niemand, bester Herr. Sehen Sie selbst nach, wenn Sie glauben, daß ich spaße.‹

Leider, leider! Ich machte ihm meinen Kratzfuß und bat ihn mit gefalteten Händen um Nachsicht für meine Gemeinde. Da sagte der heilige Petrus:

›Beruhigen Sie sich, Herr Martin; nehmen Sie sich die Sache nicht so sehr zu Herzen... Sie könnten einen Schlaganfall bekommen. Sie tragen doch keine Schuld daran. Ihre Cucugnesen, sehen Sie, müssen sicherlich eine kleine Wartezeit im Fegefeuer durchmachen.‹

›Oh! bitte, großer, heiliger Petrus, könnte ich sie nicht wenigstens einmal sehen und sie trösten?‹

›Gerne, lieber Mann... Aber ziehen Sie sich diese Sandalen an, denn die Wege sind nicht besonders gut... So, so, das ist gut... Jetzt wandern Sie immer geradeaus. Da ganz hinten sehen Sie eine Biegung, nicht wahr? Zur rechten Hand finden Sie eine silberne, ganz mit schwarzen Kreuzen besäte Tür... Dort klopfen Sie an, und man wird Ihnen öffnen... Wohlan, halten Sie sich gesund und munter!‹

Und ich wanderte und wanderte! Was für eine Hetze! Mich überkommt noch eine Gänsehaut, wenn ich nur daran denke. Ein schmaler Steig voller Dornen, rotleuchtender Rubinen und Schlangen brachte mich zu der silbernen Tür.

Ich klopfe.

›Wer klopft da?‹ fragte eine heisere, klagende Stimme.

›Der Pfarrer von Cucugnan.‹

›Von...?‹

›Von Cucugnan.‹

›Ah! ... Treten Sie ein.‹

Ich trat ein. Ein großer, schöner Engel mit nachtdunklen Flügeln, einem helleuchtenden Gewande, dem ein Diamantschlüssel am Gürtel hing, schrieb, kritze – kratze, in einem großen Buch, das dicker war als das des heiligen Petrus...

›Und nun, was wollen Sie, und was wünschen Sie?‹ fragte der Engel.

›Schöner Engel Gottes, ich möchte wissen – vielleicht ist es recht neugierig von mir –, ob die Cucugnesen hier sind?‹

›Die...?‹

›Die Cucugnesen... die Leute aus Cucugnan... und ich, ich bin ihr Pfarrer.‹

›Ah! der Abbé Martin, nicht wahr?‹

›Ihnen zu dienen, Herr Engel.‹

›Sie sagten doch Cucugnan...?‹

Und der Engel öffnet sein Hauptbuch und blättert darin, indem er seinen Finger mit den Lippen anfeuchtet, damit es besser umschlägt...

›Cucugnan‹, sagt er zu mir und stößt einen tiefen Seufzer aus... ›Herr Martin, im Fegefeuer haben wir niemand aus Cucugnan.‹

›Jesus! Maria! Joseph! niemand aus Cucugnan im Fegefeuer! Allmächtiger Gott! wo sind sie denn?‹

›Nun, heiliger Mann, sie sind im Paradies. Wo, zum Teufel, sollten sie denn sein?‹

›Aber ich komme doch gerade vom Paradies...‹

›Sie kommen gerade dorther... Nun also?‹

›Nun gut! Sie sind nicht dort!... Ach! gnädige Mutter der Engel...!‹

›Was wollen Sie, Herr Pfarrer! Wenn sie weder im Paradies noch im Fegefeuer sind, so bleibt nichts anderes übrig, sie sind...‹

›Heiliges Kreuz! Jesus, Sohn Davids! O weh! O weh! Ist es möglich?... Sollte der heilige Petrus gelogen haben?... Ich habe doch keinen Hahn krähen hören!... Wehe! wehe! Ich

Armer! Wie kann ich in das Paradies eingehen, wenn meine Cucugnesen nicht dort sind?‹

›Hören Sie, lieber Herr Martin, da Sie sich um jeden Preis über all diese Sachen vergewissern und mit eigenen Augen sehen wollen, wie die Sache steht, gehen Sie, so schnell es Ihnen möglich ist, diesen Steig entlang... Bald werden Sie links ein großes Portal erblicken, wo Sie sich nach allem erkundigen können. Gott mit Ihnen!‹

Und der Engel schloß die Tür.

Es war ein langer Weg und ganz mit roten, glühenden Kohlen gepflastert. Ich schwankte, als ob ich betrunken sei; bei jedem Schritt stolperte ich; ich war wie in Wasser gebadet, jedes Härchen meines Körpers hatte seinen Schweißtropfen, und ich schnaubte vor Durst... Aber meiner Treu, dank den Sandalen, die mir der gute heilige Petrus geliehen hatte, verbrannte ich mir nicht die Füße.

Nachdem ich so eine ganze Weile dahingehumpelt war, sah ich zu meiner Linken eine Tür... nein, ein Portal, ein gewaltiges, weit offenstehendes Portal, wie die Tür eines großen Backofens. Oh! liebe Kinder, was für ein Anblick! Keiner fragte nach meinem Namen, denn ein Namensverzeichnis gab es dort nicht. Truppweise und bei offenen Türen tritt man dort ein, liebe Brüder, genau wie ihr des Sonntags in die Kirche tretet.

Ich schwitzte dicke Tropfen, und trotzdem schauderte ich vor Kälte. Meine Haare standen zu Berge. Es roch brenzlig nach verbranntem Fleisch, ähnlich, als ob in unserm Cucugnan Eloy, der Hufschmied, den Huf eines alten Esels beschlägt. Mir verging fast der Atem in dieser stinkenden, brandigen Luft; ich hörte ein schreckliches Gebrüll und Geschrei, Flüche und Seufzer.

›Nun, du da! willst du hinein oder nicht?‹ sagte ein gehörnter Teufel zu mir, indem er mir mit seiner Forke einen Stoß gab.

›Ich? Ich will nicht hinein. Ich bin ein Freund Gottes.‹

›Du bist ein Freund Gottes... Nun, du Fettwanst, was willst du denn hier?‹

›Ich... ich... Ach! ich kann kaum noch auf den Beinen halten... Ich möchte Euch ganz bescheiden fragen... ob... ob Ihr vielleicht zufällig... jemand... jemand aus Cucugnan hier habt...?‹

›Ah! beim höllischen Feuer! Stelle dich doch nicht so dumm an, als ob du nicht wüßtest, daß ganz Cucugnan hier ist. Blick dorthin, du garstiger Rabe; da kannst du sehen, wie wir hier mit ihnen umspringen, mit deinen Cucugnesen.‹

Und inmitten der schrecklich wirbelnden Flamme sah ich: den langen Coq-Galine – ihr habt ihn alle gekannt, liebe Brüder –, Coq-Galine, der so oft betrunken war, und der seine arme Frau so oft verprügelte.

Ich sah Katharina... die Vettel, die immer die Nase so hoch trug... und die ganz allein in der Scheune schlief... Ihr erinnert euch, ihr Schlingel?... aber genug davon, ich habe ja oft davon gesprochen.

Ich sah Pascal Pechfinger, der aus den Oliven des Herrn Julien sein Öl machte.

Ich sah Lieschen, die Ährenleserin, die beim Sammeln immer ganze Hände voll aus den Getreidemieten nahm, um schneller ihre Garbe fertig zu haben.

Ich sah Meister Grapasi, der das Rad seiner Karre so gut ölte.

Und Dauphine, die das Wasser ihres Brunnens so teuer verkaufte.

Und den Tortillard, der, wenn er mich mit der Monstranz taf, mit dem Hut auf dem Kopf und der Pfeife im Maul... stolz wie ein Spanier... seines Weges ging... als ob ihm ein Köter begegnet wäre.

Und Clou und Zette und Jakob und Peter und Toni...«

Erregt, blaß vor Furcht, seufzten die Zuhörer, als sie in der offenen Hölle die einen den Vater, die andern die Mutter, die Großmutter oder Schwester sahen...

»Ihr fühlt wohl, liebe Brüder«, nahm der gute Abbé Martin wieder das Wort, »daß das nicht so weitergehen kann. Ich trage die Verantwortung für eure Seelen, und ich will, ich muß euch vor dem Abgrund retten, in den ihr alle im Begriff steht kopfüber zu stürzen. Morgen gehe ich ans Werk, nicht später als morgen. An Arbeit wird es nicht fehlen! Mein Plan ist der folgende – denn alles, was gut gemacht werden soll, muß auch seine Ordnung haben. Wir werden Reihe nach Reihe durchnehmen, wie in Jonquières beim Tanz.

Morgen, am Montag, werde ich die Beichte für die Alten abhalten. Das wird schnell gemacht sein.

Am Dienstag kommen die Kinder dran. Auch damit werde ich bald fertig sein.

Am Mittwoch die Knaben und Mädchen. Das wird länger dauern.

Am Donnerstag kommen die Männer an die Reihe. Ich werde die Sache kurz machen.

Am Freitag die Frauen. Ich werde sagen: Keine großen Geschichten anrühren!

Am Samstag kommt der Müller! Für den muß ich einen ganzen Tag allein haben...

Und wenn wir am Sonntag mit allem fertig sind, können wir froh sein.

Seht, liebe Kinder, wenn das Korn reif ist, muß man es mähen; wenn der Wein abgezogen ist, muß man ihn trinken. Es gibt genug schmutzige Wäsche, nun heißt es, sie waschen, und gut waschen.

Die Gnade des Himmels sei mit euch. Amen!«

Gesagt, getan. Die Wäsche kam in die Lauge.

Seit diesem denkwürdigen Sonntag verbreitet sich der Duft der Frömmigkeit in Cucugnan auf zehn Meilen in der Runde.

Und der gute, glückliche Pfarrer hat neulich nachts voller Jubel geträumt, daß er, von seiner ganzen Herde begleitet, in glänzendem Zuge inmitten brennender Kerzen, unter einer Wolke balsamisch duftenden Weihrauchs, nebst den Chorkindern, die das Tedeum sangen, den lichterfüllten Weg zum Hause Gottes emporstieg.

Das ist die Geschichte des Pfarrers von Cucugnan, die ich euch im Auftrage des großen Schelms Roumanille erzählt habe, und die er selbst von einem andern guten Kameraden gehört hat.

Ich fahre in die Hölle

Als ich noch lebte, hatte ich den Wunsch, dermaleinst in die Hölle zu kommen. Das war nicht originell und auch ein bißchen abgeschmackt. Vielleicht war es Neugier oder Oppositionsgeist oder gar Größenwahn. Aber des Menschen Wille ist sein Himmelreich. Meiner war die Hölle.

Es gelang mir auch. Allerdings nicht durch entsprechenden Lebenswandel – das wäre mir zu anstrengend gewesen –, sondern durch eine kleine Schiebung: Ich fand einen ehrgeizigen Diplomaten, der froh war, mit mir seinen Zuteilungsausweis tauschen zu können. So war uns beiden geholfen.

In zersetzenden Schriften hatte ich gelesen und von bedenklichen Freunden gehört, daß die interessanten Männer und die schönen Frauen sich vorzugsweise in der Hölle befänden. Das war es, was mich reizte. Es fing aber gleich mit einer Enttäuschung an; dafür war es eben die Hölle. Der Eingang hatte zwei getrennte Portale mit den Aufschriften: Für Herren, Für Damen. Ein Winkposten mit weißen Handschuhen paßte höllisch auf und sortierte unerbittlich, sachkundig und unbestechlich. Es war nichts zu wollen.

Auch die großen Männer enttäuschten mich. Alexander der Große war mit am längsten unten und hatte auf Grund seiner niedrigen Nummer einige Vorrechte. Er spielte mit Bleisoldaten und interessierte sich nur für seine Phalanx. Cäsar brütete über einer Karte von Afrika und rauchte vor Wut, daß er in Kleopatras Armen versäumt hatte, Abessinien für die römische Kultur zu erobern. Napoleon beklagte sich über die englische Diplomatie, die ihn in die Hölle manövriert hatte; hier mußte er nun pazifistische Schriften verteilen, die niemand haben wollte. Rasputin wurde täglich zweimal rasiert und war kaum zu erkennen, er hatte jeglichen Charme verloren, und Lord Byron fand den ständigen Geruch von Bratkartoffeln unerträglich. Tiere waren nicht vorhanden, sie kommen nicht in die Hölle; nur ein gewaltiger Gorilla lief mir in die Quere, es war aber nur Darwin. Bei Goethe hatte ich weniger Glück; er wurde zwar viel zitiert, ließ sich aber nicht sprechen. Überhaupt war die Auswahl an klugen Männern nicht groß. Die meisten hatten sich kurz vor Toresschluß noch rechtzeitig umgestellt, dafür waren es eben kluge Männer. Casanova war damit allerdings nicht durchgekommen. Auf ihn wollte die Hölle nicht verzichten, er war Renommierinsasse, und aus diesem Grunde wurde es ihm auch nachgesehen, daß er von Zeit zu Zeit heimlich auskniff. Er kam dann jedesmal etwas ramponiert zurück und erzählte in engem Kreise neue Memoiren, die ich hier nicht wiedergeben möchte.

Auch sonst war alles ganz anders. Da waren keine Teufelchen, die um meine arme Seele Reigen tanzten und sie mit dem Bratspieß in den Schmorkessel zogen. Von dem Feuer war man abgekommen, und es gab auch keinen Trichter mit konzentrischen Kreisen, es gab überhaupt keine Kreise, es war eine Einheitshölle. Hier irrt Dante. Man hatte eine andere Strafe ausgeklügelt, die keinen Brennstoff und nichts kostet und sich ganz von selbst herausstellt. In der Hölle gibt es nämlich keine Sünde. Es ist wie auf der Alm, nur klimatisch nicht so gut. Wie sollte man hier auch sündigen? Jede Seele hat ihr Auskommen, Geld gibt es keins, Frauen auch nicht, sie sind in der anderen Abteilung. Damit entfallen neunundneunzig Prozent aller Untaten. Wegen des restlichen einen Prozents lohnt es sich nicht anzufangen. Zu morden ist nichts, Seelen kann man nicht umbringen. Betrügen läßt sich keiner, die Leute hier unten sind viel zu gerissen. Gesetze und Verordnungen, die man mit Wollust übertreten könnte, werden nicht erlassen, aus purer Schikane nicht. Politik ist nicht vorhanden, dafür ist es eben die Hölle. Man kann hier beim besten Willen nichts Unrechtes tun, und das ist gerade die höllische Pein. Das Raffinierte daran ist, daß sie diejenigen am härtesten trifft, die am meisten gesündigt haben und es nicht lassen können. Die Seelen laufen vor Langeweile und Verzweiflung an den Höllenwänden hoch bis gegen den Plafond; das wird dann auf der Erde als Erdbeben registriert.

Als ich vier Wochen unten war, hatte ich es gründlich satt. Es war nicht das geringste geschehen, ich fühlte mich geneppt und stellte einen Antrag auf individuelle Behandlung. Die Verwaltung schickte mir daraufhin einen Herrn, der mir täglich sechs Stunden den französischen Konjunktiv erklärte und dessen Stellung nach den Verben der Gemütsbewegung, des Veranlassens und Zulassens, der Beachtung und Verneinung, sofern die Handlung des Sinnobjektes negativ vom Verb beeinflußt wird. Ich erkannte meinen französischen Lehrer und erschlug ihn. Da verdoppelte er sich und unterrichtete mich von zwei Seiten weiter. So geht das in der Hölle. Ich nahm von weiteren Verdoppelungen Abstand, ich weiß aus der Mathematik, wie eine Zinseszinsrechnung ins Aschgraue geht.

Das mit der individuellen Behandlung hätte ich lieber nicht sagen sollen. Die ganze Nacht hindurch hörte ich meine Frau Hausmeisterin, die mich schon zu meinen Lebzeiten bei der Arbeit störte, wenn sie durch das Treppenhaus rief: Fipi! – Fipi, wo biste denn? – Habe ich dich nit jesagt, du solls komme, wenn ich dich rüf. Fipi – Fipi –. Fipi war ihre Katze. Noch nie habe ich einem Menschen so das Himmelreich gewünscht.

Nein, dafür war ich nicht gestorben. Ich ging zum Chef. Der Teufel hatte sehr menschliche Züge, er ließ mich tüchtig warten und behandelte mich ein bißchen von oben herab. Er kam mir überhaupt etwas abständig vor, er trug eine dicke Uhrkette und eine senkrechte Krawatte, trank Bier statt Feuerzangenbowle und entpuppte sich als ein richtiger Spießer. Nur Hörner hatte er keine, er war nicht verheiratet. Er bestätigte mir, daß er einen durchaus geordneten Lebenswandel führe, und erzählte mir eine Stunde lang von seiner Geranienzucht. Beruflich schien er mir nicht auf der Höhe. Als ich mich wunderte, daß ich keine Kollegen traf, zuckte er die Achseln.

»Sie sind Advokat? Was ist das? Davon habe ich hier noch nie etwas gehört. Gibt es das überhaupt?«

Vor allem wollte ich etwas über die Frauenabteilung erfahren. Da zog er ein süß-saures Gesicht.

»Ich kann Ihnen darüber nur sagen, was ich in den Akten

habe. Ich darf selbst nicht hinein. Da soll eine Kleinigkeit passiert sein, die man mir in die Schuhe schiebt. Seitdem untersteht die Frauenriege meiner Frau Großmutter.«

»Oh«, sagte ich.

»Sie brauchen nicht ›oh‹ zu sagen. Meine Frau Großmutter hat viel von ihrer Eigenart verloren; sie wird jetzt von einem amerikanischen Schönheitsinstitut reklamehalber beliefert und hat sich in einen platingewellten Dauerengel verwandelt.«

»Die Abteilung ist wohl sehr überfüllt?«

»Im Gegenteil. Mit den Frauen ist das so: Die häßlichen haben keine Gelegenheit zum Sündigen, und das bißchen Neid und Bosheit, mit denen sie sich begnügen müssen, wird im Fegefeuer erledigt. Und was die schönen Frauen anbetrifft, die haben durchweg eine verteufelt gute Protektion. Die Lukrezia Borgia zum Beispiel, auf das Prunkstück hatten wir uns so gefreut, aber dann kam die hochmögende Verwandtschaft dazwischen, und da war's aus. Und die Sappho haben sie mir wegen ihrer literarischen Verdienste begnadigt. Was uns noch geliefert wird, ist allenfalls das kleine Kroppzeug vom Asphalt und so weiter.«

»Und das lassen Sie sich gefallen?«

»Liebe Seele Nummer 004711, du mußt nicht glauben, daß ich auf die Seelen so erpicht wäre. Das ist eine Erfindung, ein Reklametrick der Konkurrenz. Ich bin ein alter Mann und will meine Ruhe haben. Außerdem bin ich fest besoldet, und jede Seele macht nur neue Arbeit, Sie wissen doch, Klebekarte, Kartothek, Eintreibung der Versicherungsbeiträge. In der Hölle bleibt uns nichts erspart. Übrigens bin ich ziemlich aus der Mode gekommen. Seit der Erfindung der Giftgase haben die Menschen keinen Respekt mehr vor meinem Betrieb, sie machen sich ihre Teufeleien selber und benutzen mich höchstens noch zum Fluchen. Ich habe nur Existenzberechtigung, solange die Leute an mich glauben und Angst vor mir haben. Unter uns gesagt, und bitte nicht darüber sprechen: Ich bin keine Realität, ich bin nur ein Fantasieerzeugnis: Mich schuf der Mensch nach seinem Ebenbilde. In Wahrheit gibt es mich nicht, und ich verstehe nicht, wie Sie es überhaupt fertigbringen, mit mir zu sprechen.«

Ich verstand es auch nicht. Und ich kam allmählich dahinter, daß die ganze Geschichte von mir erlogen ist.

JOHN COLLIER

Bottle-Party

Franklin Fletcher träumte von Luxus in Form von Tigerfellen und schönen Frauen. Schlimmstenfalls war er bereit, auf die Tigerfelle zu verzichten, aber leider schienen die schönen Frauen ebenso rar und unerreichbar zu sein. Die Mädchen, die er im Büro und in seiner Pension traf, waren entweder graue Mäuse oder tückische Katzen oder verspielte Kätzchen, und andere wieder hatten seine Annoncen zu flüchtig gelesen. Sonst machte er keine Bekanntschaften. Mit fünfunddreißig gab er es auf und beschloß, sich mit einem Hobby zu trösten, obwohl das ein recht kümmerlicher Ersatz ist.

Er durchstreifte die entlegensten Winkel der Stadt, sah sich die Schaufenster von Antiquitätenhändlern und Trödlern an und fragte sich, was in aller Welt er sammeln könnte. Dabei stieß er auf einen schäbigen Laden in einer schäbigen Gasse, in dessen verstaubtem Fenster ein einziger Gegenstand ausgestellt war: ein vollgetakeltes Schiff in einer Flasche. Das erschien ihm wie ein Abbild seiner selbst, und so ging er hinein, um nach dem Preis zu fragen.

Der Laden war klein und verkommen. An den Wänden entlang zogen sich primitive Regale mit einer großen Anzahl von Flaschen jeder Form und Größe; sie enthielten alle möglichen Gegenstände, an denen nichts weiter interessant war, als daß sie in Flaschen steckten. Während Franklin sich noch umsah, ging eine kleine Tür auf, und herein schlurfte der Besitzer, ein verrunzelter alter Mann mit einem Hauskäppchen, der über den Kunden mäßig überrascht und mäßig erfreut zu sein schien.

Er zeigte Franklin Blumensträuße und Paradiesvögel und die Schlacht von Gettysburg und japanische Miniaturgärten und sogar einen menschlichen Schrumpfkopf, alles auf Flaschen gezogen und zugestöpselt. »Und was ist in denen da im untersten Fach?« fragte Franklin.

»Ach, nichts Besonderes«, antwortete der Alte. »Viele Leute finden das unsinnig. Mir persönlich gefallen sie.«

Er holte einige Exemplare aus ihrem staubigen Versteck. In der einen Flasche schien nichts weiter zu sein als eine vertrocknete Fliege, in anderen etwas Undefinierbares – Roßhaare oder Strohhalme oder wer weiß was für Fasern; einige waren anscheinend mit grauem oder schillerndem Rauch gefüllt. »Das sind«, erklärte der Alte, »verschiedene Arten von Kobolden, Dschins, Hexen, Dämonen und dergleichen. Ich glaube, manche von ihnen sind noch viel schwerer in eine Flasche zu kriegen als ein vollgetakeltes Schiff.«

»Aber hören Sie mal! Wir sind doch in New York«, sagte Frank.

»Um so mehr Grund dafür«, sagte der alte Mann, »die merkwürdigsten Dschins in Flaschen zu erwarten. Ich werd's Ihnen zeigen. Einen Moment. Der Stöpsel klemmt ein bißchen.«

»Sie meinen, in der Flasche ist einer drin?« sagte Frank. »Und Sie wollen ihn rauslassen?«

»Warum nicht?« erwiderte der Alte, von seinen Bemühungen ablassend und die Flasche ans Licht haltend. »Dieser – ach, du lieber Himmel! Von wegen: *warum nicht!* Meine Augen werden schwach. Beinah hätte ich die falsche Flasche aufgemacht. Das ist nämlich ein ganz häßlicher Bursche. Meine Güte! Wie gut, daß ich den Stöpsel nicht rausgekriegt habe. Den stelle ich lieber gleich ins Regal zurück. Ich muß mir merken, daß er rechts unten in der Ecke steht. Ich werde dieser Tage ein Etikett draufkleben. Hier ist etwas Harmloseres.«

»Was ist da drin?« fragte Frank.

»Angeblich das schönste Mädchen der Welt«, sagte der Alte. »Na ja, wenn Sie an so was Geschmack finden. Ich habe mir noch nie die Mühe gemacht, sie zu öffnen. Ich suche Ihnen was Interessanteres.«

»Nun, vom wissenschaftlichen Standpunkt aus«, sagte Frank, »würde ich...«

»Wissenschaft ist nicht alles«, sagte der Alte. »Sehen Sie mal hier.« Er hielt eine Flasche hoch, in der man durch das verschmutzte Glas mit Mühe ein kleines, mumifiziertes, insektenartiges Etwas erkannte. »Halten Sie mal das Ohr dran.«

Frank tat es. Er hörte ein pfeifendes Stimmchen, das andauernd die Worte wiederholte: »Louisiana-Boy, Saratoga, vier-fünfzehn, Louisiana-Boy, Saratoga, vier-fünfzehn.«

»Was ist das, um Himmels willen?« fragte er.

»Das ist die Originalsybille von Cumae«, erklärte der Alte. »Interessant, was? Sie hat sich dem Rennsport ergeben.«

»Wirklich sehr interessant«, sagte Frank. »Trotzdem, ich würde mir die gern einmal ansehen. Ich bin ein Verehrer der Schönheit.«

»Bißchen künstlerischer Einschlag, was?« sagte der Alte. »Aber wissen Sie, eigentlich brauchten Sie einen guten, anstelligen Mann für alles. Hier, das wäre zum Beispiel einer. Dieses Kerlchen kann ich aus eigener Erfahrung empfehlen. Sehr brauchbar. Der verschafft Ihnen alles.«

»Wirklich?« fragte Frank. »Aber wieso haben Sie dann keinen Palast mit Tigerfellen und so weiter?«

»Ich habe das alles gehabt«, sagte der Alte. »Und alles durch ihn. Ja, das war meine erste Flasche, und alles übrige hat er beschafft. Vor allem einen marmornen Palast mit Gemälden und Sklaven. Und mit Tigerfellen, wie Sie sagen. Auf eins ließ ich ihn Kleopatra setzen.«

»Und wie war sie?« rief Frank.

»Ganz nett«, sagte der Alte, »wenn man für dergleichen was übrig hat. Mich langweilte es mit der Zeit. Ich dachte mir: ›Was ich eigentlich haben möchte, ist ein kleiner Laden mit Flaschen, in denen alles mögliche drin ist.‹ Also gab ich ihm den Auftrag. Er hat mir die Sibylle besorgt und den wilden Kerl da, kurzum: die ganze Gesellschaft.«

»Und jetzt ist er da drin?« fragte Frank.

»Ja. Jetzt ist er da drin«, antwortete der Alte. »Hören Sie mal.«

Frank legte das Ohr an die Flasche und hörte ein klägliches Gewinsel. »Laß mich raus. Laß mich doch raus. Bitte, laß mich raus. Ich will ja alles tun. Laß mich raus. Ich bin harmlos. Bitte, laß mich raus. Nur für ein Weilchen. Laß mich doch raus. Ich will ja alles tun. Bitte...«

Frank sah den alten Mann an. »Tatsächlich«, sagte er, »er ist da drin.«

»Natürlich ist er drin«, sagte der Alte. »Ich würde Ihnen

doch keine leere Flasche verkaufen. Wofür halten Sie mich? Eigentlich wollte ich diese überhaupt nicht verkaufen, aus Sentimentalität, wissen Sie, aber nun habe ich den Laden schon so viele Jahre, und Sie sind mein erster Kunde.«

Frank horchte wieder an der Flasche. »Laß mich raus. Laß mich raus. Ach, bitte, laß mich raus. Ich will...«

»Mein Gott!« sagte Frank beklommen. »Geht das *immer* so weiter?«

»Höchstwahrscheinlich«, sagte der Alte. »Ich kann nicht behaupten, daß ich ihm zuhöre. Ich höre lieber Radio.«

»Es muß doch schrecklich für ihn sein«, sagte Frank mitfühlend.

»Möglich«, erwiderte der Alte. »Diese Geschöpfe haben anscheinend etwas gegen Flaschen. Ich für meinen Teil mag sie gern. Ich finde sie faszinierend. Zum Beispiel habe ich da...«

»Sagen Sie: Ist er wirklich harmlos?« fragte Frank.

»O ja«, erwiderte der Alte. »Völlig harmlos, glauben Sie mir. Manche Leute behaupten, diese Dschins wären heimtückisch – wegen dem östlichen Blut und so –, aber bei ihm habe ich das nie festgestellt. Ich habe ihn rausgelassen, er tat seine Arbeit, und dann mußte er wieder rein in die Flasche. Er ist sehr tüchtig, muß ich sagen.«

»Er könnte mir alles verschaffen?«

»Alles, was Sie sich wünschen.«

»Und wieviel soll er kosten?« fragte Frank.

»Ach, ich weiß nicht«, sagte der Alte. »Vielleicht zehn Millionen Dollar.«

»Um Himmels willen! So viel! Das kann ich nicht bezahlen. Allerdings, wenn er wirklich so tüchtig ist, wie Sie sagen... Ich könnte es in Raten abbezahlen.«

»Machen Sie sich keine Sorgen. Sagen wir statt dessen fünf Dollar. Ich habe ja alles, was ich brauche, wirklich. Darf ich ihn für Sie einpacken?«

Frank bezahlte seine fünf Dollar und eilte mit der kostbaren Flasche nach Hause, ständig in Angst, sie zu zerbrechen. Sobald er in seinem Zimmer war, zog er den Stöpsel heraus. Aus dem Flaschenhals floß eine erstaunliche Menge von rußigem Rauch, der sich alsbald zu einer Gestalt verdichtete, zu einem einsachtundneunzig großen, grobschlächtigen, fleischigen Orientalen mit Fettwülsten und Hakennase, mehreren Doppelkinnen und böse glitzerndem Augenweiß – im großen und ganzen wie ein Filmproduzent in vergrößertem Maßstab. Frank rang verzweifelt nach Worten, dann bestellte er Schaschlik, Kebab und Konfekt, und alles wurde unverzüglich aufgetragen.

Nachdem Frank sein Gleichgewicht wiedergefunden hatte, bemerkte er mit Wohlgefallen die erstklassige Qualität dieser bescheidenen Gaben und die blitzblank polierten, prachtvoll ziselierten, schwergoldenen Schüsseln, auf denen sie angerichtet waren. An solchen kleinen Einzelheiten erkennt man einen wirklich erstklassigen Dienstboten. Frank war entzückt, zügelte jedoch seine Begeisterung. »Goldene Schüsseln sind schön und gut«, sagte er. »Aber kommen wir zur Sache. Ich möchte einen Palast.«

»Euer Wunsch ist mir Befehl«, sagte der dunkelhäutige Leibdiener.

»Einen Palast«, fuhr Frank fort, »von passender Größe, in passender Lage, mit den passenden Möbeln, Bildern und Marmorstatuen, Tapeten, Draperien und allem, was dazugehört. Ich hätte gern recht viele Tigerfelle. Ich liebe Tigerfelle.«

»Ihr werdet sie vorfinden«, sagte der Sklave.

»Ich habe eine künstlerische Ader«, sagte Frank, »wie dein ehemaliger Besitzer sehr richtig bemerkte. Für meine Kunst brauche ich – sozusagen – auf diesen Tigerfellen etliche junge Frauen von verschiedener Art – blonde und brünette, zierliche und junonische, schmachtende und temperamentvolle, aber alle müssen schön sein und brauchen nicht übertrieben viel anzuhaben. Ich hasse es, wenn Leute sich übertrieben anziehen, das ist unfein. Hast du verstanden?«

»Sehr wohl«, sagte der Dschin.

»Dann mach dich an die Arbeit«, sagte Frank.

»Würdet Ihr geruhen«, sagte der Diener, »nur für eine einzige Minute die Augen zu schließen. Wenn Ihr sie wieder aufschlagt, werdet Ihr Euch von den angenehmen Dingen umgeben finden, die Ihr beschrieben habt.«

»Gut«, sagte Frank. »Aber keine Mogeleien, verstanden?«

Er schloß, wie verlangt, die Augen. Ein leises, melodisches

Summen und Rauschen erhob sich und verklang wieder. Als die Minute verstrichen war, öffnete er die Augen und sah sich um. Er befand sich in dem herrlichsten Palast, den man sich vorstellen kann, mit Bogengängen und Säulen, Marmorstatuen und Draperien und allem, was dazugehört, und wo er auch hinsah, erblickte er ein Tigerfell, und auf jedem Tigerfell ruhte eine bildschöne junge Frau, die bestimmt nicht übertrieben viel anhatte.

Unser guter Frank befand sich – milde ausgedrückt – in einem Freudentaumel. Er flitzte hin und her wie eine Biene in einem Blumenladen. Überall wurde er mit unbeschreiblich reizendem Lächeln und mit offen oder verschleiert einladenden Blicken empfangen. Hier fand er zartes Erröten und gesenkte Lider, dort ein in Leidenschaft erglühtes Antlitz. Die eine zeigte ihm ihre – keineswegs kalte – Schulter, die andere empfing ihn mit offenen Armen, und was für Armen! Hier bot sich verhüllte – vergebens verhüllte – Liebe an, dort offen triumphierende. »Ich muß sagen«, gestand Frank zu später Stunde, »es war ein wirklich bezaubernder Nachmittag. Ich habe ihn gründlich genossen.«

»Darf ich dann um die Gunst bitten«, sagte der Dschin, der ihm gerade sein Abendessen servierte, »darf ich um die Gunst bitten, Euch als Haushofmeister und Maître de plaisir dienen zu dürfen, anstatt in diese abscheuliche Flasche zurück zu müssen?«

»Warum nicht?« antwortete Frank. »Du hast alles sehr schön gemacht, da wäre es bestimmt ungerecht, dich wieder in die Flasche zu zwängen. Also gut, du darfst mein Haushofmeister sein, aber merk dir: Was auch immer der Brauch sein mag, ich wünsche nicht, daß du ein Zimmer betrittst, ohne anzuklopfen. Und vor allem: keine Mogeleien!«

Der Dschin zog sich mit einem kriecherisch-dankbaren Lächeln zurück, und Frank begab sich alsbald wieder zu seinem Harem, wo er den Abend ebenso erfreulich verbrachte wie den Nachmittag.

Über diesem angenehmen Zeitvertreib vergingen einige Wochen. Eines Tages merkte Frank, daß er – infolge eines Gesetzes, das auch der tüchtigste Dschin nicht außer Kraft setzen kann –, ein bißchen blasiert, ein bißchen mäkelig geworden war und einen Hang zu Kritik und Nörgelei hatte.

»Das sind ja sehr hübsche junge Geschöpfe«, sagte er zu seinem Dschin, »wenn man für dergleichen was übrig hat, aber ich kann mir kaum vorstellen, daß sie wirklich erste Klasse sind, denn sonst würden sie mich mehr interessieren. Schließlich bin ich ein Kenner, und nur das Allerbeste ist für mich gut genug. Laß sie verschwinden. Roll alle Tigerfelle auf, bis auf eins.«

»Sehr wohl«, sagte der Dschin. »Siehe, es ist schon geschehen.«

»Und auf dieses Tigerfell leg mir Kleopatra.«

Im nächsten Augenblick war Kleopatra da, und man muß es zugeben: sie sah einfach prachtvoll aus. »Hallo!« sagte sie. »Da bin ich – wieder mal auf einem Tigerfell.«

»Wieder?« rief Frank, dem plötzlich der alte Mann im Laden einfiel. »Hier! Nimm sie zurück. Bring mir die schöne Helena.«

Im nächsten Augenblick war die schöne Helena da. »Hallo!« sagte sie. »Da bin ich – wieder mal auf einem Tigerfell.«

»Wieder?« rief Frank. »Dieser verflixte Alte! Schaff sie fort. Bring mir die schöne Lilofee.«

Die schöne Lilofee sagte genau dasselbe, desgleichen Madame de Pompadour, Lady Hamilton und jede andere berühmte Schönheit, die Frank einfiel. »Kein Wunder«, sagte er, »daß der Alte so verrunzelt war! Dieser alte Schurke! Der alte Teufel! Er hat mir den ganzen Spaß an der Sache verdorben. Du kannst es Eifersucht nennen, aber ich denke nicht dran, nach diesem häßlichen alten Gauner die zweite Fiedel zu spielen. Wo finde ich das vollkommene Geschöpf, das würdig ist, von einem Kenner wie mir umarmt zu werden?«

»Sofern Ihr diese Frage an mich zu richten geruht«, antwortete der Dschin, »möchte ich Euch daran erinnern, daß es in jenem Lokal ein Fläschchen gab, das mein ehemaliger Herr nie entkorkt hat, weil er, als ich es ihm lieferte, bereits das Interesse an solchen Dingen verloren hatte. Nichtsdestoweniger steht es in dem Ruf, das schönste Mädchen der Welt zu enthalten.«

»Du hast recht«, rief Frank. »Verschaff mir auf der Stelle diese Flasche.«

Binnen weniger Sekunden lag die Flasche vor ihm. »Ich gebe dir den Nachmittag frei«, sagte Frank zu seinem Diener.

»Vielen Dank«, sgte der Dschin. »Ich werde meine Familie in Arabien besuchen. Ich habe sie lange nicht gesehen.« Er verbeugte sich und zog sich zurück. Frank wandte seine Aufmerksamkeit der Flasche zu, und bald hatte er sie entkorkt.

Heraus kam das allerschönste Mädchen, das man sich vorstellen kann. Mit ihr verglichen, waren Kleopatra und all die anderen alte Hexen und Vogelscheuchen. »Wo bin ich?« fragte sie. »Was ist das für ein schöner Palast? Wie komme ich auf dieses Tigerfell? Wer ist dieser hübsche junge Prinz?«

»Ich bin es!« rief Frank verzückt. »Ich!«

Der Nachmittag verging wie ein Augenblick im Paradiese. Bevor Frank sich's versah, war der Dschin zurück, um das Abendessen zu servieren. Frank wollte mit seiner Schönen speisen, denn diesmal war es wirklich Liebe. Als der Dschin die Hors d'œuvres auftrug, rollte er angesichts von soviel Schönheit die bösen Augen.

Nun begab es sich, daß Frank, ganz zappelig vor lauter Liebe, zwischen zwei Bissen in den Garten hinauslief, um für seine Geliebte eine Rose zu pflücken. Der Dschin tat so, als wollte er ihr Wein einschenken, trat dicht an sie heran und flüsterte ihr zu: »Ich weiß nicht, ob du dich an mich erinnerst. Ich war in der Flasche neben dir und habe dich oft durch das Glas bewundert.«

»O ja«, sagte sie. »Ich erinnere mich recht gut an dich.«

In diesem Augenblick kam Frank zurück. Der Dschin konnte nichts weiter sagen, machte sich aber im Zimmer zu schaffen, wobei er seinen kolossalen Brustkasten aufblähte und die dicken Muskeln seiner dunklen Arme spielen ließ. »Du brauchst dich nicht vor ihm zu fürchten«, sagte Frank. »Er ist nur ein Dschin. Beachte ihn gar nicht. Sag mir, ob du mich wirklich liebst.«

»Natürlich«, sagte sie.

»Dann sag es«, forderte er. »Warum sagst du es nicht?«

»Ich habe es doch gesagt«, antwortete sie. »Ich habe ›natürlich‹ gesagt. Genügt das nicht?«

Diese unbestimmte, ausweichende Antwort trübte Franks Glück, als wäre eine Wolke vor die Sonne getreten. Aufsteigende Zweifel verdarben ihm die Augenblicke höchster Wonne.

»Woran denkst du?« fragte er dann.

»Ich weiß nicht«, antwortete sie.

»Aber du solltest es wissen«, sagte er, und schon begannen sie zu streiten.

Ein- oder zweimal schickte er sie sogar in ihre Flasche zurück. Sie gehorchte mit einem unergründlichen, hinterhältigen Lächeln.

»Warum lächelt sie so?« fragte Frank den Dschin, dem er seinen Kummer anvertraute.

»Ich kann's nicht sagen«, antwortete der Dschin. »Wer weiß, vielleicht hat sie da drin einen Liebhaber versteckt.«

»Ist das möglich?« rief Frank bestürzt.

»Es ist überraschend«, sagte der Dschin, »wieviel Platz in so einer Flasche ist.«

»Komm raus!« rief Frank. »Komm sofort raus!«

Die Schöne gehorchte sofort. »Ist noch jemand in dieser Flasche?« rief Frank.

»Wie wäre das möglich?« fragte sie mit etwas zu unschuldiger Miene.

»Gib mir eine ehrliche Antwort«, sagte er. »Antworte ja oder nein.«

»Ja oder nein«, lautete die aufreizende Antwort.

»Du doppelzüngiges, hinterhältiges kleines Luder!« rief Frank. »Ich werde hineingehen und selbst nachsehen. Wenn ich jemand finde, dann gnade dir Gott, dir und ihm!«

Mit diesen Worten und äußerster Willensanstrengung schlängelte er sich in die Flasche. Er sah sich überall um: es war niemand da. Plötzlich hörte er über sich ein Geräusch. Er blickte auf: gerade wurde die Flasche zugestöpselt.

»Was macht ihr da?« rief er.

»Wir machen die Flasche zu«, sagte der Dschin.

Frank fluchte und bettelte, flehte und betete. »Laßt mich raus!« schrie er. »Laßt mich raus. Bitte, laßt mich raus. Laßt mich doch raus. Ich will ja alles tun. Laßt mich raus, bitte.«

Der Dschin jedoch hatte anderes zu tun. Frank mußte dieses andere zu seiner unendlichen Demütigung durch die Glaswände seines Gefängnisses mitansehen. Am nächsten Tag wurde er aufgehoben und durch die Luft gewirbelt, und er landete zwischen den anderen Flaschen in dem schmutzigen kleinen Laden, wo diese Flasche nie vermißt worden war.

Dort lag er eine lange, lange Zeit, über und über verstaubt und rasend vor Wut beim Gedanken an das, was in seinem herrlichen Palast zwischen seinem Dschin und seiner treulosen Schönen vor sich ging. Schließlich verirrten sich ein paar Matrosen in den Laden, und als sie hören, daß diese Flasche das schönste Mädchen der Welt enthielte, legte die ganze Back zusammen, und sie kauften sie. Wieder auf See, machten sie die Flasche auf, und als nur der arme Frank herauskam, kannte ihre Enttäuschung keine Grenzen, und sie machten mit barbarischer Rohheit von ihm Gebrauch.

HERMANN HESSE

Ein Abend bei Doktor Faust

Zusammen mit seinem Freunde Doktor Eisenbart (dem Urgroßvater übrigens des nachmals so berühmten Mediziners) saß Doktor Johann Faustus in seinem Speisezimmer. Das üppige Abendessen war abgetragen, in den schweren, vergoldeten Pokalen duftete alter Rheinwein, eben waren die beiden Musikanten verschwunden, die zum Essen aufgespielt hatten, ein Flötenbläser und ein Lautenschläger. »Also jetzt will ich dir die versprochene Probe geben«, sagte Doktor Faust und goß einen Schluck von dem alten Wein in seine etwas fett gewordene Kehle. Er war kein junger Mann mehr, es war zwei oder drei Jahre vor seinem schrecklichen Ende.

»Ich sagte dir ja schon, daß mein Famulus zuweilen so drollige Apparate herstellt, mit denen man dies und jenes sehen und hören kann, was weit von uns entfernt, oder längst vergangen, oder noch Zukunft ist. Wir wollen es heute mit der Zukunft versuchen. Der Bursche hat da etwas sehr Amüsantes und Kurioses erfunden, weißt du. So, wie er uns öfter in magischen Spiegeln die Helden und Schönen der Vergangenheit gezeigt hat, so hat er jetzt etwas für die Ohren erfunden, einen Schalltrichter, der gibt uns die Geräusche zu hören, welche in ferner Zukunft an ebendem Ort einmal erklingen werden, an dem der Schallapparat aufgestellt ist.«

»Sollte dein dienender Geist, lieber Freund, dich da nicht vielleicht etwas beschwindeln?«

»Ich glaube es nicht«, sagte Faust. »Für die schwarze Magie ist ja die Zukunft keineswegs unerreichbar. Du weißt, wir sind immer von der Voraussetzung ausgegangen, daß die Geschehnisse auf Erden ohne Ausnahme dem Gesetz von Ursache und Wirkung unterliegen. Es kann also an der Zukunft ebenso wenig etwas geändert werden, wie an der Vergangenheit: Auch die Zukunft ist durch das Kausalgesetz festgelegt, sie ist also schon da, nur sehen und schmecken wir sie noch nicht. Ebenso wie der Mathematiker und Astronom genau den Eintritt einer Sonnenfinsternis weit vorausberechnen kann, ebenso könnte, wenn wir eine Methode dafür erfunden hätten, jeder beliebige andere Teil der Zukunft uns sichtbar und hörbar gemacht werden. Mephistopheles hat nun eine Art Wünschelrute für das Ohr erfunden, er hat eine Falle gebaut, in welcher die Töne eingefangen werden, welche in einigen hundert Jahren hier in diesem Raum ertönen werden. Wir haben es wiederholt probiert. Manchmal freilich ertönt gar nichts, dann sind wir eben in der Zukunft auf eine Leere gestoßen, auf einen Zeitpunkt, in dem nichts Hörbares sich in unserem Raum abspielt. Andere Male haben wir allerlei gehört, zum Beispiel hörten wir einmal einige Menschen, die in ferner Zukunft leben werden, von einem Gedicht sprechen, in dem die Taten des Doktor Faust, also die meinen, besungen werden. Aber genug, wir wollen es probieren.«

Auf seinen Ruf erschien in der gewohnten grauen Mönchskutte der Hausgeist, er setzte eine kleine Maschine mit einem Schalltrichter auf die Tafel, schärfte den Herren dringlichst ein, daß sie ja während des ganzen Vorganges sich jeder Bemerkung enthalten sollten, dann drehte er an der Maschine, die mit einem leisen, zarten Sausen zu arbeiten begann.

Längere Zeit hörte man nichts als dieses spannende Sausen, dem die beiden Doktoren erwartungsvoll lauschten. Dann schrillte plötzlich ein nie gehörter Ton auf: ein böses, wildes, teuflisches Geheule, von dem nicht zu sagen war, ob es von einem Lindwurm oder etwa von einem wütenden Dämon stamme; ungeduldig, warnend, zornig, befehlend schrie der böse Ton, in kurzen, heftigen Stößen sich wiederholend, als pfeife ein verfolgter Drache durch den Raum. Doktor Eisenbart wurde blaß und atmete auf, als der scheußliche Schrei sich, in immer größerer Entfernung noch oftmals wiederholend, in der Ferne verlor.

Es folgte Stille, dann aber erklang ein neuer Laut: eine Männerstimme, wie aus großer Ferne kommend, in eindringlich predigendem Ton. Die Hörer konnten Bruchstücke der Rede verstehen und sich auf die bereitgelegten Schreibtafeln notieren, zum Beispiel die Sätze:

»– und so schreitet nach dem leuchtenden Vorbild Amerikas das Ideal wirtschaftlichen Betriebes unaufhaltsam seiner siegreichen Vollendung und Verwirklichung entgegen. – – Während einerseits der Komfort im Leben des Arbeiters eine nie erlebte Höhe erreicht hat, –– und können wir ohne Überheblichkeit sagen, daß die kindlichen Träume früherer Zeitalter von einem Paradiese durch die heutige Produktionstechnik mehr als – –«

Wieder Stille. Dann kam eine neue Stimme, eine tiefe, ernste Stimme, die sprach: »Meine Herrschaften, ich bitte um Gehör für ein Gedicht, eine Schöpfung des großen Nikolaus Unterschwang, von dem man ja wohl sagen darf, daß er wie kein anderer das Innerste unserer Zeit hinausgestülpt, den Sinn und Un-Sinn unseres Daseins am weisesten erschaut hat.

Den Schornstein trägt er in der Hand,
An beiden Backen trägt er Flossen,
Und nach dem Barometerstand
Steigt er auf Leitern ohne Sprossen.

So steigt er lange Leitern lang
Mit Wolken in dem Mantelfutter,
Nach einem Leben wird ihm bang,
Ihn überkommt die Wankelmutter.«

Doktor Faust konnte den größeren Teil dieses Gedichtes niederschreiben. Auch Eisenbart notierte eifrig.

Eine schläfrige Stimme, ohne Zweifel die Stimme einer älteren Frau oder Jungfer, wurde hörbar, sie sagte: »Langweiliges Programm! Als ob man nur dazu das Radio erfunden hätte! Na, jetzt kommt wenigstens Musik!«

In der Tat brach jetzt eine Musik los, eine wilde, geile, sehr taktfeste Musik, schmetternd bald, bald schmachtend, eine ganz und gar unbekannte, fremdartige unanständige, bösartige Musik, von heulenden, quäkenden und gaksenden Blasinstrumenten, durchschüttert von Gongschlägen, überklettert zuweilen von einer singenden, heulenden Sängerstimme, welche Worte oder Verse in unbekannter Sprache von sich gab.

Zwischenein ertönte in regelmäßigen Abständen der geheimnisvolle Vers:

> Bewunderung dein Haar erregt,
> Wird stets mit Gögö es gepflegt!

Auch jener erste, bösartige, wütende, warnende Ton, jenes Drachengeheul voll Qual und Zorn wurde zwischenein immer je und je wieder laut.

Als der Hausgeist lächelnd seine Maschine zum Stillstand brachte, blickten die beiden Gelehrten einander merkwürdig an, in einem peinlichen Gefühl von Verlegenheit und Scham, als seien sie ungewollt Zeugen eines unanständigen, verbotenen Vorganges geworden. Beide überlasen ihre Notizen und zeigten sie einander.

»Was hältst du davon?« fragte Faust endlich.

Doktor Eisenbart trank einen langen Schluck aus seinem Becher, er blickte zu Boden und blieb lange nachdenklich und schweigsam. Endlich sagte er, mehr zu sich selbst als zu seinem Freunde: »Es ist schauderhaft! Es kann gar kein Zweifel darüber herrschen, daß die Menschheit, von deren Leben wir da ein Probestück gehört haben, irrsinnig ist. Es sind unsere Nachkommen, die Söhne unserer Söhne, die Urenkel unserer Urenkel, die wir da so bedenkliche, traurige, verwirrte Dinge sprechen hören, die so Entsetzen erregende Schreie ausstoßen, so unverständliche Idiotenverse singen. Unsere Nachkommen, Freund Faust, werden im Wahnsinn enden.«

»Das möchte ich nicht so bestimmt behaupten«, meinte Faust. »Deine Ansicht hat ja nichts Unwahrscheinliches, aber sie ist doch pessimistischer als nötig. Wenn hier, an einem einzigen beschränkten Ort der Erde, solche wilde, verzweifelte, unanständige und zweifellos verrückte Töne erklingen, so braucht das noch nicht zu bedeuten, daß die ganze Menschheit geisteskrank geworden sei. Es kann ja sein, daß an dem Ort, an dem wir uns befinden, in einigen hundert Jahren ein Irrenhaus stehen wird und daß wir Bruchstücke davon zu hören bekommen haben. Es kann auch sein, daß eine Gesellschaft von schwer Betrunkenen da ihre Einfälle zum besten gegeben hat. Denke an das Gebrüll einer vergnügten Volksmenge, etwa an einem Karnevalsfest! Das klingt ganz ähnlich. Aber was mich stutzig macht, das sind jene anderen Töne, jene Schreie, die weder von Menschenstimmen noch von Musikinstrumenten erzeugt sein können. Sie klingen, so scheint mir, absolut teuflisch. Es können nur Dämonen sein, die solche Töne ausstoßen.«

Er wandte sich an Mephistopheles: »Weißt du vielleicht etwas darüber? Kannst du uns sagen, was für Töne wir da gehört haben?«

»Wir haben«, sagte der Hausgeist und lächelte, »in der Tat dämonische Töne gehört. Die Erde, meine Herren, welche ja schon heute zur guten Hälfte Eigentum des Teufels ist, wird bis in einer gewissen Zeit ihm ganz gehören, und wird einen Teil, eine Provinz der Hölle bilden. Sie haben sich über die Ton- und Wortsprache dieser Erdhölle etwas hart und ablehnend geäußert, meine Herren. Es scheint mir aber immerhin bemerkenswert und hübsch, daß es auch in der Hölle Musik und Dichtung geben wird. Es ist Belial, dem diese Abteilung untersteht. Ich finde, er macht seine Sache recht hübsch.«

MARCEL AYMÉ

Der Mann, der durch die Wand gehen konnte

Auf dem Montmartre wohnte im dritten Stockwerk des Hauses Nr. 75 der Rue d'Orchampt ein vortrefflicher Mann namens Dutilleul, der die seltene Gabe besaß, ohne Schaden durch die Mauern gehen zu können. Er trug einen Kneifer, ein schwarzes Kinnbärtchen und war Beamter dritter Klasse im Finanzministerium. Im Winter fuhr er mit dem Autobus ins Büro, in der schönen Jahreszeit machte er den Weg zu Fuß, auf seinem Haupte einen steifen Hut, eine Melone.

Dutilleul war gerade in sein dreiundvierzigstes Jahr eingetreten, als er seine Fähigkeiten entdeckte. Eines Abends hatte ihn ein kurzes Versagen des elektrischen Lichts in der Diele seiner kleinen Junggesellenwohnung überrascht; er war einen Augenblick in der Finsternis umhergetappt und hatte sich, als das Licht wieder aufflammte, auf dem Treppenabsatz des dritten Stocks wiedergefunden. Da die Eingangstür zu seiner Wohnung von innen verschlossen war, dachte er über den Vorfall nach, und er beschloß schließlich, den Einwendungen der Vernunft zum Trotz, auf dem gleichen Wege in seine Wohnung zurückzukehren, wie er herausgekommen war – durch die Wand. Er konnte nicht umhin, sich über diese befremdliche Fähigkeit, die so gar nicht zu seinen Aspirationen paßte, ein wenig zu ärgern; da der nächste Tag ein Sonnabend war, konnte er dank dem englischen Wochenende einen Arzt in seinem Viertel aufsuchen, um ihm seinen Fall vorzutragen.

Der Doktor überzeugte sich von der Richtigkeit seiner Angaben und entdeckte nach genauer Untersuchung die Ursache des Übels in einer schraubenförmigen Verhärtung in der Drosselwand der Schilddrüse. Er verordnete Intensivierung seiner Arbeit bis zur Überanstrengung und gab ihm zum Einnehmen ein Pulver von tetravalentem Schafgarbenextrakt, vermischt mit Reismehl und Zentaurenhormon, zwei Tabletten jährlich.

Nachdem Dutilleul eine Tablette genommen hatte, tat er das Medikament in eine Schublade und vergaß es völlig. Was die verordnete Überanstrengung durch intensive Arbeit anbetraf – nun, seine Tätigkeit als Beamter war geregelt, weit entfernt von jedem Übermaß, und seine Mußestunden, die er mit Zeitunglesen und der Beschäftigung mit seiner Briefmarkensammlung ausfüllte, nötigten ihn noch weniger, unvernünftig Energie zu verschwenden. Somit hatte er nach Ablauf eines Jahres seine Fähigkeit, durch die Wand zu gehen, unangetastet erhalten; aber er bediente sich ihr niemals, es sei denn versehentlich; denn er war nicht abenteuerlustig und unterlag auch den Verführungen der Fantasie nicht. Er kam gar nicht auf den Gedanken, seine Wohnung anders zu betreten als durch die Tür, die er jedesmal sorgfältig aufschloß. Vielleicht wäre er im Frieden seiner behaglichen Gewohnheit alt geworden, ohne jemals in die Versuchung zu kommen, seine Gaben zu gebrauchen, wenn nicht plötzlich ein außergewöhnliches Ereignis sein Leben völlig auf den Kopf gestellt hätte.

Herr Mouron, sein Subdirektor im Büro, wurde in einen anderen Wirkungskreis berufen, und an seine Stelle trat ein gewisser Herr Lécuyer, ein Mann mit einem bürstenähnlichen Schnurrbart und sehr kurz angebunden. Vom ersten Tag an betrachtete es der neue Vorgesetzte mit scheelem Auge, daß Dutilleul den Kneifer an einem Kettchen trug und daß er ein schwarzes Kinnbärtchen hatte; er behandelte seine Untergebenen wie eine störende, abgelegte und ein wenig unsaubere Sache.

Aber das Schlimmste war, daß er es wagte, im Dienst Reformen von beachtlicher Tragweite einzuführen, die wohl geeignet waren, die Ruhe seines Untergebenen empfindlich zu stören. Seit zwanzig Jahren fing Dutilleul seine Briefe mit der Formel an: ›Indem ich mich auf Ihr Geehrtes vom Soundsovielten beziehe und – zu Ihrer Erleichterung – an unseren vorangegangenen Briefwechsel erinnere, beehre ich mich, Ihnen mitzuteilen, daß ...‹ – eine Formel, die M. Lécuyer durch eine mehr amerikanisch anmutende ersetzt zu sehen wünschte: ›In Beantwortung Ihres Schreibens vom Soundsovielten teile ich Ihnen mit...‹ Dutilleul vermochte sich an diesen Briefstil nicht zu gewöhnen. Er kehrte unwillkürlich immer wieder zum traditionellen Brauch zurück, und zwar mit einer maschinenmäßigen Hartnäckigkeit, die ihm in wachsendem Maße die Feindschaft seines Chefs zuzog. Die Atmosphäre im Ministerium wurde für ihn nachgerade drückend. Des Morgens begab er sich sorgenvoll an seine Arbeit, und abends konnte es geschehen, daß er eine volle Viertelstunde in schweren Gedanken im Bett lag, ehe er den Schlaf fand.

Von diesem eigensinnigen Beharrungsvermögen angewidert, das durchaus geeignet war, den Erfolg seiner Reformen zunichte zu machen, hatte M. Lécuyer Dutilleul in einen halbdunklen Verschlag, der an sein Büro grenzte, verwiesen. Man gelangte hinein durch eine niedrige, schmale Tür, die auf den Korridor ging und an der zu lesen stand: Abstellraum. Dutilleul hatte diese beispiellose Zurücksetzung resigniert hingenommen. Aber zu Hause, wenn er in der Zeitung von irgendeiner Bluttat las, ertappte er sich dabei, daß er sich M. Lécuyer als das Opfer vorstellte.

Eines Tages brach der Chef in den Verschlag ein und fing an, einen Brief schwenkend, zu brüllen: »Schreiben Sie diesen Wisch noch einmal! Schreiben Sie diesen unglaublichen Wisch noch einmal, der eine Schande für mein Büro ist!«

Dutilleul wollte protestieren, aber Lécuyer beschimpfte ihn mit Donnerstimme wie einen erzfaulen Schuljungen, zerknitterte den Brief in der Hand und warf ihn ihm ins Gesicht.

Dutilleul war bescheiden, aber er hatte auch seinen Stolz. Als er in seinem Verschlag wieder allein war, bekam er etwas Temperatur – und wurde plötzlich die Beute seiner Eingebung. Er stand von seinem Sitze auf und trat in die Mauer, die sein Büro von dem des Chefs trennte, jedoch so vorsichtig, daß nur sein Kopf auf der andern Seite der Wand erschien. Lécuyer saß an seinem Schreibtisch und setze mit noch etwas nervöser Feder ein Komma in den Schriftsatz eines Angestellten, der ihm zur Abzeichnung vorlag, als er in seinem Zimmer husten hörte. Er sah auf und entdecke mit unsäglicher Bestürzung Dutilleuls Kopf, der wie eine Jagdtrophäe an der Wand zu hängen schien. Und dieser Kopf war lebendig! Durch den Kneifer am Kettchen schleuderte er ihm haßerfüllte Blicke zu. Aber es kam noch besser: der Kopf fing auch noch zu sprechen an: »Herr«, sagte er, »Sie sind ein dreckiger Straßenjunge, ein Flegel sind Sie! Sie Lümmel!«

Lécuyer saß da, den Mund weit offen vor Schreck, und konnte den Blick nicht von der unheimlichen Erscheinung wenden. Endlich sprang er auf, warf seinen Stuhl um und rannte über den Korridor zu dem Verschlag. Hier saß Dutilleul, den Federhalter in der Hand, friedlich und fleißig auf seinem gewohnten Platz. Der Subdirektor stierte ihn lange an und ging schließlich, etwas Unzusammenhängendes murmelnd, in sein Büro zurück. Kaum jedoch hatte er sich gesetzt, da erschien der Kopf wieder an der Wand. »Herr, Sie sind ein dreckiger Straßenjunge, ein Flegel sind Sie! Sie Lümmel!«

Im Laufe dieses einen Tages erschien der gefürchtete Kopf noch dreiundzwanzigmal an der Wand und an den folgenden Tagen in gleichen Abständen. Dutilleul, der nun schon eine gewisse Geschicklichkeit in seinem Spiel hatte, begnügte sich nicht mehr damit, seinen Vorgesetzten zu beschimpfen. Er stieß vielmehr dunkle Drohungen aus und rief zum Beispiel mit Grabesstimme unter dämonischem Gelächter aus: »Garou! Garou! Der Werwolf kommt! Ein großes Grauen wird über dich kommen und wird dich und alle ähnlichen Schleiereulen aus euren Ecken herausholen! Garou! Garou!«

Wenn er das hörte, wurde der arme Direktor noch etwas blasser und bekam Erstickungsanfälle: die Haare standen ihm steil zu Berge, und kalter Schweiß rann ihm den Rücken hinab. Am ersten Tage nahm er ein Pfund ab. In der darauffolgenden Woche begann er die Suppe mit der Gabel zu essen und die Polizisten militärisch zu grüßen; außerdem schmolz er dahin wie Schnee an der Sonne. Am Ende der zweiten Woche kam ein Krankenwagen und brachte ihn in eine Heilanstalt.

So war Dutilleul von der Tyrannei Lécuyers befreit und konnte zu seiner beliebten Wendung zurückkehren: ›Indem ich mich auf Ihr Geehrtes vom Soundsovielten beziehe...‹ Trotzdem fühlte er sich unbefriedigt. Irgend etwas in ihm rebellierte, ein lebhaftes Bedürfnis – und das war nichts anderes als das Bedürfnis, durch die Wand zu gehen. Natürlich konnte er das, etwa bei sich zu Hause, ohne weiteres – und er tat es auch. Aber jemand, der glänzende Gaben hat, kann sich nicht lange damit begnügen, sie an mittelmäßigen Objekten zu üben. Außerdem war das Durch-die-Wand-Gehen kein Zweck an sich. Es ist der Anfang eines Abenteuers, der eine Folge hervorruft, eine Entwicklung und schließlich ein Ergebnis. Das begriff Dutilleul sehr wohl. Er empfand das Bedürfnis danach, sich auszubreiten, den wachsenden Wunsch, sich zu vervollkommnen, ja, sich zu übertreffen, und er fühlte etwas wie ein leise schmerzendes Ziehen von der andern Seite der Wand her. Unglücklicherweise aber fehlte ihm ein Ziel. Er suchte in der Zeitung nach einem guten Einfall, besonders unter Politik und Sport, die ihm beide als recht respektable Beschäftigungen erschienen; aber er mußte sich schließlich gestehen, daß sie keinerlei Möglichkeiten für einen Mann boten, der durch die Wände gehen kann, und zog sich auf die Rubrik ›Verschiedenes‹ zurück, die sich als überaus anregend erwies.

Den ersten Einbruch beging Dutilleul in einer großen Kreditbank auf dem rechten Seineufer. Nachdem er etwa ein Dutzend Mauern und Wände durchquert hatte, drang er in mehrere Geldschränke ein, füllte sich die Taschen mit Banknoten und signierte, ehe er ging, seinen Diebstahl mit Rotstift, und zwar mit seinem Werwolf-Pseudonym ›Garou-Garou‹, mit einem sehr hübschen Schriftzug, der am nächsten Morgen durch alle Zeitungen ging. Nach kaum einer Woche hatte der Name Garou-Garou bereits eine ganz ungewöhnliche Berühmtheit erlangt. Die Sympathien der Öffentlichkeit waren rückhaltlos auf seiten dieses zauberhaften Diebes, der die Polizei so entzückend verhöhnte. Er manifestierte sich jede Nacht durch ein neues Taschenspielerstückchen zum Schaden einer Bank, eines Juweliers oder eines reichen Privatmannes. Weder in Paris noch in der Provinz gab es eine Frau von auch nur ein wenig schwärmerischer Natur, die nicht glühend gewünscht hätte, sich mit Leib und Seele dem schrecklichen Garou-Garou hinzugeben.

Nach dem Diebstahl des berühmten Burdiala-Diamanten

und dem Raubzug gegen die Stadtbank, die in die gleiche Woche fielen, erreichte die Begeisterung der Massen ihren Höhepunkt. Der Minister des Innern mußte gehen und verwickelte auch Dutilleuls Minister in seinen Sturz. Mittlerweile saß Dutilleul – jetzt einer der reichsten Männer von Paris – immer pünktlich in seinem Büro, und man versprach ihm eine Auszeichnung. Des Morgens machte es ihm besonderen Spaß, die Kommentare anzuhören, mit denen die Kollegen im Ministerium seine Streiche der letzten Nacht bedachten. »Dieser Garou-Garou«, sagten sie, »ist ein fürchterlicher Mensch, ein Übermensch, ein Genie.«

Wenn Dutilleul solche Lobeserhebungen hörte, so errötete er vor Verwirrung, und seine Augen glänzten vor Freude und Dankbarkeit hinter dem Kneifer. Eines Morgens erhob die Atmosphäre der Sympathie ihn zu einem solchen Grad von Zuversicht, daß er sein Geheimnis nicht mehr glaubte bewahren zu können. Mit einem Rest von Schüchternheit musterte er seine Kollegen, wie sie um eine Zeitung versammelt waren, die den Einbruch in die Bank von Frankreich schilderte, und erklärte bescheiden: »Dieser Garou-Garou, das bin ich.« Ein ungeheures, nicht endenwollendes Gelächter lohnte sein Geständnis, und sie nannten ihn zum Spott Garou-Garou. Abends, um die Stunde des Büroschlusses, war er der Gegenstand endloser Hänseleien seiner Kameraden, und das Leben erschien ihm nicht mehr schön.

Ein paar Tage später wurde Garou-Garou von der Nachtwache in einem Juweliergeschäft der Rue de la Paix auf frischer Tat ertappt. Er hatte gerade seinen Namenszug auf die Hauptkasse geschrieben und begann, ein Trinklied zu singen, während er mit einem Humpen aus massivem Gold einige Vitrinen einschlug. Es wäre ihm ein leichtes gewesen, sich in die Mauer zu drücken und so der Wache zu entgehen, aber offenbar *wollte* er sich gefangennehmen lassen, offenbar einzig und allein zu dem Zweck, seine Kollegen zu überzeugen, deren Unglaube ihn gekränkt hatte. Die waren freilich auch gründlich verblüfft, als die Blätter am nächsten Morgen auf der ersten Seite Dutilleuls Bild brachten. Sie bedauerten es schmerzlich, ihren genialen Kameraden so verkannt zu haben, und ließen sich ihm zu Ehren alle einen Kinnbart stehen. Einige allerdings versuchten auch, von der Bewunderung und Reue gepackt, sich an Uhren und Brieftaschen ihrer Verwandten und Freunde zu vergreifen.

Man wird wohl meinen, daß der Gedanke, sich von der Polizei gefangennehmen zu lassen, um einige Kollegen in Erstaunen zu versetzen, von einem großen Leichtsinn zeugt, der eines so außergewöhnlichen Mannes unwürdig sei; aber die sichtbare Triebfeder tut ja bei einem solchen Entschluß wenig zur Sache. Durch den Verzicht auf seine Freiheit glaubte Dutilleul einem hochmütigen Drang nach Vergeltung Genüge zu tun; in Wirklichkeit folgte er nun seinem vorgeschriebenen Schicksal. Für einen Mann, der durch Mauern gehen kann, gibt es keine förderliche Laufbahn, wenn er das Gefängnis nicht wenigstens kennengelernt hat.

Als Dutilleul durch die Räume des Santé-Gefängnisses ging, hatte er das Gefühl, daß das Geschick ihn verwöhne. Die Dicke der Mauern war sozusagen ein Leckerbissen für ihn. Gleich am Morgen nach seiner Einlieferung entdeckten die Wärter mit fassungslosem Entsetzen, daß der Gefangene einen Nagel in die Wand seiner Zelle eingeschlagen und eine goldene Taschenuhr, die dem Gefängnisdirektor gehörte, daran aufgehängt hatte. Die Uhr wurde ihrem Besitzer zurückgestellt – und am andern Morgen zusammen mit dem ersten Bande der ›Drei Musketiere‹ aus der Bibliothek des Direktors, wieder bei Garou-Garou, am Kopfende seines Bettes, gefunden. Das Personal der Anstalt war in höchster Verwirrung. Die Wärter beklagten sich außerdem über Fußtritte in den Hintern, deren Herkunft sich nicht ermitteln ließ. Es schien, als ob die Wände nicht bloß Ohren, sondern auch Füße hätten.

Garou-Garous Haft dauerte etwa eine Woche, als der Gefängnisdirektor eines Morgens in seinem Büro auf dem Schreibtisch einen Brief folgenden Inhalts vorfand:

›Sehr geehrter Herr Direktor – indem ich Bezug nehme auf unsere Unterhaltung vom 17. dieses und zur Unterstützung Ihres Gedächtnisses an Ihre ›Allgemeinen Verordnungen‹ vom 15. Mai des Vorjahres erinnere, beehre ich mich Ihnen mitzuteilen, daß ich die Lektüre des zweiten Bandes der ›Drei Musketiere‹ beendet habe und daß ich heute nacht zwischen

11.25 und 11.35 zu entfliehen gedenke. Ich bitte Sie, geehrter Herr Direktor, den Ausdruck meiner größten Hochachtung entgegenzunehmen. Garou-Garou.‹

Trotz schärfster Bewachung entwich Dutilleul in der Nacht um 11.30. Als die Tatsache am nächsten Morgen im Publikum bekannt wurde, erregte sie wilde Begeisterung. Indessen beging Dutilleul einen neuen Einbruch, der seiner Popularität die Krone aufsetzte; er gab sich jedoch nicht die mindeste Mühe, sich zu verbergen, sondern ging ohne jede Vorsicht auf dem Montmartre spazieren. Drei Tage nach seiner Flucht wurde er in der Rue Caulaincourt, nahe beim Café du Rêve, kurz vor der Mittagsstunde, wieder verhaftet, als er mit einigen Freunden ein Schorle trank.

Garou-Garou wurde in die Santé zurückgeführt, hinter dreifachen Riegeln in einem dunklen Gelaß eingeschlosen, entwich am gleichen Abend und legte sich in der Wohnung des Direktors in einem der Fremdenzimmer zu Bett. Morgens um 9 Uhr läutete er nach seinem Frühstück, ließ sich jedoch, ohne Widerstand zu leisten, durch die schnell herbeigerufenen Wärter aus dem Bett heraus festnehmen. Außer sich vor Zorn ließ der Direktor einen Doppelposten vor seine Zelle stellen und setzte Dutilleul auf Wasser und Brot. Gegen Mittag ging der Gefangene in ein Restaurant in der Nähe des Gefängnisses, um zu frühstücken, und telefonierte, nachdem er seinen Kaffee getrunken hatte, an den Direktor. »Hallo? Herr Direktor, ich bin ganz bestürzt, aber ich habe beim Weggehen vergessen, Ihre Brieftasche mitzunehmen, so daß ich jetzt hier im Restaurant in Verlegenheit bin. Würden Sie freundlichst jemand schicken, der die Rechnung zahlt?«

Der Direktor eilte selbst herbei und ließ sich zu Drohungen und Beleidigungen hinreißen. Das traf Dutilleul in seinem Stolz, und er entwich in der Nacht, um nicht mehr wiederzukommen. Jetzt aber war er so vorsichtig, sich den schwarzen Bart abzunehmen und den Klemmer am Kettchen durch eine Hornbrille zu ersetzen. Eine Sportmütze und ein großkarierter Anzug mit Knickerbockerhosen machten ihn vollends unkenntlich. Er richtete sich in einer kleinen Wohnung in der Avenue Junot ein, wohin er schon vor seiner ersten Verhaftung einen Teil seiner Möbel und die Gegenstände hatte bringen lassen, an denen er hing.

Der laute Widerhall seines Ruhmes begann ihn zu ermüden, und er war des Vergnügens, durch die Wände zu gehen, etwas überdrüssig geworden. Die dicksten und festesten Mauern schienen ihm jetzt bloße Vorhänge, und er träumte davon, in die Tiefe einer Pyramide einzudringen. Während der Plan einer Reise nach Ägypten in ihm reifte, führte er ein sehr friedliches Leben und teilte seine Zeit zwischen seiner Briefmarkensammlung, dem Kino und langen Streifzügen durch Montmartre. Seine Verwandlung war so vollkommen, daß er, kahl und hornbebrillt, dicht an seinem besten Freund vorübergehen konnte, ohne erkannt zu werden. Nur der Maler Gen Paul, dessen Scharfblick nicht die geringste Veränderung in der Physiognomie eines der alten Stammgäste des Viertels entgehen konnte, durchschaute schließlich auch diese Verkleidung. Eines Morgens, als er Dutilleul plötzlich an der Ecke der Rue de l'Abreuvoir gegenüberstand, konnte er sich nicht enthalten, in seinem rüden Slang zu ihm zu sagen: »Sag mal, ich sehe, daß du dich in feine Kluft gehängt hast, um die Bullen zu klippen« – was in normaler Sprache etwa hieß: Ich sehe, daß du dich elegant gekleidet hast, um die Polizei zu täuschen.

»Ach«, murmelte Dutilleul, »du hast mich erkannt...«

Das störte ihn sehr, und er beschloß, seine Reise nach Ägypten zu beschleunigen. Doch am Nachmittag dieses Tages verliebte er sich auf den ersten Blick in eine blonde Schönheit, die er zweimal innerhalb einer Viertelstunde auf der Rue Lepic traf. Er vergaß darüber seine Briefmarken ebenso wie seine Reise nach Ägypten. Die Blonde ihrerseits hatte ihn mit vielem Interesse betrachtet. Nichts wirkt stärker auf die Einbildungskraft junger Frauen von heute als Knickerbocker und eine Hornbrille. Das erinnert an Filmhelden und erweckt Träume von Cocktails und kalifornischen Nächten. Unglücklicherweise war die Schöne, das erfuhr Dutilleul von Gen Paul, mit einem brutalen und eifersüchtigen Mann verheiratet. Dieser argwöhnische Gatte, der im übrigen selbst ein ausgesprochenes Junggesellenleben führte, ließ die Frau regelmäßig von zehn Uhr abends bis vier Uhr morgens allein, aber er war vorsichtig genug, sie, ehe er wegging, in ihrem Zimmer einzuschließen, den Schlüssel zweimal herumzudrehen und alle Läden mit Vorhängeschlössern zu sichern. Tagsüber bewachte er sie auf das schärfste, und es kam sogar vor, daß er sie auf den Straßen des Montmartre verfolgte.

»Schielt in einem fort nach ihr, verstehst du? Verdammter Geizkragen, der niemanden in seinem Reseda spazieren läßt.«

Aber durch diese Mitteilung erreichte Paul nur, daß Dutilleul Feuer und Flamme wurde. Am nächsten Morgen begegnete er der jungen Frau auf der Rue Tholozé und wagte es, ihr in einen Milchladen zu folgen. Während sie wartete, bis die Reihe an sie kam, sagte er ihr, daß er sie unendlich liebe und verehre und daß er alles wüßte: von dem bösen Mann, der verschlossenen Tür und Fensterläden, aber er würde trotzdem heute abend in ihr Zimmer kommen. Die Blonde errötete, der Milchtopf zitterte in ihrer Hand, die Augen, die ihn zärtlich ansahen, wurden feucht und sie hauchte kaum verständlich: »Ach, das ist unmöglich!«

Am Abend dieses strahlenden Tages faßte Dutilleul tatsächlich gegen 10 Uhr in der Rue Norvins Posten und beobachtete eine starke Umfassungsmauer mit einem kleinen Haus dahinter, von dem er nur die Wetterfahne und den Schornstein sehen konnte. Eine Tür in der Mauer öffnete sich, und ein Mann ging nach der Rue Junot hinab, nachdem er die Pforte sorgfältig verschlossen hatte. Dutilleul wartete, bis er weit unten an der Straßenbiegung verschwunden war, und zählte noch bis zehn. Dann sprang er hervor, trat mit raschem Turnerschritt in die Mauer, durchlief alle Hindernisse und drang in das Zimmer der schönen Gefangenen ein. Sie empfing ihn trunken vor Wonne, und sie liebten sich bis reichlich ein Uhr.

Am anderen Tage hatte Dutilleul zu seinem Ärger heftige Kopfschmerzen. Aber es schien ihm nicht weiter wichtig, er hatte keineswegs vor, deswegen sein Stelldichein zu versäumen. Immerhin nahm er von den Tabletten, die er zufällig in seiner Nachttischschublade fand, je eine am Morgen und am Nachmittag. Gegen Abend waren die Schmerzen erträglich, und die Erregung ließ ihn vollends vergessen. Die junge Frau empfing ihn mit all der Ungeduld, die der Erinnerung an den vorigen Abend entsprang, und in dieser Nacht liebten sie sich bis gegen drei Uhr des Morgens. Als dann Dutilleul durch die Wände und Mauern des Hauses ging, hatte er ein ungewohntes Gefühl, wie wenn ihn etwas an Schultern und Hüften streife. Doch glaubte er dem nicht weiter Beachtung schenken zu müssen. Erst als er in die Umfassungsmauer eindrang, hatte er das deuliche Empfinden eines Widerstandes. Es schien ihm, als wenn er sich in einer Masse bewege, die zwar noch flüssig war, aber rasch breiig wurde und bei jeder Vorwärtsbewegung an Festigkeit zunahm. Als es ihm schließlich gelungen war, ganz in die Mauer einzudringen, merkte er, daß er nicht weiterkam, und erinnerte sich mit Schrecken der beiden Tabletten, die er im Lauf des Tages genommen hatte. Diese Tabletten, die er für Aspirin gehalten hatte, enthielten in Wirklichkeit jenes tetravalente Pulver, das ihm der Arzt im vorigen Jahr verschrieben hatte. Die Wirkung des Medikaments zusammen mit einer intensiven Überanstrengung manifestierte sich auf eine unerwartete Art.

Dutilleul blieb wie erstarrt im Innern der Mauer. Er steckt immer noch drin, eingeschlossen in den Stein. Die Nachtschwärmer, die um die Stunde, wo der Lärm der Großstadt verebbt, die Rue Norvins hinabgehen, hören eine schwache Stimme, die von jenseits des Grabes zu kommen scheint, die sie für die Klage des Windes an den Straßenecken der Butte Montmartre halten. Das ist Garou-Garou Dutilleul, der das Ende seiner ruhmreichen Laufbahn und die so kurze Dauer seiner süßen Liebe beklagt. In gewissen Winternächten geschieht es, daß der Maler Gen Paul sich mit der Gitarre in die hallende Einsamkeit der Rue Norvins hinauswagt, um den armen Gefangenen mit einem Lied zu trösten, und die Klänge, die unter seinen erstarrenden Händen dahinschwinden, dringen wie Silbertropfen des Mondes in das steinerne Herz.

WALTER FOITZICK

Alles für den Fakir

An der Ecke der Blauen Schlangenstraße und der Victoria Road hat der chinesische Händler Chuan Li seinen Laden. Man kann bei ihm so ziemlich alles kaufen, was im Haushalt gebraucht wird: kleinere Kreissägen, gebrannte Mandeln, Büstenhalter, Benzin, Amulette und Magazine mit schönen Titelbildern. Eigentlich aber ist es ein Spezialgeschäft.

Über der Ladentür ist ein Schild angebracht, auf dem steht in hieratischen Sanskritbuchstaben ›Alles für den Fakir‹. Darunter ist in kleineren Lettern noch einmal dasselbe in englischer Sprache geschrieben, denn schon mancher fernöstliche Brauch hatte in den letzten Jahren bei dem weißen Manne Eingang gefunden, und für exotische religiöse Sitten war in den hochzivilisierten westlichen Ländern immer großer Bedarf.

Erst jüngst hatte Chuan Li an eine weiße Dame ein paar ganz entzückende Daumenschrauben verkauft. Eigentlich waren es keine echten Daumenschrauben, sondern Keile von einem veralteten Typ einer Nähmaschine, die Chuan Li hatte vernickeln und in ein reizendes Etui auf gelbem Samt montieren lassen. Die Dame kaufte sie für ihren Schwager in Boston als Souvenir.

Chuan Li saß gerade vor seinem Laden und las in der ›Eschnapur Times‹, daß Rita Hayworth sich entschlossen habe, wieder... Bis hierher war er gekommen, da fiel ein Schatten auf das, wozu sich die Göttliche entschlossen hatte, und der Chinese blickte auf. Vor ihm stand ein hochgewachsener Mann, den jeder Leser illustrierter Zeitungen sofort als Fakir ansprechen mußte.

Chuan Li stand auf und fragte: »Womit kann ich dienen, heiliger Mann?« Der Fakir grüßte kurz und herablassend und sagte: »Was haben Sie in Fakirartikeln?«

»Stets das Neueste, heiliger Mann.«

»Ich weiß, mein Bruder, ich wurde auf Sie in Fachkreisen

aufmerksam gemacht, und man empfahl mir im Bedarfsfalle Ihr Geschäft. Kürzlich las ich Ihr Inserat in der letzten Samstagsnummer der ›Eschnapur Times‹. Ich weiß nicht mehr, um was es sich handelte, bei der inneren Schau vergißt man solche Kleinigkeiten. Also, kurz gesagt, ich stand bisher auf einer mittleren Säule mit erhobenem, verdorrtem Arm unten am Fluß. Das Interesse der Gläubigen war nicht unrege, aber in letzter Zeit bemerkte ich ein Nachlassen des religiösen Bedürfnisses. Man muß sich umstellen, andere Zeiten verlangen andere Devotionalien. Also, zeigen Sie mir mal Ihre neuen Muster, mein Bruder.«

»Sehr wohl, heiliger Mann. Wir sind in der Branche das erste Haus am Platze. Erst kürzlich haben wir das Heiligtum des Fakirs von Brenagar ausgestattet. Es war das luxuriöseste, was man sich an wohldurchdachter Abtötung und Askese vorstellen kann. Alle Illustrierten haben etwas gebracht. Unsere Firma hat im Kasteiungsgewerbe Weltruf. Selbstverständlich stehen wir Ihnen auch mit Spezialanfertigungen zur Verfügung. Haben Sie besondere Wünsche, heiliger Mann?«

»Eigentlich nicht, ich wollte von Ihnen Anregungen.«

»Sehr wohl, wenn der Herr inzwischen Platz nehmen wollen.«

Der Fakir setzte sich leger auf die scharfe Spitze eines pneumatischen Brecheisens, wie es sonst zu Abbruchsarbeiten verwendet wird und stieß sich behaglich einige Hölzchen aus Teakholz in die Nase. Da kam auch schon der Chinese aus dem Innern des Ladens und offerierte ihm eine Kollektion von Büchsenöffnern. Diese waren von jener Sorte, die alle Jahre neu auf den Markt kommen und bei deren Gebrauch man sich an den scharfen Kanten der Konservenbüchsen verletzt. »Sehr elegant«, sagte er, »und im Tragen unbequem. Vielleicht probieren der Herr einmal.«

Der Fakir bohrte sich die Eisen in Waden, Schenkel und Gesäß, stand auf und ließ die Sonne auf der soliden Hotelvernicklung spiegeln. Die Büchsenöffner klirrten und verursachten ein deutliches, aber diskretes Geräusch.

»Hm, hm, ganz originell, aber wissen Sie, eigentlich hatte ich mir etwas Imposanteres vorgestellt. Das hier ist mehr für den kleineren Kreis. Ich bräuchte eigentlich etwas, was bei dem heute immer mehr zunehmenden Straßenverkehr in die Augen fällt. Die Aufmerksamkeit der Gläubigen wird jetzt von Straßenbahnen, Verkehrsampeln und der ansteigenden Motorisierung allzu sehr in Anspruch genommen. Unsereins wird geradezu zum Verkehrshindernis.«

Der Chinese verstand den heiligen Mann sofort, er war firm im Kundendienst. »Moment mal«, sagte er, »da haben wir grade etwas Neues hereinbekommen.«

Er verschwand wieder im Hintergrund des Ladens und schleppte bald ein großes Gestell heran. »Hier habe ich das Raffinierteste an Fleischabtötung, was die Spezialindustrie bisher hervorgebracht hat. Es ist noch nirgends auf dem Markt, vorläufig nur als Muster zu Reklamezwecken, für Schaufenster in der Weihnachtszeit.«

Er stellte das Ding vor dem Fakir auf. Es war eine Drahtmatratze, deren Sprungfedern überall von Rasierklingen durchflochten waren. Wenn man dagegen stieß, klang es wie Schlittengeläute.

»Bei Wishnu«, rief begeistert der Fakir, »das ist eine Spitzenleistung.« Er warf sich auf die Rasierklingen. Wohlig dehnte er die Glieder, als die Schneiden in sein Fleisch eindrangen. Es tat ihm gut wie Streupuder.

»Nehm ich«, rief der Fakir begeistert, »was kostet die Devotionalie?« »Für den Gewerbetreibenden hundertzwanzig Dollar, heiliger Mann.« »Gemacht, ich nehm's gleich mit, die Gläubigen werden staunen.« »Dürfen wir es Ihnen nicht zuschicken? Ab zwanzig Dollar senden wir frei Haus.« Aber der Fakir wehrte ab. »Nein, danke, die Kasteiung eilt.«

Der Fakir schulterte sein Lotterbett und wandte sich gemessenen Schrittes zum Fluß. Der Chinese aber telegrafierte sofort an seinen Lieferanten im Ruhrgebiet: »Sendet umgehend noch zwanzig scharfe Matratzen wie gehabt.«

Als der Firmeninhaber in Solingen das Kabel erhielt, reichte er es seinem Compagnon über den Schreibtisch und sagte: »Siehste, Emil, der Export bringt die Lösung. Ich wußte es doch, daß es auch für gebrauchte Rasierklingen irgendwo einen Markt gibt. Man muß bloß an den Konsumenten herankommen.«

Übersinnliche Erscheinungen – bei Licht betrachtet

Ganz ohne Frage gib es eine Welt des Unsichtbaren. Das Problem ist, wie weit ist sie vom Stadtzentrum weg und wie lange hat sie offen? Unerklärliche Dinge ereignen sich ständig. Einer sieht Gespenster. Ein anderer hört Stimmen. Ein dritter wacht auf und stellt fest, daß er beim Epsom Derby mitläuft. Wie viele von uns haben nicht das eine oder andere Mal eine eiskalte Hand hinten im Genick gespürt, als sie allein zu Hause waren? (Ich nicht, Gott sei Dank, aber viele haben's.) Was steckt hinter diesen Erlebnissen? Oder davor, nicht zu vergessen? Ist es wahr, daß einige Menschen die Zukunft voraussehen oder mit Geistern in Verbindung treten können? Und ist es nach dem Tode noch möglich zu duschen?

Glücklicherweise werden diese Fragen zu übersinnlichen Phänomenen in einem bald erscheinenden Buch beantwortet: *Buh!* von Dr. Osgood Mulford Twelge, dem bekannten Parapsychologen und Professor für Ektoplasma an der Columbia University. Dr. Twelge hat eine einzigartige Geschichte übernatürlicher Ereignisse zusammengetragen, von der Gedankenübertragung bis hin zu dem bizarren Erlebnis zweier Brüder in ganz verschiedenen Teilen der Erde, von denen einer ein Bad nahm, worauf der andere plötzlich sauber wurde. Was folgt, ist lediglich eine Probe der berühmtesten Fälle Dr. Twelges mit seinen Kommentaren dazu.

Geistererscheinungen

Am 16. März 1882 wurde Mr. J. C. Dubbs mitten in der Nacht wach und sah seinen Bruder Amos, der schon vierzehn Jahre tot war, am Fußende seines Bettes sitzen und Hühnchen rupfen. Dubbs fragte seinen Bruder, was er da tue, und sein Bruder sagte, er solle sich keine Gedanken machen, er sei tot und bloß zum Wochenende in der Stadt. Dubbs fragte seinen Bruder, wie es in der ›anderen Welt‹ sei, und sein Bruder sagte, es sei so ähnlich wie in Cleveland. Er sagte, er sei zurückgekehrt, um Dubbs eine Botschaft zu überbringen, die laute, ein dunkelblauer Anzug und karierte Socken seien ein gewaltiger Mißgriff.

In dem Augenblick kam Dubb's Dienstmädchen herein und sah Dubbs mit ›einem formlosen milchigen Nebel‹ reden, der sie, sagte sie, an Amos Dubbs erinnert habe, jedoch ein wenig hübscher gewesen sei. Schließlich bat der Geist Dubbs, ihn bei einer Arie aus *Faust* zu begleiten, die die beiden mit großer Inbrunst sangen. Als es dämmerte, verschwand der Geist durch die Wand, und Dubbs, der ihm zu folgen versuchte, brach sich das Nasenbein.

Dies scheint ein klassischer Fall des Phänomens Geistererscheinung zu sein, und wenn man Dubbs glauben darf, kam der Geist noch einmal wieder und brachte Mrs. Dubbs dazu, sich von einem Stuhl in die Luft zu erheben und zwanzig Minuten über dem Eßtisch zu schweben, bis sie in die Soße fiel. Es ist interessant zu bemerken, daß Geister die Neigung haben, schadenfroh zu sein, was der englische Mystiker A. F. Childe auf ihr ausgeprägtes Minderwertigkeitsgefühl zurückführt, das sie haben, weil sie tot sind. ›Erscheinungen‹ sind oft mit Personen verknüpft, die auf ungewöhnliche Weise zu Tode kamen. Amos Dubbs zum Beispiel war unter mysteriösen Umständen gestorben, als ein Bauer ihn aus Versehen zusammen mit ein paar Rüben auspflanzte.

Geistesabwesenheit

Mr. Albert Sykes berichtet folgendes Erlebnis: »Ein paar Freunde und ich saßen bei ein paar Keksen zusammen, als ich fühlte, wie mein Geist meinen Körper verließ und telefonieren ging. Aus irgendwelchen Gründen rief er die Moskowitz-Fiberglas-Gesellschaft an. Dann kehrte mein Geist in meinen Körper zurück und blieb ungefähr zwanzig Minuten, immer in der Hoffnung, niemand werde vorschlagen, Kreuzworträtsel zu lösen. Als die Unterhaltung zu Investitionsgeschäften überging, verschwand er wieder und spazierte in der Stadt herum. Ich bin davon überzeugt, daß er die Freiheitsstatue besichtigte und sich dann die Bühnenshow in der Radio City Music Hall ansah. Danach fuhr er zu Benny's Steakhaus und machte eine Rechnung von achtundsechzig Dollar. Dann entschloß sich mein Geist, in meinen Körper zurückzukehren, bekam aber einfach kein Taxi. Schließlich lief er die Fifth Avenue hoch und stieß gerade rechtzeitig wieder zu mir, um noch die Spätnachrichten mitzukriegen. Ich konnte feststellen, daß er wieder in meinen Körper einzog, weil ich plötzlich einen Schauder fühlte und eine Stimme sagte: ›Ich bin wieder da. Reichst du mir bitte mal die Rosinen rüber?‹

Dieses Wunder ist mir seitdem verschiedentlich widerfahren. Einmal fuhr mein Geist auf ein Wochenende nach Miami, und einmal wurde er eingesperrt, weil er versuchte, bei Macy's rauszugehen, ohne für einen Schlips zu bezahlen. Das vierte Mal war es wirklich mein Körper, der meinen Geist verließ, aber er handelte sich bloß eine Abreibung ein und kam gleich wieder.«

Geistesabwesenheit war um 1910 sehr verbreitet, als viele ›Geister‹ auf der Suche nach dem amerikanischen Konsulat ziellos in Indien herumgewandert sein sollen. Das Phänomen ist der Transsubstantiation ganz ähnlich, dem Vorgang, bei dem eine Person plötzlich unsichtbar und woanders auf der Welt wieder sichtbar wird. Das ist keine üble Art zu reisen, auch wenn man gewöhnlich eine halbe Stunde aufs Gepäck warten muß. Der erstaunlichste Transsubstantiationsfall war der von Sir Arthur Nurney, der mit einem hörbaren ›Pop‹ verschwand, als er gerade ein Bad nahm, und plötzlich bei den Streichern im Wiener Symphonischen Orchester auftauchte. Dort blieb er siebenundzwanzig Jahre als Erster Geiger, obwohl er bloß ›Horch, was kommt von draußen rein‹ spielen konnte, und eines Tages verschwand er unerwartet mitten in Mozarts Jupiter-Symphonie und kreuzte im Bett bei Winston Churchill auf.

Das Zweite Gesicht

Mr. Fenton Alltentuck schildert uns den folgenden prophetischen Traum: »Ich ging um Mitternacht schlafen und träumte, ich spielte mit einem Teller Schnittlauch eine Partie Whist. Plötzlich wechselte der Traum, und ich sah meinen Großvater, der gerade mitten auf der Straße, wo er mit einer Kleiderpuppe Walzer tanzte, von einem Lastwagen überfahren wurde. Ich versuchte zu schreien, aber als ich den Mund öffnete, kam als einziger Ton Glockenläuten heraus, und mein Großvater wurde überfahren.

Ich wachte schweißgebadet auf und lief zu meinem Großvater und fragte ihn, ob er vorhabe, mit einer Kleiderpuppe Walzer zu tanzen. Er sagte, natürlich nicht, obwohl er im Sinn gehabt habe, als Schafhirt aufzutreten, um seine Feinde zu foppen. Erleichtert ging ich heim und erfuhr später, der alte Herr sei auf einem Geflügelsalat-Brötchen ausgerutscht und vom Chrysler Building runtergefallen.«

Prophetische Träume sind zu verbreitet, als daß sie als reiner Zufall abgetan werden könnten. Hier träumt ein Mensch vom Tode eines Verwandten, und er tritt ein. Nicht jeder hat das Glück. J. Martinez aus Kennebunkport, Maine, träumte, er habe in der Irischen Lotterie gewonnen. Als er erwachte, schwamm sein Bett bereits auf hoher See.

Trance

Der Skeptiker Sir Hugh Swiggles berichtet von einem interessanten Erlebnis bei einer spiritistischen Sitzung:

Wir besuchten Madame Reynaud, das bekannte Medium, wo wir alle angewiesen wurden, uns um einen Tisch zu setzen und bei den Händen zu fassen. Mr. Weeks konnte sich das Kichern nicht verkneifen, und Madame Reynaud schmetterte ihm eine Tafel mit Geisterschrift auf den Kopf. Das Licht wurde ausgeknipst, und Madame Reynaud versuchte, Verbindung mit Mrs. Marples Gatten aufzunehmen, der in der Oper gestorben war, als sein Bart Feuer fing. Das Folgende ist eine genaue Abschrift:

MRS. MARPLE: Was sehen Sie?
MEDIUM: Ich sehe einen Mann mit blauen Augen und einem Windrädchen am Hut.
MRS. MARPLE: Das ist mein Mann!
MEDIUM: Sein Name ist... Robert. Nein... Richard...
MRS. MARPLE: Quincy.
MEDIUM: Quincy. Ja, genau!
MRS. MARPLE: Was sehen Sie noch?
MEDIUM: Er hat eine Glatze, legt sich aber normalerweise ein paar Blätter auf den Kopf, damit es niemand merkt.
MRS. MARPLE: Ja! Genau!
MEDIUM: Aus irgendeinem Grund hat er was in der Hand... ein Eisbein.
MRS. MARPLE: Mein Geburtstagsgeschenk an ihn. Können Sie ihn sprechen lassen?
MEDIUM: Sprich, Geist. Sprich!
QUINCY: Claire, hier spricht Quincy.
MRS. MARPLE: O Quincy, Quincy!
QUINCY: Wie lange läßt du Hühnchen im Ofen, wenn du sie brätst?
MRS. MARPLE: Diese Stimme! Das ist er!
MEDIUM: Bitte alle konzentrieren!
MRS. MARPLE: Quincy, behandelt man dich gut?
QUINCY: Nicht schlecht, bloß dauert's vier Tage, bis die Wäsche aus der Reinigung kommt.
MRS. MARPLE: Quincy, vermißt du mich?
QUINCY: Was? O... ääh... sicher. Sicher, Kleines. Jetzt muß ich aber gehen...
MRS. MARPLE: Ich verliere ihn... Er schwindet...

Ich fand, diese Séance könne die strengsten Glaubwürdigkeitsprüfungen bestehen, mit der geringfügigen Einschränkung, daß unter Mrs. Reynauds Kleid ein Tonbandgerät gefunden wurde.

Es besteht kein Zweifel, daß bestimmte, bei spiritistischen

Sitzungen aufgenommene Vorkommnisse echt sind. Wer erinnert sich nicht des berühmten Vorfalls bei Sibyl Seretsky, als ihr Goldfisch ›I got Rhythm‹ sang – ein Lieblingslied ihres vor kurzem verstorbenen Neffen? Aber mit Toten in Kontakt zu treten, ist im besten Falle schwierig, weil die meisten Verstorbenen ungern laut sprechen, und die, die es tun, drucksen anscheinend erst herum, ehe sie zur Sache kommen. Der Autor hat mit eigenen Augen gesehen, wie ein Tisch in die Höhe schwebte, und Dr. Joshua Fleagle von der Harvard University wohnte einer spiritistischen Sitzung bei, in der ein Tisch nicht nur in der Luft schwebte, sondern sich entschuldigte und nach oben schlafen ging.

Hellsehen

Einer der erstaunlichsten Fälle von Hellseherei ist der des bekannten griechischen Spiritisten Achille Londos. Londos bemerkte etwa im Alter von zehn Jahren, daß er ›ungewöhnliche Fähigkeiten‹ habe, weil er im Bett liegen und durch Konzentration seinem Vater die falschen Zähne aus dem Mund hopsen lassen konnte. Als der Mann einer Nachbarin schon drei Wochen vermißt wurde, sagte Londos, man solle doch mal im Ofen nachsehen, wo der Mann mit einem Strickzeug gefunden wurde. Londos konnte sich auf das Gesicht eines Menschen konzentrieren und das Bild zwingen, auf normalem Kodakfilm zu erscheinen; trotzdem gelang es ihm anscheinend nie, jemanden zum Lächeln zu bringen.

1964 wurde er hinzugezogen, um der Polizei zu helfen, den ›Würger von Düsseldorf‹ zu fassen, einen Unhold, der stets eine überbackene Cassata auf der Brust seiner Opfer zurückließ. Londos brauchte nur an einem Taschentuch zu riechen, und schon führte er die Polizei zu Siegfried Lenz, einem Faktotum an einer Schule für taube Puten, der sagte, er sei der Würger und ob er bitteschön sein Taschentuch wiederhaben könne.

Londos ist nur einer von vielen mit hellseherischen Fähigkeiten. C. N. Jerome, das Medium aus Newport, Rhode Island, behauptet, er könne jede Spielkarte erraten, an die ein Eichhörnchen denkt.

Weissagen

Zum Schluß kommen wir zu Aristonidis, dem Grafen aus dem 16. Jahrhundert, dessen Prophezeiungen noch heute auch die größten Skeptiker verblüffen und verwirren. Typische Beispiele sind:

»Zwei Nationen werden in den Krieg ziehen, aber nur eine gewinnt.«

(Fachleute meinen, wahrscheinlich beziehe sich das auf den Russisch-Japanischen Krieg von 1904/05 – eine erstaunliche Bravourleistung an Prophezeiung, wenn man bedenkt, daß sie schon 1540 gemacht wurde.)

»Ein Mann in Istanbul läßt seinen Hut pressen und bekommt ihn kaputt zurück.«

(Abu Hamid, ein ottomanischer Krieger, schickte 1860 seine Haube zum Reinigen und bekam sie fleckig zurück.)

»Ich sehe eine große Persönlichkeit, die eines Tages ein Kleidungsstück für die Menschheit erfinden wird, das beim Kochen zum Schutz über den Hosen getragen wird. Es wird ›Schurz‹ oder ›Schützer‹ genannt.«

(Aristonidis meinte natürlich die Schürze.)

»In Frankreich wird ein Führer auftreten. Er wird sehr klein sein und großes Unheil stiften.«

(Das ist entweder eine Anspielung auf Napoleon oder auf Marcel Lumet, einen Zwerg im 18. Jahrhundert, der ein Komplott anzettelte, Voltaire mit Sauce Béarnaise zu beschmieren.)

»In der Neuen Welt wird es eine Gegend namens Kalifornien geben, und ein Mann namens Joseph Cotten wird berühmt werden.«

(Keine Erklärung nötig.)

Das gibt's doch nicht!

»Hallo! Wir können nicht mehr weit von der Zivilisation entfernt sein.«

SINCLAIR LEWIS

Der Mietwagenfahrer

Ich möchte behaupten, daß jeder Mann in höherer Position, ob es sich nun um einen Bankpräsidenten, einen Senator oder einen Dramatiker handelt, eine heimliche Schwäche für irgendeinen komischen alten Kauz hat, der einen schrecklich verbeulten Hut trägt, in einer Bretterbude wohnt und sein tägliches Brot auf eine Weise verdient, die man lieber nicht allzu genau untersuchen sollte. (Es war der Richter vom Obersten Gericht, der das sagte. Ich maße mir nicht an, für den Wahrheitsgehalt seiner Theorien oder seiner Geschichte zu garantieren.) Vielleicht ist der Betreffende ein Fremdenführer in Maine, vielleicht ein alter Garagenmann, der früher den Mietstall unter sich hatte, vielleicht auch ein pflichtvergessener Gastwirt, der sich davonschleicht, um Enten zu schießen, obgleich er eigentlich den Schankraum auskehren müßte – jedenfalls wird unser Großstadtmensch alles daransetzen, daß er jedes Jahr einmal zu ihm hinausfährt und mit ihm durch die Gegend zieht, und insgeheim findet er ihn sympathischer als die meisten großen Tiere in der Stadt.

Immerhin ist etwas daran an dieser Idee vom freien, ungebundenen Leben im Land ohne Grenzen, von der in der Reklame für anregende Wildwestromane immer die Rede ist. Ich kenne die Philosophie nicht, die da im Spiel ist; vielleicht läuft es darauf hinaus, daß wir uns eine gewisse Schlichtheit bewahren, so sehr wir auch im übrigen irgendwelchen Statussymbolen verhaftet sind – Eigenheimen, Autos, kostspieligen Ehefrauen. Andererseits kann natürlich das ganze hübsche Spielchen von der Zivilisation dabei auffliegen; denn möglicherweise bedeutet das Ganze, daß der scheinbar zivilisierte Mensch im Grunde seines Herzens ein Vagabund ist und Flanellhemden, Bartstoppeln, Flüche und schmutzige Blechteller dem gepflegten, hygienischen, fortschrittlichen Leben vorzieht, das wir unseren Frauen zuliebe führen müssen.

Als ich meine juristischen Examen hinter mir hatte, war ich genauso affektiert und töricht und ehrgeizig wie die meisten jungen Burschen. Ich wollte aufsteigen, gesellschaftlich und finanziell. Ich wollte berühmt sein und in vornehmen Häusern mit Leuten speisen, die schaudernd an das ›gewöhnliche Volk‹ dachten, das sich zum Dinner nicht umkleidet. Mir fehlte eben die Erkenntnis, daß es etwas noch Langweiligeres gibt als ein Dinner in Gesellschaft, nämlich die Unterhaltung danach, wenn die Opfer des Abends das Essen verdauen und Kräfte sammeln, um Bridge spielen zu können. Oh, ich war ein junger Dummkopf, wie er im Buch steht! Ich war sogar auf eine reiche Heirat erpicht. Man stelle sich unter diesen Umständen vor, wie mir zumute war, als man mich nach meiner ehrenvollen Aufnahme als fünfzehnter Assistent in das renommierte Anwaltsbüro Hodgins, Hodgins, Berkmann and Taupe, nicht mit der Vorbereitung von Schriftsätzen, sondern mit der Zustellung von Vorladungen beauftrage! Ich kam mir wie ein billiger Privatdetektiv vor. Wie der Bote eines schäbigen Sheriffs! Man sagte mir, so fange nun mal jeder an, und daher fing ich so an. Ich wurde aus Schauspielerinnengarderoben hinausgeschmissen und gelegentlich von kräftigen und entrüsteten Prozeßgegnern regelrecht verprügelt. Jeden schmutzigen, dunklen Winkel der Stadt lernte ich kennen und hassen. Ich war nahe daran, in meine Vaterstadt zurückzukehren, wo ich sofort als richtiger Anwalt hätte anfangen können. Da war es eines Tages richtiggehend eine Abwechslung, als ich in eine vierzig Meilen entfernte Stadt namens New Mullion geschickt wurde, um einem gewissen Oliver Lutkins eine Vorladung zuzustellen. Dieser Lutkins hatte einmal im Wald gearbeitet und kannte die Hintergründe eines bestimmten Waldbesitzabkommens. Wir brauchten ihn als Zeugen, aber bisher war es uns nicht gelungen, seiner habhaft zu werden.

Als ich in New Mullion aus dem Zug stieg, wurde meine plötzliche Vorliebe für friedliche und schlichte Dörfer gedämpft durch den Anblick dieser Ortschaft mit ihren schmutzigen Straßen und den entweder graubraun oder überhaupt nicht angestrichenen Geschäften. New Mullion muß damals acht- oder neuntausend Einwohner gehabt haben, aber es wirkte wie eine verwahrloste Bergarbeitersiedlung. Auf dem Bahnhof war nur ein einziger Mann, der nett aussah – der Mann vom Zustelldienst. Er war so um die Vierzig, mit rotem Gesicht, munter und behäbig. Die blaue Köperjacke und der Overall saßen ihm wie angewachsen, und man spürte sofort, daß er ein Menschenfreund war und den Leuten aus reiner Zuneigung auf die Schulter klopfte.

»Ich suche einen gewissen Oliver Lutkins«, sagte ich zu ihm.

»Den? Hab ihn vor kaum einer Stunde hier gesehen. Schwer zu erwischen, der Bursche. Ist mal hier, mal dort. Vielleicht macht er gerade ein Pokerspielchen im Hinterzimmer von Fritz Beinkes Sattlerei. Sagen Sie, junger Mann... Haben Sie's eilig?«

»Ja. Ich möchte mit dem Nachmittagszug zurückfahren.« Ich war so verschwiegen wie ein Detektiv auf der Bühne.

»Dann will ich Ihnen was vorschlagen. Ich hab einen Mietwagen. Ich kurble die Knochenmühle an, und dann machen wir beide uns auf die Suche nach Lutkins. Ich weiß, wo er sich meistens herumtreibt.«

Er war offenkundig freundlich, schloß mich so bedingungslos in den Kreis seiner Zuneigung ein, daß mir richtig warm ums Herz wurde. Ich wußte natürlich, daß geschäftliches Interesse sein Verhalten bestimmte, aber die Liebenswürdigkeit war echt, und wenn ich Fahrgeld bezahlen mußte, um meinen Mann zu erwischen, dann konnte es mir nur recht sein, daß dieser nette Bursche davon profitierte. Ich handelte ihn auf 2 Dollar pro Stunde herunter, und er ging zu seinem in der nächsten Querstraße gelegenen Haus und kam mit einem Ding an, das wie eine schwarze Klavierkiste auf Rädern aussah.

Er hielt mir nicht die Tür auf, er sage auch nicht: »So, es kann losgehen, Sir.« Ich glaube, er wäre eher gestorben, als daß er jemanden mit ›Sir‹ angeredet hätte. Wenn er einmal am Himmelstor steht, wird er Sankt Petrus einfach ›Pete‹ nennen, und ich könnte mir denken, daß der gute Heilige nichts dagegen hat. Er bemerkte: »So, junger Mann, da ist die schöne Kutsche«, und sein breites Lächeln – nun, es gab mir das Gefühl, ich sei schon immer sein Nachbar gewesen. Sie sind so hilfsbereit Fremden gegenüber, diese Dorfbewohner. Er hatte meine Aufgabe, Oliver Lutkins zu finden, zu der seinen gemacht.

Er sagte ein wenig verlegen: »Ich will mich nicht in Ihre Privatangelegenheiten einmischen, junger Mann, aber ich schätze, Sie wollen bei Lutkins Geld kassieren – er rückt nie einen Cent heraus; mir schuldet er noch fast einen Dollar von einem Pokerspiel, auf das ich mich dummerweise eingelassen hatte. Er ist kein übler Bursche, aber Geld macht er nicht gern locker. Sollten Sie also bei ihm was kassieren wollen, dann schleichen wir uns lieber vorsichtig an, umzingeln ihn gewissermaßen. Wenn Sie nach ihm fragen, wird er argwöhnisch und geht stiften – daß Sie aus der Stadt kommen, sieht ja jeder an Ihrem eleganten Filzhut. Am besten gehe ich mal zu Fritz Beinke rein und erkundige mich und Sie halten sich hinter mir, damit man Sie nicht gleich sieht.«

Ich war sehr gerührt. Allein hätte ich Lutkins vielleicht nie gefunden. Jetzt aber war ich eine Armee mit Reservetruppen. Impulsiv erzählte ich dem Mietwagenfahrer, daß ich Lutkins eine Vorladung zustellen wollte; daß der Kerl sich boshafterweise geweigert hatte, in einer Prozeßangelegenheit auszusagen, bei der sein Wissen von einem bestimmten Gespräch alles hätte klären können. Der Fahrer hörte aufmerksam zu – und ich war dankbar dafür, daß ein Mann von vierzig Jahren mich jungen Fant ernst nahm. Schließlich hieb er mir auf die Schulter (sehr schmerzhaft) und sagte schmunzelnd: »Na, wir werden Freund Lutkins ganz schön überraschen.«

»Dann los, Fahrer.«

»Die meisten hier nennen mich Bill. Oder Magnuson. William Magnuson. Mietwagen und Transporte.«

»Gut, Bill. Wollen wir es zuerst mal bei diesem Sattler probieren – Beinke, sagten Sie?«

»Ja, bei dem kann er genauso gut sein wie anderswo. Spielt oft Poker und ist im Bluffen ganz groß, der Bursche.« Bill schien Mr. Lutkins' Fähigkeiten als Gauner zu bewundern; ich hatte den Eindruck, daß er, wäre er Sheriff gewesen, Lutkins mit Begeisterung geschnappt und liebevoll eigenhändig aufgeknüpft hätte.

Vor dem etwas düster wirkenden Sattlergeschäft stiegen

wir aus. Drinnen roch es nach gegerbtem Leder. Ein ziemlich kleingeratener Mann, wahrscheinlich Mr. Beinke, verkaufte gerade einem Farmer ein Kummet.

»War Nolly Lutkins heute irgendwann hier? Ein Freund möchte ihn sprechen«, sagte Bill in hinterhältig harmlosem Ton.

Beinke blickte an ihm vorbei auf mich, den Fremden, der sich im Hintergrund hielt; er zögerte und antwortete dann: »Ja, vorhin war er da. Ist wohl zum Schweden hinüber, um sich rasieren zu lassen.«

»Na ja, falls er noch mal kommt, sag ihm, daß ich ihn suche. Können vielleicht eine Partie Poker spielen. Lutkins soll ja was für diese unmoralischen Glücksspiele übrig haben.«

»Ja, ich glaube, er spielt auch Authors«, knurrte Beinke.

Wir begaben uns in das Friseurgeschäft des ›Schweden‹. Bill war wieder so freundlich, das Reden zu übernehmen, während ich mich an der Tür herumdrückte. Er fragte nicht nur den Schweden, sondern auch zwei Kunden, ob sie Lutkins gesehen hätten. Der Schwede rief wütend: »Ich hab ihn nicht gesehen und ich will ihn auch nicht sehen, aber wenn er dir über den Weg läuft, laß dir einen Dollar fünfunddreißig geben, soviel schuldet er mir nämlich.« Einer der Kunden meinte, er habe Lutkins in der Main Street getroffen, »auf dieser Seite vom Hotel«.

»Na ja«, sagte Bill, als wir wieder in den Wagen kletterten, »beim Schweden hat er keinen Kredit mehr, und da läßt er sich vielleicht bei Heinie Gray den Bart schaben. Um es selber zu tun, ist er einfach zu faul.«

Bei Gray stellte sich heraus, daß wir fünf Minuten zu spät kamen. Lutkins war gerade fort – vermutlich zum Spielsalon. Im Spielsalon hörten wir, er habe nur ein Päckchen Zigaretten gekauft und sei gleich wieder gegangen. So verfolgten wir ihn eine Stunde lang, waren immer dicht hinter ihm, ohne ihn jedoch einzuholen, bis ich schließlich Hunger bekam, weil es schon ein Uhr vorbei war. Da ich vom Land stammte und in der Stadt oft den derben, rustikalen Humor vermißte, war ich von Bills zynischen Äußerungen über die Friseure, Pfarrer, Ärzte und Rollkutscher von New Mullion so entzückt, daß es mir ziemlich gleich war, ob ich Lutkins fand oder nicht.

»Wie wär's mit was zu essen?« schlug ich vor. »Lassen Sie uns in ein Restaurant gehen, ich lade Sie ein.«

»Hm, ich müßte eigentlich nach Hause zu meiner Alten. Und aus unseren Restaurants mache ich mir sowieso nicht viel – wir haben nur vier, und keines taugt was. Aber da kommt mir eine Idee. Haben Sie was für eine schöne Landschaft übrig? Vom Wade's Hill hat man einen herrlichen Blick. Wir lassen uns von meiner Frau ein Lunchpaket zurechtmachen – Ihnen wird sie nur einen halben Dollar berechnen, und soviel müßten Sie für den fettigen Fraß im Restaurant mindestens bezahlen –, und dann fahren wir da hinauf und essen ein Picknick, wie es im Buch steht.«

Ich wußte, daß mein Freund Bill nicht frei von Arglist war; ich wußte, daß seine Hilfsbereitschaft dem ›jungen Mann‹ aus der Stadt gegenüber nicht allein brüderlicher Nächstenliebe entsprang. Schließlich bezahlte ich ihm ja die Zeit, die er mit mir verbrachte; für insgesamt sechs Stunden (die Mittagspause mitgerechnet) würde er eine für damalige Verhältnisse sehr hohe Summe bekommen. Aber er war nicht unredlicher als ich, der ich den gesamten Betrag auf Geschäftsspesen verrechnete, und um mir seine Gegenwart zu sichern, hätte ich notfalls das Geld auch aus eigener Tasche bezahlt. Seine heitere Gelassenheit eines Mannes vom Lande, seine natürliche Weisheit waren für mich jungen Burschen aus der nervenzermürbenden Stadt wie ein erquickendes Bad. Während wir im Gras der Anhöhe saßen und auf Gärten und einen Bach blickten, der sich zwischen den Weiden dahinschlängelte, erzählte er von New Mullion, führte mir eine Galerie von Porträts vor. Er war bissig und doch mitfühlend. Nichts war ihm entgangen, aber mochte er auch spöttisch lachen, so brachte er doch für alles Verständnis und verzeihende Nachsicht auf. In lebhaften Farben schilderte er mir die Frau des Pastors, die beim Wechselgesang in der Kirche immer dann besonders laut sang, wenn sie besonders stark verschuldet war. Er mokierte sich über die Jungen, die in supermodischen Hosen vom College zurückkamen, und über den Anwalt, der nach jahrelangem heftigem Streit mit seiner Frau entweder einen Leinenkragen oder eine Krawatte trug, nie jedoch beides. Alle diese Figuen wurden in seiner Erzählung lebendig. Ich lernte New Mullion an diesem Tag besser kennen, als ich die Großstadt kannte, und ich lernte es auch lieben.

Von Universitäten und städtischen Dingen hatte Bill zwar keine Ahnung, aber dafür war er auf dem Gebiet der Jobs sehr beschlagen. Er war Streckenarbeiter bei der Bahn, Landarbeiter und Bauarbeiter gewesen, und seine oft abenteuerlichen Erlebnisse hatten ihm zu einer Philosophie der Schlichtheit und des Lachens verholfen. Man konnte sich innerlich an ihm aufrichten. Ich muß immer an Bill denken, wenn ich die Leute sehnsüchtig von ›richtigen, männlichen Männern‹ reden höre.

Wir verließen unseren friedlichen Platz im Grünen und machten uns wieder auf die Suche nach Oliver Lutkins. Wir konnten ihn nicht finden. Endlich erwischte Bill einen Freund von Lutkins und zwang ihm die Auskunft ab, Oliver werde wohl bei seiner Mutter sein, deren Farm drei Meilen weiter nördlich lag.

Wir fuhren hin und beschlossen, strategisch vorzugehen.

»Ich kenne Olivers Mutter«, sagte Bill. »Sie ist ein Sturmwind. Ein Zyklon.« Er seufzte. »Ich hab mal einen Koffer zu ihr hinausgebracht, und da wurde sie ganz wild, weil ich das Ding nicht wie einen Korb mit rohen Eiern behandelte. Sie ist so an die neun Fuß groß, vier Fuß breit und dick, flink wie eine Katze, und ein Mundwerk hat sie...! Ich wette, Oliver hat gehört, daß jemand hinter ihm her ist, und jetzt will er sich da draußen hinter den Röcken seiner Mutter verstecken. Na, wollen mal sehen, ob wir mit ihr fertig werden können. Aber überlassen Sie das lieber mir, mein Junge. Sie mögen in Latein und Geographie großartig sein, aber vom Fluchen verstehen Sie nichts.«

Wir fuhren auf den Hof einer ärmlich wirkenden Farm und sahen uns einer fröhlichen alten Frau von hünenhafter Gestalt gegenüber. Mein Freund und Beschützer baute sich vor ihr auf und knurrte: »Erinnern Sie sich an mich? Ich bin Bill Magnuson vom Zustelldienst. Ich suche Ihren Sohn Oliver.

Mein Freund hier kommt aus der Stadt, und er hat ein Geschenk für ihn.«

»Ich weiß nichts von Oliver, und ich will auch nichts von ihm wissen!« kläffte sie.

»Hören Sie mal, wir haben den Unsinn allmählich satt. Dieser junge Mann ist vom Büro des Generalstaatsanwalts, und laut Gesetz sind wir berechtigt, alle Räumlichkeiten nach der Person eines gewissen Oliver Lutkins zu durchsuchen.«

Bill gab sich sehr dienstlich. Die Amazone, offenbar stark beeindruckt, zog sich in die Küche zurück, und wir folgten ihr. Sie schnappte sich ein Bügeleisen von einem niedrigen alten Herd, der im Laufe der Zeit eine dunkelsilbergraue Tönung angenommen hatte, und schwang es drohend, während sie auf uns zukam.

»Sucht nur, soviel ihr wollt – aber wundert euch nicht, wenn ich euch zu Asche verbrenne!« brüllte sie und blies sich auf. Unser angstvoller Rückzug entlockte ihr ein schallendes Lachen.

»Nichts wie raus hier, sie bringt uns noch um«, stöhnte Bil, und draußen fügte er hinu: »Haben Sie ihr Grinsen bemerkt? Sie hat sich über uns lustig gemacht! Ist das nicht der Gipfel der Frechheit?«

Ich gab zu, daß es an Majestätsbeleidigung grenzte.

Wir durchsuchten dennoch alles sehr gründlich. Das Häuschen war eingeschossig. Bill ging ringsherum und spähte in alle Fenster. Wir inspizierten Scheune und Stall und durften zu guter Letzt ziemlich sicher sein, daß Lutkins nicht da war. Für mich wurde es Zeit, wenn ich den Nachmittagszug nicht verpassen wollte, und Bill fuhr mich zum Bahnhof. Auf der Rückreise machte ich mir kaum Sorgen, weil ich Lutkins nicht gefunden hatte. Meine Gedanken beschäftigten sich fast ausschließlich mit Bill Magnuson. Ich erwog sogar, mich in New Mullion als Anwalt niederzulassen. Wenn sich Bill als ein so prächtiger, interessanter Mensch erwiesen hatte, konnte es da nicht sein, daß ich auch in dem noch unerforschten Fritz Beinke, in dem Schweden und hundert anderen bedächtig sprechenden, schlichten, lebensklugen Nachbarn liebenswerte Zeitgenossen fand? Schon sah ich vor mir ein ehrliches und glückliches Leben, ein Leben fern von den gelehrten Finessen der großen Anwaltskanzleien. Ich war so aufgeregt wie jemand, der einen Schatz gefunden hat.

Doch wenn ich mir Lutkins' wegen keine Sorgen machte, so sorgte man sich im Büro um so mehr. Am nächsten Morgen war der Teufel los; der Fall sollte zur Verhandlung kommen, und Lutkins mußte einfach her; ich war ein Schandfleck für die Firma und ein Dummkopf. An diesem Morgen hätte meine glänzende Laufbahn fast ihr Ende gefunden. Daß der Chef mir nicht den Hals umdrehte, war geradezu ein Wunder; immerhin deutete er an – eigentlich war es schon mehr als eine Andeutung –, daß ich mich vielleicht besser zum Grabenausheben eignete. Er schickte mich noch einmal nach New Mullion und gab mir einen Kanzleischreiber mit, der früher in einem Holzfällercamp gearbeitet hatte und Lutkins kannte.

Ich war recht niedergeschlagen, denn nun konnte ich nicht hoffen, noch einmal zwanglos mit Bill Magnuson durch die Gegend zu kutschieren.

Als der Zug in New Mullion hielt, wartete Bill mit seinem Rollwagen auf dem Bahnsteig. Seltsam war jedoch, daß dieser alte Drachen, Lutkins' Mutter, bei ihm stand und daß sie nicht stritten, sondern lachten.

Beim Aussteigen machte ich meinen Begleiter auf die beiden aufmerksam und flüsterte in jugendlicher Heldenverehrung: »Der da ist ein feiner Kerl, ein richtiger Mann.«

»Haben Sie ihn gestern hier getroffen?« fragte der Kanzleischreiber.

»Ich war den ganzen Tag mit ihm zusammen.«

»Hat er Ihnen geholfen, Lutkins zu suchen?«

»Ja, er hat mir sehr geholfen.«

»Na, kein Wunder! Er selbst ist ja Lutkins!«

Das war schon ein Schlag, aber noch mehr schmerzte es mich, daß Lutkins und seine Mutter, als ich die Vorladung ablieferte, lauthals über mich lachten, als hätten sie einen aufgeweckten Siebenjährigen vor sich, und mich dann ebenso freundlich wie ganz dringend baten, mit ihnen zu Nachbarn zu gehen und dort eine Tasse Kaffee zu trinken.

»Ich habe denen von Ihnen erzählt, und sie sind ganz wild darauf, Sie kennenzulernen«, sagte Lutkins fröhlich. »Sind so ziemlich die einzigen Leute im Ort, die Sie gestern nicht gesehen haben.«

JOSEF MARTIN BAUER

Denn der Mensch sucht die Wärme

Bei aller Einfalt, die er in reichem Maß sein eigen nannte, fand Simon Schmeller bald heraus, daß man als Gast die angenehme Wärme des Ministeriums auch dann genießen durfte, überdies unbezahlt, aber auch ohne Nebenrechte, wenn man nur ins Haus kam, um die Beamten mit Eingaben, Plänen, Bittschriften, Akten und Aktennachträgen zu behelligen.

Sein Weg in eine andere Zukunft begann damit, daß er, mit Arbeit nicht übers Maß belastet, für ein Architekturbüro Eingabepläne und Tekturen ins Ministerium trug. Mit der Begründung, es werde in den Ministerien so unvorstellbar langsam gearbeitet, daß es eines stundenlangen Wartes bedürfe, bis man überhaupt vorgelassen werde, zog Simon Schmeller derlei Botengänge weit über Gebühr in die Länge, lediglich von dem Wunsch bestimmt, bei solchen Gelegenheiten jeweils den größten Teil eines kalten Wintertages in den wohlgeheizten Fluren und Vorräumen zu verbringen.

Im Lauf von Monaten eignete sich Simon Schmeller eine nicht nur ungefähre, sondern allmählich immer gründlicher werdende Kenntnis der Raumeinteilung, der Gliederung des Ministeriums und auch des darin wirkenden Personenkreises an, so daß er, ohne je anders als zu Botengängen verwendet worden zu sein, den durch die Gänge irrenden Besuchern und Petenten ohne Nachdenken die in Frage kommende Zimmernummer und den Namen des dort sitzenden Herrn benennen konnte, auf Rückfrage auch mit reichen Details über menschliche Eigenarten, Arten, Unarten und Absonderlichkeiten jenes dort sitzenden Herrn. Da es sich immerhin um acht Stockwerke und, bei dem hohen Alter gewisser Bauteile des Amtes sehr wohl verständlich, um zahlreiche architektonisch verworrene Flügelbauten handelte, hätte ein unvoreingenommener Beurteiler Simons Kenntnis der komplizierten Örtlichkeiten als überraschend gut bezeichnen müssen.

Doch was dieser Simon Schmeller wußte, das hatte er dergestalt erfahren, daß er bereits vor dem Gang zu dem ihm aufgegebenen Referat um der sympathischen Wärme willen stets längeren Aufenthalt in den Fluren und weitläufigen Korridoren genommen und nach erledigtem Auftrag diese Räume lässig und aufmerksam durchschritten hatte – lässig, um so lang wie möglich in der warmen Geborgenheit bleiben zu können, aufmerksam, um keinen der in den Fluren installierten Heizkörper zu übersehen. Seine Orientierung, die allmählich Zimmernummern, Namensschilder, Hauptabteilungen, Verwaltungen von Sondergebieten und die Ränge der hinter den Türen amtierenden Leute miteinschloß, hatte ihre Angelpunkte in den Heizkörpern. Da Simon aus dem Ertrag seiner Botengänge nur über geringe Einkünfte verfügte, mußte er eine Strecke von jeweils mindestens zwanzig Heizkörpern hinter sich bringen, ehe sein Etat ihm wieder eine seiner selbstgedrehten Zigaretten erlaubte.

Zuweilen freilich, wenn der Müßiggang allzu deutlich in seinem Gesicht und seiner gar nicht auf Bewegtheit eingespielten Haltung angeschrieben stand, mochte es geschehen, daß ihn ein Inspektor oder Amtmann – Frauen und Mädchen ignorierten sein Vorhandensein – nach seinem Begehren fragte, nicht ohne durchblicken zu lassen, daß man hier doch zur Arbeit und nicht zu ständigen Zigarettenpausen kaserniert sei. Simon Schmeller, vom vielen Ausruhen her im Vollbesitz seiner nervlichen Konzentration, pflegte bei solchen Gelegenheiten zu lächeln und lässig auf eine Tür zu deuten, um in dieser Zeichensprache auszudrücken, daß er den hinter genau jener Tür wirkenden Herrn zu besuchen wünsche. Besser, so stellte er nach reichlichem Nachdenken fest, war es wohl, wenn er zum Zweck dieses Deutens auf eine Bürotür einen Aktendeckel in Händen hielt, und von da an vollzog sich, als alles gründlich durchdacht und ein überzähliger Aktendeckel in die Wärmestunden miteinbezogen war, der tiefgreifende Wandel in seiner Existenz.

Nicht alle Tage nämlich hatte er Anlaß und Auftrag zu einem Gang ins Ministerium, und es war keine unzumutbare

Mühe für ihn, auch die auftragsleeren Tage dadurch auszufüllen, daß er die Tageszeitung von vorgestern, den Haus- und Familienkalender für Bürger und Landmann und ein Dutzend abgelegter Frachtbriefe in einen Aktendeckel nahm und, mit diesen für ein Scheingefecht außerordentlich geeigneten Waffen ausgerüstet, in den Korridoren des Ministeriums die Rolle eines Mannes spielte, der entweder infolge regelmäßiger Besuche von Dienststellen oder gar in einer festen Anstellung zum Haus gehörte.

Von dieser Zeit an wurde Simon Schmeller nicht mehr im geringsten belästigt, und weil er die Blumen der kalten Tage recht zu pflücken verstand, war ihm künftig der Wärmeplatz ebenso sicher wie eine herablassende Notiznahme durch Damen und Fräuleins, die aktentragend vorüberhuschten, eine manchmal mürrische Begrüßung durch Herren, die nicht so recht darüber schlüssig wurden, ob sie ihn als Gast oder Mitarbeiter gelten lassen sollten, und häufig ein sehr freundlicher Dank des Ministers, dem er mit schönem Diensteifer die Vorzimmertür öffnete, wenn auch für den Minister der Tag der Arbeit begann.

Nicht jedoch in diesem Programm der Wärmesuche stand es, daß eines Nachmittags ein Herr mit Kneifer – Simon wußte längst, daß es Amtmann Ferdinand Kögl war – über die halbe Korridorlänge hin auf ihn zusteuerte, ihn als Herrn Kollegen ansprach, als einen erheblich tiefer stehenden Kollegen selbstverständlich, was sich im Ton des Umgangs sehr deutlich ausdrückte, ihm eine in einen Aktendeckel gelegte Liste in die Hand drückte und die halb befehlende Bitte aufs berufliche Gewissen legte, er möge doch, nachdem Kollege Solmann gestorben sei, unter Vorlage dieser Liste sämtliche Büros der Abteilung besuchen. Man werde überall sogleich Bescheid wissen, was da zu tun sei. Es handle sich um die Finanzierung eines Trauerkranzes, sagte Amtmann Kögl.

So betrat Simon Schmeller zum ersten Mal der Reihe nach alle Zimmer, deren Insassen ihm nach Rang, Namen, Dienststellung und Angesicht längst bekannt waren. Er legte den Damen an den Schreibtischen wie den Herren an etwas üppigeren Tischen die Liste vor, wies auf den oben angeschriebenen Zweck der Sammlung hin und kassierte, was jeder gab, der strengen Bräuche eingedenk nur gegen Unterschrift des Spenders. Die Beträge, zwischen dreißig Pfennigen und einer Mark schwankend, ergaben die Summe von achtunddreißig Mark, worüber Amtmann Kögl sich wunderte, bis ihm aus der Liste ersichtlich wurde, daß der Kollege über den Bereich der Abteilung hinaus gesammelt hatte und mit dem von Herrn Kögl mürrisch festgestellten Erfolg, daß außerhalb der Abteilung höhere Einzelspenden gegeben worden waren als unter denen, die den Verewigten näher gekannt hatten. Dies begab sich im Frühjahr, als es warm wurde.

Einen vollen Sommer lang bezog Simon sein Quantum Wärme dort, wo es auch ohne Amtsgänge und Aktendeckel Wärme gab: auf den sonnenbeschienenen Straßen, auf Anlagebänken und an Flußufern, mit dem wenigen zufrieden, was er für Botengänge und sonstige kleine Dienste bekam. Damit jedoch sommersüber keine neuen Zeitmaße aufkamen, die sich im Winter dann nicht mehr einhalten ließen, hängte Simon Schmeller die Ruhezeiten unter Gottes Sonne an die Botengänge durch dumpfe Behördenbauten, so daß sich das Verfahren für eine eingereichte Tektur auch in der warmen Jahreszeit um nichts verkürzte.

Einen vollen Sommer lang hatte Simon Zeit, über jenes letzte Erlebnis des vorigen Winters nachzudenken, und als das Jahr nach viel anstrengendem Sinnen wieder in den Oktober ging, als mit schicksalhafter Konsequenz die Zeit von neuem kam, da es vorteilhaft wurde, die behördliche Wärme in ihren über die Flure verschütteten Abfällen wieder sinnvoll zu nutzen, trug Simon eines Tages in seinem Aktendeckel nicht mehr die Tageszeitung von vorgestern oder den Haus- und Familienkalender für Landmann und Bürger, sondern liniertes Schreibpapier, dies als Folge emsiger Denkarbeit, die sich den ganzen Sommer lang keine Ruhe gegönnt hatte seit dem Auftrag des Amtmanns Kögl, für einen Kranz zu sammeln.

Als man sich – die in Regimentsstärke arbeitende Besatzung des Ministeriums einerseits und der müßige Flursteher Simon Schneller andererseits – in immer kälter werdenden Wochen und immer wärmer werdenden Korridoren wieder ausreichend aneinander gewöhnt hatte, beschriftete Simon eines Tages das zuoberst liegende Blatt in seinem Aktendekkel mit einer Notiz: Die Kollegen und Kolleginnen möchten aus Anlaß des Ablebens und der Beerdigung des allseits beliebten Kollegen Emmeram Noll eine kleine kameradschaftliche Spende zu einem Kranz geben. Den Kollegen Emmeram Noll, Inspektor, zweiundfünfzig Jahre alt, hatte Simon persönlich erfunden. Verschiedene Leute fragten, als Simon mit der Liste kam, was für ein Noll dieser Inspektor Noll sei, doch wenn Simon erläuterte, daß es sich um Inspektor Noll von der Abteilung nebenan handle, um den netten, bescheidenen, etwas gehbehinderten Noll, dann kannten sie ihn alle und fanden es höchst bedauerlich, daß er so zeitig in den Jahren gestorben war. Außer den von Simon Schmeller aufgeführten Eigenschaften des Toten wußten sie noch weitere, und dies lauter gute, die den Verewigten zu einem angenehmen Kollegen gemacht hatten.

Mit sechsundfünfzig Einträgen und beinahe vierzig Mark an barem Geld schloß der Sammler diese seine erste Liste ab und betextete, damit der wohltätige Eifer nicht erlahmte, denn es konnte sich leicht jemand darauf ausreden, daß nach so zahlreichen Spenden seine eigene nicht mehr nötig sei, auch nicht für einen sehr üppigen Kranz, eine neue. Nach dieser zweiten Liste wurde der tote Emmeram Noll auf eine dritte Liste gesetzt, und dies so fort, bis Simon nach neun Werktagen das ganze Ministerium durchgearbeitet und sein Leben für reichlich einen Monat gesichert hatte, denn es war ihm in seiner immer bescheidenen Freundlichkeit gelungen, den Minister selbst und seinen Staatssekretär genauso zu einer Spende zu bewegen wie die letzte Stenotypistin. Jeder nämlich kannte Simon Schmeller, jeder war ihm schon mehrfach auf den Fluren begegnet, und etwa so wie diesem Schmeller glaubte jeder um eine Spende Angesprochene auch den verstorbenen Inspektor Emmeram Noll gekannt zu haben. Der Minister, dem die Beispielhaftigkeit vor allem zustand, hatte ein rundes Fünfmarkstück gegeben.

Ehe das Geld vollends zur Neige ging, begann Simon eine neue Sammlung, diesmal aus Anlaß der Hochzeit des achtundzwanzigjährigen Inspizienten Hans Kriebel mit der Kontoristin Irene Beierlein, und da beide, Braut und Bräutigam, in Diensten des Ministeriums standen, ließ sich der zugegebenermaßen etwas auf persönlichen Vorteil eingestellte Wunsch des Brautpaares, ein Paar dieser neuartigen, angenehmen, weichen, aber etwas kostspieligen Schaumgummimatratzen von der Kollegenschaft als Hochzeitsgeschenk zu bekommen, ohne Schwierigkeiten erfüllen. Simon übernahm es, auch die ihm aufgetragenen Glückwünsche zu übermitteln, und was da so an Glück gewünscht wurde, das bezog er auf sich selbst, da ein nicht existierendes Brautpaar all das ja nicht nötig hatte. Er selbst jedenfalls kam auf diesen Schaumgummimatratzen ausgezeichnet über den nächsten Monat. Den folgenden Monat überbrückte er mit einer Liste für den Vertragsangestellten Tobias Link, der sich den unzeitgemäßen Luxus eines zehnten Kindes leistete und – nach Simons Behauptung – als Vertragsangestellter keinen Anspruch auf Kinderzulagen hatte. Dem Sammler aber wurde entgegengehalten, daß dieser Vertragsangestellte Tobias Link ja Kindergeld bekomme, und die widerwärtigsten Kollegen im Haus konnten es nicht unterlassen, den Ertrag aus der Familienausgleichskasse hämisch vorzurechnen und dies vor Herrn Schmeller so hämisch zu tun, daß dieser zu bedenken geben mußte, es gehe ja nicht um ihn selbst und um seine Kinder und seine persönlichsten Angelegenheiten, in deren Dienst da die Mildtätigkeit in Anspruch genommen werde. Der Erfolg dieses zehnten Kindes des Vertragsangestellten Tobias Link war überraschend, sehr zum Vergnügen des Herrn Simon Schmeller, der sich, was den Erfolg betraf, als der Kindesvater fühlte.

Den durchschlagendsten Erfolg aber erbrachte eine Hilfsaktion, die Simon Schmeller inszenierte für die von ihm ebenso erfundene Sekretärin Elfriede Roßmann, nachdem diese Elfriede Roßmann, ein ungewöhnlich hübsches junges Ding, unter die Straßenbahn geraten war und beide Beine verloren hatte. Nach dieser Sammlung freilich kam in dem biederen Sammler etwas säuerlich ein Ahnen von Beschämung hoch, denn diese Methode, ans Mitleid zu gehen, war denn doch zu unschön, um den Sammler sich des Ertrages wirklich freuen zu lassen.

Es kam da noch etwas in Simon Schmeller hoch, als es nun

allmählich zur festen Gewohnheit wurde, zwölf und noch mehr Werktage des Monats auf die Tätigkeit der Listensammlungen zu verwenden. Enttäuschung stieg da auf, ein ungeordnetes Gefühl wie von Selbstvorwürfen, ein leichter Gram über die Sammelei, die längst in Arbeit ausartete und ihren Mann beinahe so stark beanspruchte wie einen anderen ein festes Arbeitsverhältnis. Derlei Überlegungen kamen aber nur bis ungefähr zur Höhe des Hemdknopfes empor und wurden dann wieder verschluckt, weil Simon nicht Lust verspürte, sich über das alles hinaus auch noch mit der Mühe des Nachdenkens zu belasten.

Simon Schmeller, weder Beamter noch Vertragsangestellter, mittelgroß und schmal, in seinen geistigen Gaben irgendwie einem Huhn vergleichbar, wurde in den Abteilungen und Referaten allmählich zu einem Begriff, dies jedoch nicht so sehr in seiner milden Aufdringlichkeit, die mancher als lästig empfand, als vielmehr darin, daß er in die kühlen oder dumpfen Räume Menschenschicksale schmuggelte, denen er Antlitz und Gestalt gab, erfundene Schicksale zwar, aber menschlich überaus echte mit Sterben und Heiraten, Kindern und Alltagstragödien, an denen sich das tätige Mitleid gern übte, nachdem es der Hilfsbereitschaft eine mürrische Einleitung gegeben hatte.

Obgleich Simon Schmeller weder Beamter noch Vertragsangestellter war, nur ein müßiger Flursteher, der mit zunehmendem Alter immer mehr Wärme benötige, überlebte er drei Minister, die ihn alle persönlich kannten und beim Begegnen in den Korridoren immer ein Lächeln, beinahe so etwas wie ein Lachen für den unbedeutenden Mann übrig hatten. »Ah, guten Morgen auch!«

Unter der Regierung des vierten Ministers, an einem milden Nachwintertag, während das müde Gehirn eben ein neues Schicksal entwarf, erlitt Simon Schmeller, an einen Heizkörper gelehnt, einen Schlaganfall und sank wortlos, den Aktendeckel in der Hand, zu Boden. Bei all den Leuten, die sich vor der Zeit bis zu völligem Verbrauchtein abgehetzt hatten, nannte man diese Art des Abgehens aus dem Arbeitsbereich im Volksmund einen Herzinfarkt.

Mangels einer anderen Liegegelegenheit bettete man den

Sterbenden auf die Couch im Zimmer des Staatssekretärs, der eben abwesend war, und später, da seinetwegen die Regierungsgeschäfte nicht ruhen durften, auf ein Feldbett im Landesbauamt, um ihn dann – denn auch am dritten Tag wußte noch niemand, wie dieser Mann hieß und wo er wohnte – weiter von Abteilung zu Abteilung herumzureichen, bis er nach vier Tagen dem Schlaganfall erlag, ohne noch etwas über seine Person und über seine Funktionen im Ministerium ausgesagt zu haben.

Er war nie viel gewesen und hatte keinem etwas bedeutet. Man wußte so wenig seinen Namen wie seinen Rang. Er war nur ein Mensch gewesen, der mit seinen Sammellisten daran gemahnt hatte, daß Menschen mit allen Möglichkeiten des Schicksals hier zusammenlebten. Als man für die Kosten seines Begräbnisses eine Liste in Umlauf setzte, kam ein Vielfaches von dem ein, was die Sekretärin Elfriede Roßmann eingebracht hatte. Man begrub ihn stattlich, und in den Kränzen vor allem machte es sich an ihm bezahlt, daß er mitgebunden hatte an anderer Leute Sterbekränzen. Und es blieb nach dem Begräbnis eine Menge übrig – an Geld, für das sich im Sinn des Toten keine rechte Verwertung mehr gab, an Mitgefühl und an ungelösten menschlichen Problemen.

SIEGFRIED LENZ

Der heimliche Wahlsieger

Keiner, Nachbarn, war in Bollerup so beliebt wie der Waldarbeiter Fiete Feddersen. Das steht fest, auch wenn niemand bei uns in der Lage war, alle Gründe für diese Beliebtheit zu nennen. War es seine hartnäckige Bescheidenheit? Vielleicht die sanfte, unbeirrbare Höflichkeit, die von jedem Wetter unabhängig war? Oder lag es daran, daß er, tief in den Wäldern tätig, die meiste Zeit der Woche unsichtbar blieb? Nicht zuletzt aber kann seine Beliebtheit auch dadurch erklärt werden, daß er, wenn er sich überhaupt äußerte, dies auf so unerhört einsilbige Weise tat, daß kaum etwas übrigblieb, was man ihm hätte übelnehmen können.

Wer die Gründe erfahren zu müssen glaubt, kann ihnen nachgehen; für die Geschichte braucht lediglich festgestellt zu werden, daß Fiete Feddersen, der seiner eigenen Kraft so mißtraute, daß er es nicht einmal wagte, ein Vogelei zwischen die Finger zu nehmen, ohne das geringste Bemühen zum beliebtesten Einwohner von Bollerup geworden war. Doch wenn er sich schon nicht darum bemühte, zu werden, was er war, so bemühen sich doch andere darum, seine außerordentliche Beliebtheit für ein sozusagen hohes Ziel nutzbar zu machen: für die Politik nämlich.

Ich darf hier nicht schweigen: Kurz vor den letzten Wahlen durchstreifte eine kleine Kommission die Fichtenschonung, lauschte, streifte durch den Mischwald, lauschte und wandte sich, den rhythmischen Schlägen eines schweren Hammers folgend, zum Kiefernwald hinüber, wo gerade das Bruchholz aus der vergangenen Sturmnacht zerlegt wurde. Dort arbeitete Fiete Feddersen. Zwischen gestürzten, geknickten, verdrehten Stämmen arbeitete er, fleißig auch ohne Aufsicht, auf dem Kopf die sonderbare Mütze mit den extra langen, nun aber hochgebundenen Ohrenschützern, die ihm das Aussehen eines bedröppelten Hasen gaben. Die Kommission – sie bestand aus meinem Großonkel Franz Jesper Feddersen und aus Arnim Daase, einem Vertreter für Landmaschinen – grüßte freundlich; man setzte sich auf leuchtendes Stubbenholz, bot einander Tabak an, rauchte aber nur kalt, um nicht die Schilder ins Unrecht zu setzen, die auf Brandgefahr aufmerksam machten. Und dann kam die Kommission zur Sache. Sie bot Fiete Feddersen an, für die Grüne Union zu kandidieren, für die Partei des Fortschritts und der zähen Reformen. »Ein Mann wie du«, sagte die Kommission, »kann seine politische Heimat nur in der Grünen Union haben.« Und sie sagte: »Mit deiner Hilfe, Fiete, wird es uns gelingen, den feinen Eduard Kallesen und seine feine Schwarze Union eindrucksvoll zu schlagen.«

Der Waldarbeiter lächelte bekümmert und schüttelte den Kopf. »Nein«, sagte er, und mehrmals hintereinander: »Nein, nein.« Zu helfen, dazu sei er immer gern bereit, aber er könne nur dort helfen, wo es ihm gegeben sei, sagte er. Und er wies darauf hin, daß es ihm nicht nur an den einschlägigen politischen Kenntnissen fehle, sondern auch an der Gabe, ohne die kein Politiker auskommt: Reden zu halten.

Das war der Kommission bekannt. Sie wußte auch, daß sich niemand in Bollerup mehr durch Einsilbigkeit hervorgetan hatte als ihr neuer Kandidat; dennoch blieb sie bei ihrer Wahl. »Wir haben«, sagte die Kommission, »alles berücksichtigt: Was wir brauchen, ist der Mann Fiete Feddersen, und der kann so schweigsam bleiben, wie er war; was erforderlich ist, wird Arnim Daase für dich übernehmen; er wird für dich die Fragen beantworten, wo es sein muß; er wird Erklärungen in deinem Namen abgeben, und falls man ihn dazu zwingt, wird er für dich reden. Es genügt, wenn du zu seinen Worten nickst.«

Fiete Feddersen zuckte die Achseln, wollte und wollte nicht, war einerseits bereit, zu helfen, und andererseits unsicher, ob er selbst dem verminderten Anspruch genügen würde; doch schließlich – nachdem die Kommission förmlich an ihn appelliert hatte – erhob er sich, stand einen Augenblick in redlicher Verlegenheit da, und dann nickte er, sachte, aber erkennbar: Die Grüne Union in Bollerup hatte den beliebtesten Einwohner für sich gewonnen.

Die Kommission gratulierte und verabschiedete sich, und

als sie sich in die Fichtenschonung zwängte, erschrak der Waldarbeiter nachträglich – gerade so, als ob er sich selbst verkauft hätte. Vor Unruhe gelang ihm nichts mehr, kein Schlag und kein Hieb, er mußte an das gegebene Wort denken und an sein erstes öffentliches Auftreten, und am liebsten wäre er der Kommission nachgelaufen, um sich sein Versprechen zurückgeben zu lassen. Blieb ihm vielleicht etwas anderes, als sich auf einen Stamm zu setzen und zu grübeln? Eben, und darum setzte er sich und begann, nicht ohne ein schmerzhaftes Ziehen in der Brust, zu grübeln.

Von der Grünen Union wußte er immerhin, daß sie sich selbst die Partei des Fortschritts nannte. Ihre Mitglieder – Kleinbauern, Vertreter, Arbeiter wie er selbst – trugen fast ausnahmslos Taschenuhren. Sie wollten um jeden Preis mehr Gerechtigkeit. Doch wenn er sich nicht irrte, strengte sich eben dafür auch die Schwarze Union an, deren Mitglieder fast ausnahmslos Armbanduhren trugen. Sie nannte sich die Partei der Bewahrer und hatte in Eduard Kallesen einen Vorsitzenden, der jederzeit ohne eine einzige schriftliche Notiz vier Stunden reden konnte, und das auch noch mit erkennbarer Begeisterung. Nicht einmal Arnim Daase konnte es mit ihm aufnehmen, obwohl der mitunter redete, daß die Milch zu Butter wurde. Ließ sich der leichtsinnige Entschluß nicht doch noch rückgängig machen?

Früher als sonst machte Fiete Feddersen an diesem Tag Feierabend und ging nicht allein bedrückt, sondern auch auf Umwegen nach Hause. Seine Frau wußte bereits alles: Franz Jesper Feddersen war mit einem Stapel von Broschüren, von Merkzetteln und Programmen vorbeigekommen und hatte ihr von der Kandidatur erzählt. Für seine Niedergeschlagenheit hatte sie nichts anderes übrig als ihren Lieblingsausspruch, mit dem sie sich über alles hinweghalf: »Ach, Fiete, dat löpt sech allns trecht.« Danach rührte sie Eier in die Bratkartoffeln, während Fiete seufzend den Stapel mit den Wahlschriften umkreiste, plötzlich stehenblieb, sich ein Heftchen schnappte und zu lesen begann. Er las; und wie ich ermittelt habe, las er beim Abendbrot und die halbe Nacht durch, ohne damit fertig zu werden. Aber wer denkt, daß Fiete schon am nächsten Abend weitergelesen hätte, der täuscht sich: Mit einem Gesichtsausdruck, der schwer zu deuten war, trug er die Papiere in den Schuppen, Abteilung Brennbares. Hielt er das Material für überflüssig? Oder hatte er, noch vor der drohenden Auseinandersetzung mit Eduard Kallesen, sanglos aufgegeben? Einiges spricht dafür; denn fortan kümmerte Fiete Feddersen durch die Tage, ließ in seiner aufmerksamen Höflichkeit nach, unterbrach öfter seine Arbeit und saß in schwermütiger Versunkenheit auf einem Stubben. Niemand wird erstaunt darüber sein, daß er am Tag der großen Auseinandersetzung nicht in der Lage war, Nahrung zu sich zu nehmen.

Danach fragten allerdings nicht seine Freunde von der Grünen Union. Sie holten ihn frühzeitig ab, scherzten, munterten ihn auf, versuchten, ihm etwas von ihrer Zuversicht abzugeben. Sie nahmen ihn in ihre Mitte und zogen gemütlich, um von möglichst vielen bemerkt zu werden, die Straße zum Mühlenkrug hinab, Parolen rufend, ein Siegeszeichen in die Luft schreibend.

Am Eingang zum Mühlenkrug, vor den beiden Linden, erschrak Fiete auf einmal so sehr, daß er wie betäubt dastand: Er hatte sein Bild auf dem Plakat entdeckt. Es war ein altes Bild, das ihn mit geschulterter Axt zeigte, vergnügt, wie ihn jeder kannte, auf dem Kopf die sonderbare Mütze mit herabgelassenen Ohrenschützern; im Hintergrund bogen sich Tannenäste unter der Last des Schnees. Er las die Bildunterschrift – Auf ihn ist Verlaß! – und äugte zum Nachbarplakat hinüber, auf dem Eduard Kallesen zu sehen war, hoch zu Pferd, seine Mütze ziehend, und unter dem Bild der Satz: Mit ihm über jede Hürde! Instinktiv wollte Fiete sich abwenden, umkehren, doch seine Freunde schoben ihn unerbittlich vorwärts durch Rauch und Lärm erst einmal in ein Hinterzimmer. Hier drückten sie ihn auf einen Stuhl, steckten ihm eine Plakette an den Rockaufschlag, verbesserten den Sitz der ungeliebten Krawatte. Und Arnim Daase wiederholte noch einmal die Strategie, die zum Sieg führen sollte: »Schweigen, Fiete, du mußt schweigen, auch wenn sie dich provozieren. Dasitzen mußt du. Beifällig nicken mußt du. Und immer wieder: schweigen. Was zu reden ist, übernehme ich.«

Fiete Feddersen zeigte matt an, daß er alles verstanden

hatte, man trocknete ihm den Schweiß ab, zog ihn vom Stuhl und drängte ihn hinaus, einen zugigen Gang entlang und dann zum Podium. Es war verabredet worden, daß beide Parteien gleichzeitig durch den Vorhang schlüpfen sollten, die Grüne Union von links, die Schwarze von rechts; das gelang. Gleichzeitig traten die Wahlkämpfer an den Tisch heran, gleichzeitig nahmen sie Platz, begleitet von Beifall, Pfiffen und Hochrufen. Das dröhnte, das gellte und frohlockte, Biergläser reckten sich ihnen entgegen, glimmende Zigarren schrieben rotierende Feuerräder in die Luft, Flaschen begannen auf wackligen Tischen zu hüpfen – jeder kennt ähnliche Bilder der Leidenschaft. Fiete Feddersen zwang sich, in den Saal zu blicken, wanderte blickweis die Tische ab, die zu schwimmen schienen in Qualm und Dunst. All diese Zeichen und Gesten, die begeisterten Zurufe – galten sie tatsächlich ihm? Sie mußten ihm gelten, denn schon jetzt, bevor die Vorstellung begann, bildeten sich einige, wenn auch dünne Sprechchöre, die »Fie-te, Fie-te!« riefen. Und daß er gewisse Hoffnungen trug, zeigte sich dann auch bei der Vorstellung, denn es war unüberhörbar, daß der Beifall, den er verbuchen konnte, ein wenig stärker war als der, den Eduard Kallesen einheimsen durfte.

Sodann wurden beide Parteien aufgefordert, eine Grundsatzerklärung abzugeben; das Los hatte entschieden, daß Kallesen als erster sprechen durfte, und wer ihm noch nie als Redner begegnet ist, dem darf ich versichern, daß der ebenso energische wie elastische Mann, der das Mikrofon lässig wie eine Zigarre vor dem Mund hielt, der sowohl überlegen wie dauerhaft lächelte, einen starken Eindruck hervorrief. Jedenfalls hätte Armin Daase, der nach ihm für die Grüne Union sprach, den Eindruck von sich aus nicht wettmachen können, wenn nicht Fiete Feddersen so heftig genickt hätte, daß viele, einfach dem Zwang des Beispiels folgend, mitnicken mußten. Damit blieb einstweilen alles unentschieden; auch der Anfang der scharf geführten Diskussion änderte nichts an der Ausgeglichenheit der Stimmung im Saal.

Wie herablassend und dabei unerbittlich dieser Eduard Kallesen die Diskussion bestritt! Es machte ihm augenscheinlich ein diebisches Vergnügen, sich fortgesetzt an Fiete Feddersen zu wenden, obwohl dieser ihm nicht antwortete. »Würde mir«, so fragte er etwa, »mein verehrter Gegenspieler, Herr Fiete Feddersen, ein wenig seine Preispolitik erläutern, falls das private Land in kommunalen Besitz übergeführt werden sollte?« Arnim Daase erhob sich sogleich und leitete seine Antworten mit Wendungen ein wie: »Unser Kandidat ist der Ansicht...« oder: »Meine Freunde und ich stimmen darin überein...« oder aber: »Fiete Fedderses Meinung zu diesem Problem lautet...« – wobei Fiete oft schon Zustimmung nickte, bevor seine angebliche Meinung ausgesprochen wurde.

Hin und her ging es zwischen Kallesen und Daase; sie setzten sich über Schlachtprämien auseinander, über Milchsubvention, über Rentenversicherung für Landwirte und, in schärferer Tonart, über Verteidigungspolitik. Zwischen ihnen saß nachdenklich, die gefalteten Hände im Schoß, Fiete Feddersen mit schweißglänzendem Gesicht. Manchmal zuckte er; das war, wenn ihm saurer Schweiß in die schlechtbewimperten Augen tropfte. Folgte er überhaupt der Diskussion? Bemerkte er, daß, am Beifall aus dem Saal gemessen, die Auseinandersetzung immer noch unentschieden war? Er mußte es bemerken, denn auf einmal hob er die Hände auf den Tisch und musterte Kallesen mit unergründlichem Blick. Der hatte sich gerade, und zwar nahezu höhnisch, nach der Schulpolitik der Grünen Union erkundigt und wollte jetzt wissen, ob Fiete Feddersen tatsächlich mit dem Gedanken umging, alle Zeugisse abzuschaffen. Und die Prüfungen. Und den sogenannten ›Hokuspokus mit den Zensuren‹. Wörtlich fragte er: »Müssen wir fürchten, daß mein verehrter Gegner, dessen persönliche Leistungen wir alle schätzen, über Nacht ein Feind aller Leistung geworden ist? Soll auch in Bollerup eine trübe Gleichmacherei triumphieren?« Der Beifall, den Kallesen darauf erhielt, war so frenetisch, daß Arnim Daase Mühe hatte, ihm zu entgegnen. Vielleicht war er in der Schulpolitik nicht so bewandert, vielleicht aber war er Kallesen tatsächlich nicht gewachsen, jedenfalls gelang es Arnim Daase diesmal nicht, den Vorsprung an Sympathie aufzuholen.

Kallesen wäre nicht Eduard Kallesen gewesen, wenn er

nicht sofort seine Chance erkannt hätte, den ausgepunkteten Gegner vollends auf die Bretter zu schicken. Er schnellte hoch. Getragen von Beifall, setzte er zu neuer Rede an und wollte von Fiete wissen, wie er zum Bau der Sport- und Reithalle stehe – mit anderen Worten, wie groß Fiete die Gesundheitspolitik schreibe. »Mit einer Reithalle könnte Bollerup ein Mittelpunkt werden«, rief er. Man hätte Nordische Meisterschaften in den Mauern. Bei Spiel und Sport könnten die Kinder gesund heranwachsen – und so weiter. Nun?

Herausfordernd sah er Fiete Feddersen an, und natürlich in der Erwartung, daß Arnim Daase für ihn antworten werde, doch da geschah etwas, was niemand bei uns vergessen wird. Fiete Feddersen erhob sich und straffte den Oberkörper. Das Murmeln im Saal hörte auf. Man stieß sich an, vertrieb die Rauchwölkchen. Verblüfft blickte Kallesen, verstört mancher Freund von der Grünen Union, und Arnim Daase versuchte, nachdem er sich von seinem Schrecken erholt hatte, Fiete durch ein Zeichen aufzufordern, bei der Strategie des Schweigens zu bleiben. Umsonst! Ich persönlich dachte nur: So nimm denn, Unglück, deinen Lauf.

Fiete Feddersen schluckte, pochte mit kräftigem Fingerknöchel auf die Tischplatte und trank erst einmal ein ganzes Glas Mineralwasser leer. Dann sagte er mit sehr leiser Stimme: »Vierzig Jahre war ich im Wald, in der Natur. Dachs und Wiesel wurden meine Freunde, die Krähe kam zum Frühstück, mit dem Eichhörnchen stand ich auf du und du. Wenn ihr mich fragt, wo die größte Fröhlichkeit anzutreffen ist, dann sage ich euch: unter den jungen Dachsen. Sie haben nur sich selbst; ein Tannenzapfen genügt ihnen zum Spiel für einen ganzen Vormittag. Wer jung ist, will sich balgen und sich beißen, dabei schärft er seine Sinne. Auf die Dauer freut man sich an bescheidenen Spielen. Und so möchte ich sagen: Wozu eine Reithalle? Zeigt den Kindern den Wald und laßt sie dort spielen wie die Dachse. Sie werden es euch danken mit Fröhlichkeit.«

Nicht nur üblicher Beifall, sondern ein Beifallssturm dankte dem Redner, der betreten abwinkte, sich faßte und sagte: »Die Waldtaube ist eines der wenigen Tiere, das sich um die Alten kümmert. Statt eine Reithalle zu bauen, sollten vielleicht einige Gemeindeschwestern angestellt werden, die könnten tun, was die Waldtaube tut.«

Ich sah einmal schnell zu Kallesen hinüber; der schüttelte den Kopf, seufzte, verzog geringschätzig sein Gesicht – vermutlich, weil er mit solcher Rede nichts anfangen konnte. Aber was ihn seufzen ließ und mutlos machte, das gefiel unten im Saal, das wurde mit Beifall und Bravo aufgenommen. Jetzt wollte man nur noch Fiete Feddersen hören, und Fiete sprach, fortgetragen von brausender Zustimmung und Begeisterung. Was er ihnen anzubieten hatte, war immer nur dies: Waldworte, Walderfahrung, dunkles Waldgleichnis; die setzte er auf jedes politische Problem. Er sagte etwa: »Der Jäger stellt dem Fuchs ein Zeugnis aus«, oder »Der Häher warnt auch seinen Feind«, und auf einen freundlichen Zwischenruf ließ er sich zur Eigentumspolitik so vernehmen: »Wenn ihr mich fragt, wo der schönste Sinn für Eigentum anzutreffen ist, dann sage ich euch: unter verwilderten Hauskatzen. Wenn das Waldrevier zu klein ist, einigen sie sich, wer zu welcher Zeit jagen darf. So gehört der Wald jedem und keinem. Denn was einer hat, ist alles nur geliehen. Aus dem Teilen kommt erst die Zufriedenheit. Das zeigt die verwilderte Hauskatze.«

Ich wunderte mich nicht, daß die Grüne Union nach anfänglichem Befremden auf einer Welle der Hoffnung schwamm, aber plötzlich wurde es ihr mulmig. Fiete Feddersen begann nicht nur, von den ›natürlichen Herrschern des Waldes‹ zu sprechen, er verteidigte auch auf seine Art das Leistungsprinzip, indem er sachkundig auf das Beispiel der winzigen Haselmaus hinwies. Jetzt hellte sich sogar Kallesens Gesicht auf, und ob er es wollte oder nicht, er und seine Schwarze Union mußten einfach klatschen. Das geschah nun öfter – einmal jubelten die Grünen bei Fietes Rede, einmal die Schwarzen, und mitunter klatschten auch alle. Niemand in Bollerup kann sagen, wie lange Fiete eigentlich sprach, da niemand es wagte, auf die Uhr zu sehen. Unvermutet rief er aus: »Die Elster kann vieles, dennoch kann sie aus einem silbernen Löffel kein Junges ausbrüten.« Er machte eine Pause, wir sahen uns bestürzt an, und dann bat Fiete alle Anwesensen, seine Kandidatur zurückziehen zu dürfen. »Es ist«, sagte er, »wegen der fehlenden politischen Kenntnisse«, und damit setzte er sich.

Auch wer gar keine Fantasie hat, wird sich vorstellen können, was im Saal passierte: Die Leute stürzten zum Podium, bedrängten und bestürmten Fiete, ließen ihn hochleben, doch Fiete ließ sich nicht umstimmen. Er begründete seinen Verzicht mit den Worten: »Manche fragen sich, warum der Dachs nur ein einziges Mal in seinem Leben ins Wasser geht. Darum, weil er schon beim ersten Mal einsieht, daß es ihm zu naß ist.«

Übrigens haben die Grünen die letzten Wahlen mit knappem Vorsprung gewonnen, und natürlich wissen sie, wem sie es zu verdanken haben. Der heimliche Sieger der Wahl aber war unbestritten Fiete Feddersen.

Ganz alltägliche Katastrophen

HERMANN HARRY SCHMITZ

Von Männern, die an Schaltern sitzen

Vor nichts in der Welt habe ich einen so gewaltigen Respekt wie vor jenen Männern, die hinter Schaltern sitzen.

Es ist merkwürdig damit!

Solche Männer mögen uns in der elektrischen Bahn gegenübersitzen oder am gleichen Tisch ihr Bier trinken, oder im Dampfbad neben uns schwitzen – ihre harmlosen Gesichter werden uns nicht beunruhigen oder auch nur den geringsten Eindruck auf uns machen. Wir werden ihnen vielleicht mit den Ellenbogen in die Seite rennen oder ihnen auf die Füße treten, oder ihnen mit der brennenden Zigarre in das Gesicht laufen und uns nur matt entschuldigen. Unsere Ehrfurcht ist gering.

Aber es wird anders, wenn diese Menschen hinter ihrem Schalter sitzen.

Sie erscheinen uns jetzt wie die Priester eines starren Prinzips, einer kosmischen Institution, die hinter der Schalterwand wie in heiligen Tempelnischen sitzen, abgesondert von der Welt. Nach ihrem ewig-weisen Dünken lüpfen sie ab und zu ein wenig den Vorhang, der sie den fürwitzigen Augen der profanen Menge entzieht, um der Herde Begehr, die sich an dem geweihten Orte drängt, zu erkünden.

Es gibt trotzige Menschen, die selbst vor Assessoren und Leutnants keine unbedingte Hochachtung haben, sich der Autorität der Schaltermänner aber demütig beugen.

Es ist eine Tatsache, daß das einfältigste, unbedeutendste Gesicht unter der Suggestion der *Splendid isolation*, hinter einem Schalter aufgebaut, einen Zug von starrer Größe und Ehrfurcht heischender Überlegenheit erhält.

Aus Herrn Patriz Mönkmöller wird Napoleon, aus Herrn Tobias Sodbrand Cäsar, die nichtssagenden Züge Clemens

Bartliebs straffen sich zu der Monumentalität Friedrichs des Großen.

Man hat vor dem Schalter das unbedingte Gefühl: Gnade, Gnade, Gnade ist es, wenn dieser Mann deiner Bitte willfährt.

Ich habe alles Mögliche getan – trotz der größten Anstrengungen und vernünftigen Reflexionen bringe ich es nicht fertig, meine außerordentliche, direkt krampfhafte Beklommenheit vor jedem Schaltermenschen zu überwinden.

Ich muß ehrlich sagen, ich mache lieber noch einmal mein Einjähriges oder lasse mich impfen, oder spiele mit einem eingewachsenen Nagel am großen Zeh Fußball, als gezwungen zu sein, mich zur Erledigung einer Angelegenheit an einen Schalter begeben zu müssen.

Wer die schreckliche Tragödie meines Lebens kennt – und ich muß sie verkünden –, wird meine Schalterbeamtenidiosynkrasie verstehen und auch verzeihen.

Ich hatte die Bekanntschaft einer sehr schönen Dame gemacht – in der Hundeausstellung vor einem preisgekrönten Wurf deutscher Doggen. Die Dame war sehr fein angezogen und trug einen Topfhut von einem halben Meter Höhe mit langen, wallenden Straußenfedern. Sie konnte mit dem Hut in vieles nicht hinein oder höchstens in der Kniebeuge. Sie sagte, sie wäre eine Gräfin.

Ich war stolz auf meine Bekanntschaft. Ich meine wohl, daß man das sein konnte. Außerdem war ich verlobt mit der höchst uninteressanten, schon bejahrten, dafür aber um so unerfreulicheren Tochter eines recht wohlhabenden Mannes, eines Herrn Pröbster, der eine vorzüglich gehende Gießkannenfabrik betrieb.

Ich war mit der Gräfin übereingekommen, postlagernd zu korrespondieren. Sie hatte betont, daß sie mir ihre Adresse nicht geben könnte, und etwas von einem alten Grafen gemurmelt. Ich wagte auch nicht, verdächtige Briefe zu Hause zu empfangen. Ich wohnte bei meiner Tante Selma Huckepack, die die Sache mit der Gießkannenfabrikantentochter eingeleitet hatte und sich heftig darum sorgte, daß ich mir diese gute Partie nicht verdarb.

Beim Abschied in der Hundeausstellung stellte die Gräfin

mit Entsetzen und Tränen fest, daß ihr ihre Börse (sie sagte mit spitzen Lippen: »Böööhrse«) abhanden gekommen wäre. Ich wagte, ihr zwanzig Mark anzubieten, welche die charmante Frau errötend und sich ein wenig sträubend annahm.

Ich sollte ihr unter: O. D. M. Sch. 48 (das hieß ›O du mein Schnuckelchen‹ – 48 war der Gräfin Schuhnummer) schreiben, während ich ihre Briefe unter N. K. N. K. 72645 (›Na Kleener, na Kleener‹ war das Lieblingslied der feingeistigen Schönen und 72645 die Nummer ihres Badeabonnements) abholen sollte.

Ich hatte bereits zwei Briefe unter den angegebenen Buchstaben losgelassen und nahm an, daß nun mittlerweile auch eine Antwort der Gräfin meiner harrte.

Ich war im Grunde doch ein ekelhaft biederer Mensch, und die Schalen abgestandener, philisterhafter Moralbegriffe hingen mir noch an. Eine starke Anwandlung eines Moralischen befiel mich plötzlich auf dem Wege zur Post, gepaart mit einer unheimlichen Unruhe, mein loses Tun würde herauskommen. Nur einer meiner Bekannten brauchte mich auf der Post zu beobachten! Postlagernd zu korrespondieren hatte immer einen verdächtigen Beigeschmack! Es war das erste Mal in meinem Leben, daß ich es tat.

Je mehr ich über alle Möglichkeiten nachdachte, die mir aus meinem Leichtsinn erwachsen konnten, um so nervöser und verhetzter wurde ich.

Zitternd und bebend wie ein Verbrecherdilettant drückte ich mich in die Post. Jetzt nur schnell, schnell, damit ich wieder fortkam. Ich drängte mich kopflos in eine dichte Ansammlung von Menschen, die ein Schalterfenster umlagerten. Viele dieser Leute hatten lange, schmale Bücher in der Hand, in welchen Packen rosafarbener Karten steckten. Sie warteten ergeben, und ihre Mienen waren ohne Hast.

Anders wurde es, als ich mich in blindem Drängen in die Menge schob. Das verdroß die Leute, und ein unwilliges Murren erhob sich. Ein Mann mit einem Athletenvereinszeichen am Rock trat mich auf die Füße, schlug mir mit der Faust meinen steifen Hut unendlich tief in den Kopf, obgleich der Hut wirklich ganz gut saß, und versprach, mich auch noch in den Bauch zu treten. Da ich das nicht so sehr gerne mochte, ließ ich mich von feindselig harten Ellenbogen zurückschubsen. Da stand ich nun verdöst von dem erhaltenen Schlag und stierte auf den Rücken eines vor mir stehenden Mannes, dem der Rockaufhänger heraushing und die Krawatte munter zu Kopf stieg.

Warum stand ich nun eigentlich hier und vor mir ein Mann mit dem Aufhänger am Hals und der klimmenden Krawatte? Was hatte das zu bedeuten?

Langsam schob sich die Menge vor, unendlich langsam. Ab und zu löste sich jemand von der Schar, der sein Geschäft erledigt hatte. Schauerlich langsam. So stand ich still und ergeben drei Wochen. Von Zeit zu Zeit wurde das Schaufenster aufgeschoben und wieder zugeknallt. Man hörte das Geräusch von Geldzählen, ergebenes Murmeln, dann eine sehr laute, herrische Stimme, die unfreundlich und scharf sagte: »Können Sie nicht lesen?« oder »Glauben Sie, wir hätten unsere Zeit gestohlen?« Dann schlich sich immer jemand klein und bescheiden beschämt von hinnen, sichtbar gealtert.

Ich stand völlig im Bann einer unglaublichen Schüchternheit. Ich wagte gar nicht, zu protestieren, wenn sich neu Ankommende einfach vor mich stellten. Ich war geduldig und wartete – mein Bart und Haupthaar wuchs. Und es vergingen weitere drei Wochen.

Jetzt erst fing ich an, Obacht zu geben, und ließ niemand mehr vor mich. Ich kam dem Schalter langsam näher.

Ich hatte mit der Resignation eines Philosophen um mich gestiert und zu meiner Freude plötzlich bemerkt, daß neben dem so bedrängten Schalter sich eine Reihe anderer Schalter anschloß, an denen niemand stand.

Schnell hatte ich meinen Platz verlassen und war zum ersten besten dieser Schalter geeilt. Er war mittels einer gerippten Glasscheibe geschlossen. Man sah, wie sich jemand dahinter bewegte, den Arm in Kopfhöhe hob und senkte. Ich stellte mich dicht an das Fenster und bewegte mich hin und her. Dann begann ich nach einiger Zeit laut zu husten und mich zu räuspern. Nach zwei Wochen nahm ich mir endlich ein Herz und klopfte an das Fenster, erst leise, dann heftiger, und ging schließlich mutvoll in ein kräftiges *Cake-walk*-Tempo über. Räng, päng! Das Fenster flog nach oben, und ein wutverzerrtes, schlecht rasiertes Antlitz, mit dem lähmenden Blick der Medusa und Brotkrumen am Kinn, ließ mich zusammenklappen, und eine metallene Stimme drang schauerlich auf mich ein: »Können Sie nicht lesen?« Räng, päng! Das Fenster wurde wieder zugefeuert.

Es dauerte lange, bis ich wieder zu mir gekommen war. Wäre ich nur an dem ersten Schalter geblieben, ich wäre längst darangekommen! Ich versuchte mein Heil an den anderen, ebenfalls freien Schaltern, wagte aber nur durch Husten meine Anwesenheit auszudrücken. Aber ohne Erfolg, kein Fenster tat sich auf. Verzweifelt war ich von Fenster zu Fenster geeilt, etwa acht Tage lang, als endlich ein Mann mit einer Beamtenmütze und einem Uniformrock, der offenstand und eine Zivilweste aus Cheviot und eine Deckkrawatte sehen ließ, von irgendwoher zu mir kam, mich streng anguckte, einen Rotstift hinter dem Ohr wegnahm und mich anschrie: »Können Sie nicht lesen?« Noch ein strenger Blick traf mich, und der Mann verschwand wieder.

Nachdem ich mich halbwegs gesammelt hatte, bin ich dann reumütig zu dem ersten Schalter geschlichen und habe geduldig gewartet, bis etwa vierzig Menschen vor mir erledigt waren. Darüber vergingen zwei Wochen.

Je mehr ich mich dem Schalterfenster näherte, um so nervöser und aufgeregter wurde ich. Ich wiederholte krampfhaft für mich fortgesetzt die Chiffre.

Eine alte Frau, die vor mir stand und eine Marke kaufen wollte, hatten ihren Groschen fallen lassen und suchte ihn verzweifelt zwischen den Füßen der Leute. Die Stimme aus dem Schalter schrie befehlend: »Der Nächste!« Das war ich. Ich stotterte los: »En Ka, En Ka, En Ka 72645.« Scharfe, fragende Augen trafen mich. »En Ka, En Ka, Ka, Ka«, ich stotterte, vergaß die Zahl – hinter mir sagte jemand mitleidig: »Ein armer Taubstummer« –, und ich stieß in meiner Not hervor: »Postlagernder Brief!«

»Können Sie nicht lesen?« ertönte das metallene Organ des Mannes am Schalter. Des Mannes Augen quollen aus dem Kopf, die Adern schwollen an zu Würsten, in der Ecke fiel ein Schirm um, irgendwo spielte jemand falsch Klavier, und der Schaltermann brüllte wieder los: »Können Sie nicht lesen?

Der Nächste!« Ich wurde fortgeschoben und stand da wie ein gebrochener Mann.

Da kam eine gute Seele, ein Greis, seines Zeichens Hühneraugenoperateur und Warzenentferner, der mich damals, in meiner Jugend, gesehen hatte, wie ich an dem Schalter wartete. Der hat mich auf den Schoß genommen und hat mich getröstet und mich belehrt, postlagernde Briefe holte man am Postamt vier. Das könnte ich auf einem klitzekleinen Plakat dort hinter der Tür lesen.

Ich aber sah in diesem Ungemach auf der Post eine Strafe des Himmels ob meines lasterhaften, nichtswürdigen Benehmens und schwor bei allen Heiligen, mich um die Gräfin und diese unsaubere Korrespondenz nicht mehr zu kümmern.

Auf der Straße wurde ich von der Polizei aufgegriffen, die mich im Auftrage meiner Tante und des Gießkannenfabrikanten fortgesetzt suchte, und nach Hause geschafft.

Ich bin ein guter Mensch, zu gutmütig. Ich würde ein friedliches Leben leben, wenn ich mich nun nicht zu solch unmöglichen Kommissionen hätte bestimmen lassen.

Der Gießkannenfabrikant bat mich eines Tages, einhundertvierundzwanzig Mark bei der Versicherungsgesellschaft ›Volldampf‹ für ihn einzukassieren und dann noch Theaterbillets für seine Familie zu besorgen. Für die Versicherungsgesellschaft bekam ich einen Ausweis.

Ich ging. Ich rannte zu meinem Unglück noch meinem Freund Engerling Daumentrost in den Hals. Seine Frau hatte soeben ein Kind gekriegt; er bat mich dringend, die Anmeldung bei dem Geburtsamt zu übernehmen. Dabei drückte er mir die entsprechenden Dokumente in die Hand und raste, Dankesworte ausstoßend, weg.

Ich war eben ein gutes Luder! Na, dann auch noch zum Meldeamt.

An der Kasse der Versicherungsgesellschaft mußte ich lange warten. Es waren ein großer Schalter und Gitterwände in dem Kassenraum. Ich konnte sehen, wie viele Männer an hohen Pulten saßen, sich die Nase bohrten oder sich die Nägel schnitten, oder Apfelsinen schälten, oder einfach dösten. Sie guckten mich alle streng und vorwurfsvoll an.

Als es mir zu lange wurde, habe ich mit dem Papier, welches mir Herr Pröbster mitgegeben hatte, auf dem Schalterbrett geraschelt und mich geräuspert. Dann kam schließlich ein Herr in einer Lüsterjoppe und fragte mich, wie ich hieße, und verschwand dann. Er ging zu dem, der in der Nase bohrte, und zeigte ihm das Blatt. Der ließ das Bohren und kam langsam zum Schalter. Er wollte auch wissen, wie ich hieße, und verschwand dann. Irgend jemand rief: »Herr Feger.« Der Mann, der Apfelsinen aß, kroch von seinem Pult unwillig und verdrossen zum Schalter. »Sie müssen Ihren Namen angeben, Vor- und Nachnamen, Geburtsjahr, Geburtsort«, brummte er mich an. Er hatte etwas von der Apfelsine zwischen den Zähnen, er saugte zischend, es loszubekommen. Dann bohrte er sich mit einem gespitzten Bleistift im Mund. Er ging darüber wieder an seinen Drehstuhl, bohrte und bohrte und besah sich ab und zu die Bleistiftspitze, ob seine Bohrung erfolgreich war. Dabei machte er mit der Zunge klatschende Geräusche. Plötzlich schlug eine Uhr. Der Mann, der das Papier genommen hatte, kam zurück und sagte, jetzt wäre Kassenschluß und Herr Kohlrabi wäre an der Unterschrift und ich möchte wiederkommen und sie hätten sich meinen Namen notiert.

Ich bin kopfschüttelnd und verwirrt weggegangen und zum Meldeamt geeilt.

Ich hätte das wirklich lassen sollen, denn wenn man nichts weiß über ein Kind – ob Junge oder Mädchen –, wenn man nicht die allergeringsten Angaben machen kann, da einem der Vater versehentlich anstatt der richtigen Papiere Metzger- und Gasrechnungen und ein altes Mietsbuch in die Hand gedrückt hat, so ist man für diese Mission ziemlich ungeeignet. Erst wurde ich von Schalter zu Schalter gehetzt von ›für Sterbefälle‹ zu ›für Wasserleitung‹, von ›für Straßenreinigung‹ zu ›für Armenpflege‹, bis ich endlich an den Schalter ›für Geburten‹ kam und mich entsprechend blamierte, Schmähreden und Anschnauzer einheimste und bald, wie mit einem Brett vor den Schädel geschlagen, draußen stand.

Und dennoch hatte ich nach allen diesen Enttäuschungen noch die Courage, zur Theaterkasse zu gehen.

Die Theaterkasse war schwer bedrängt von Menschen. Mein Schalterkoller befiel mich wieder prompt und verwirrte mein Denken. Der Verkehr an dem Schalter war so geregelt, daß sich die Leute vor der Kasse durch einen komplizierten Gang von eisernen Spiralen winden mußten. Auf diese Weise konnte sich niemand vordrängen. Von dem Zickzack-Gehen war ich völlig blöde im Kopf geworden, und als ich endlich am Schalter stand, faselte ich dem Mann etwas vor von dem Kind meines Freundes Engerling – und der Brief läge unter En Ka, En Ka, und Herr Pröbster bekäme einhundertvierundzwanzig Mark. Der Mann wurde ungehalten, machte mit der Hand eine auffordernde Bewegung, ich möchte mich fortscheren, rollte auch mit den Augen und runzelte die Stirn. Als er mich noch anschnauzte, wie ich hieße und ob ich verrückt sei, kam eine maßlose Wut über mich. Ich packte den Mann beim Kopf, zog ihn durch das Fensterchen und riß den Schieber herunter. Pfitsch, ein Blutstrahl, der Kopf rollte zu Boden. Mit gräßlichem Blick schauten mich die Augen noch einmal an, und eine furchtbare Angst, ein qualvolles Entsetzen packte mich. Flucht, Flucht war mein einziger Gedanke. Ich stürzte los, aber die Geländer der Verkehrsspiralen hemmten meinen Weg. Im Zickzack raste ich auf und ab, die Geländer lang und wieder zurück, und ich fand mich nicht heraus. Und ich rase noch immer auf und ab und werde wohl von der Feuerwehr abgeschossen werden müssen.

MICHAIL SOSTSCHENKO

Der letzte Verdruß

Dieses Mal gestatten Sie mir, einen dramatischen Vorfall aus dem Leben eines Verstorbenen zu erzählen. Weil die Geschichte auf Wahrheit beruht, so werden wir uns in unserer Erzählung aller Späßchen und Witzchen enthalten, um die lebend Verbliebenen nicht zu kränken.

Weil indes die Geschichte bis zu einem gewissen Grade recht komisch ist und das Gelächter – wie man so sagt – ganz von alleine losplatzen kann, bitten wir im voraus den Leser um Verzeihung – für die unbeabsichtigte Pietätlosigkeit gegen Lebende und Tote.

Freilich hat der Vorfall eigentlich gar nichts Komisches an sich. Im Gegenteil: Ein Mensch war gestorben. Ein kleiner Arbeiter nur, eine ganz und gar unbedeutende und unscheinbare Person – im strahlenden Glanz unserer Tage. Und wie das so oft der Fall ist, gingen nach seinem Tode die schönsten Reden los, die üppigsten Nekrologe. Sozusagen: Er starb in den Sielen! Ach! Welch ein Verlust! Das war ein Mensch! Wie jammerschade, Freunde, daß er von uns ging!

Nun, versteht sich, bei seinen Lebzeiten hat ihm niemand so Originelles gesagt! Nein, er hatte seinen letzten Weg angetreten, ohne auch nur im geringsten zu ahnen, wie er sich in der Fantasie seiner Mitmenschen spiegeln würde.

Es bliebe dahingestellt, wie sich diese Fantasie geäußert hätte, wenn er nicht gestorben wäre. Dieselben Mitmenschen hätten ihm vielleicht – wie man so sagt – die Kinnladen eingeschlagen. Weil er indes sich still davongemacht hatte, kam er auf einmal zu ungeahnten Ehren.

Einerseits, Freunde, ist es wirklich herrlich, so zu sterben! Andererseits: Merci! Danke schön! Lieber nicht! Wir werden eure gefühlvolle Dankbarkeit zu entbehren wissen!

Kurzum: In dem Betrieb, in dem er gewerkelt hatte, fand

nach der Arbeit zu seinem Gedenken eine Versammlung statt, in der verschiedene rührselige Episödchen aus dem Leben des Toten erzählt wurden.

Selbst der Direktor ergriff das Wort. Und kraft seiner großen Redekunst gestaltete er seinen Nachruf so überaus gefühlvoll, daß ihm selbst die Tränen kamen. Und so, unter Tränen, zollte er dem Toten das allerhöchste Lob. Woraufhin die Gemüter ins Kochen gerieten. Ein jeder mühte sich, wetteifernd zu beweisen, daß er einen wahren Freund, Bruder, Vater oder Lehrmeister verloren habe.

Plötzlich rief einer aus der hinteren Reihe kreischend, man müsse das Begräbnis möglichst prächtig gestalten – schon um den Arbeitseifer der übrigen Angestellten anzuspornen.

»Sehr richtig«, sagten alle. Und der Direktor fügte hinzu: »Und wenn der Verband die Wände hochsteigt – das Begräbnis geht auf Staatskosten!«

Dann erhob sich noch einer von seinem Platz und meinte, daß man solch bemerkenswerte Menschen überhaupt mit Musik und nicht etwa stillschweigend durch menschenleere Straßen zu Grabe tragen müsse.

Hierauf stand, sich die Tränen abwischend, ein Verwandter des Toten auf, genauer gesagt, sein leiblicher Neffe, ein gewisser Koljessnikow. »Herrgottchen!« begann er seine Rede. »Wieviel Jahre wohne ich nicht schon mit meinem Onkel in der gleichen Wohnung – ich will nicht sagen, daß wir uns täglich stritten – jedenfalls lebten wir aber nicht gerade in Frieden. Und das, weil ich ja gar nicht wußte, was ich für einen Onkel besaß. Jetzt, aus euer aller Reden, wird es mir erst klar! Und jedes hier gesprochene Wort tropft wie glühendes Erz auf mein wundes Herz! Ach, warum habe ich nur meinem Onkelchen nicht das Leben leichter und gemütlicher gemacht! Bittere Reue wird mich mein Leben lang quälen! Nein! Ich will es mich nicht verdrießen lassen, ich will den weiten Weg zu einem mir bekannten ausgezeichneten Blasorchester aus sechs Bläsern und einer Trommel nicht scheuen. Und wir wollen dieses Orchester bitten, meinem Onkelchen etwas Besonderes aufzuspielen!«

Alle sagten: »Jawohl! Bestelle du das Blasorchester! Damit

machst du dein schnödes Benehmen dem Onkel gegenüber zum Teil wenigstens wieder gut!«

Kurzum: Nach zwei Tagen fand das Begräbnis statt. Es gab eine Menge Kränze und einen riesigen Menschenauflauf. Die Musik spielte nicht schlecht und zog natürlich die Aufmerksamkeit aller Passanten auf sich. Immer wieder wurde gefragt: Wer wird da zu Grabe getragen? Der Neffe selbst lief, während der Leichenzug durch die Straßen zog, nach vorne zum Direktor und flüsterte ihm zu: »Das bestellte Blasorchester verlangt, daß es sofort nach der Beerdigung bezahlt wird, weil sie nämlich gleich auf Tournee gehen, nach Staraja Russa. Wie wollen Sie es nun machen?«

Der Direktor sagte: »Ja, bezahlst denn du nicht allein das Orchester?«

Darob verwunderte sich der Neffe und erschrak nicht wenig. Und meinte gleich: »Aber Sie haben es doch selber gesagt, daß die Beerdigung auf Staatskosten geht. Ich bin ja nur gelaufen, um das Orchester zu bestellen! Nichts weiter!«

»So, so!« sagte der Direktor. »Aber die Musik ist in unserem Kostenvoranschlag gar nicht vorgesehen. Und im Grunde genommen ist doch nur ein unbedeutender kleiner Mensch gestorben. Wir aber – bumm-di-bumm! – haben ihm eine ganze Trauermusik bestellt! Nein, nein! Darauf lasse ich mich nicht ein! Da steigt mir ja der ganze Verband auf den Kopf!«

Und die, welche mit dem Direktor in einer Reihe schritten, meinten auch: »Schließlich kann doch der Betrieb nicht für jeden Verstorbenen eine Trauermusik bezahlen! Ist doch schon übergenug, daß man für den Trauerwagen, den Leichenschmaus und allen übrigen Beerdigungskram aufkommt! Fürs Orchester zahlst du selbst! Ist ja auch dein Onkelchen!«

»Ihr seid wohl verrückt!« erwiderte der Neffe. »Wo soll ich denn die 200 Rubel hernehmen?«

Der Direktor: »Dann tu dich mit deiner ganzen Verwandtschaft zusammen. Irgendwie werdet ihr schon das Geld zusammenkratzen!«

Der Neffe, ganz außer sich, lief im Trauerzug zur Witwe des Verstorbenen und meldete ihr das Vorgefallene. Die Witwe schluchzte gleich noch lauter auf. Und weigerte sich entschieden, auch nur irgendwas zu zahlen. Darauf drängte sich Koljessnikow durch die mitgehende Menschenmenge bis zum Orchester durch und sagte ihnen, sie möchten das Blasen sofort sein lassen – dieweil sich gewisse Schwierigkeiten bezüglich der Bezahlung ergeben hätten und es überhaupt ganz ungewiß sei, wer zahlen wird.

Unter den Musikanten, die in Reih und Glied marschierten, entstand einige Verwirrung. Der Dirigent aber sagte: »Wir hören natürlich nicht auf! Wir spielen das Stück zu Ende und kassieren das Honorar beim Besteller!« Und mit einem Trommelwirbel schnitt er jede weitere Diskussion ab.

Darauf versuchte Koljessnikow, sich noch einmal bis zum Direktor durchzuschlagen. Jener aber, um weiteren Unannehmlichkeiten auszuweichen, setzte sich in sein Auto und entschwand.

Das Laufen und Drängen des Neffen rief im Leichenzug einige Unruhe hervor. Noch mehr bestürzte die Anwesenden die Abfahrt des Direktors und das laute Wehklagen der Witwe. Erregtes Geflüster flog hin und her. Zumal jemand das Gerücht verbreitet hatte, daß man den Direktor ganz plötzlich wegen allgemeiner Lohnsenkungen abberufen hätte.

So kam der Leichenzug in vollkommener Unordnung am Friedhof an. Das Begräbnis selbst fand ganz unfeierlich in größter Eile und ohne Reden statt. Danach gingen alle unzufrieden auseinander. Und einige schmähten sogar den Toten, indem sie das eine oder andere aus seinem kleinen, nichtigen Leben erzählten.

Anderntags wurde der Neffe des toten Onkels dem Direktor derart lästig, daß dieser, um ihn loszuwerden, versprach, die Musikfrage mit dem Verband zu besprechen. Er meinte aber gleich, daß die Sache kaum durchgehen würde, denn es sei schließlich Aufgabe des Verbandes, sich um die Lebenden zu kümmern und nicht den Toten eins aufzuspielen.

So oder so – Koljessnikow hat jedenfalls vorerst mal seinen dicken Flauschmantel verkaufen müssen, um sich die Orchestranten vom Hals zu schaffen, die in der Tat vor nichts zurückgeschreckt wären, um zu dem Ihrigen zu kommen.

Seinen Mantel verkaufte der Neffe um 260 Rubel. So daß

nach der Abrechnung mit dem Blasorchester ihm noch – als Rest vom Schützenfest – 60 Rubel übriglieben.

Für diese sechzig aber säuft jetzt der Neffe seines Onkels bereits den dritten Tag. Angetrunken kam er zu mir und erzählte mir, sich die Tränen mit dem Ärmel abwischend, von seinem großen Verdruß, der für ihn gewiß nicht der letzte gewesen ist.

Für den Onkel aber war die kleine Unannehmlichkeit bestimmt die letzte. Was auch gut ist!

FRIGYES KARINTHY

Meine Hinrichtung

»Gnädiger Herr! Gnädiger Herr!«

Ich drehe mich auf die andere Seite.

»Gnädiger Herr! Sieben Uhr! Stehen Sie bitte schnell auf.«

»Ach, lassen Sie mich doch, was wollen Sie... Wozu?«

»Um acht ist die Hinrichtung, Sie kommen wieder zu spät...«

Die Hinrichtung um acht? Natürlich, das habe ich vergessen. Brrr, so früh aufstehen, im Zimmer ist es noch kalt... und überhaupt, wozu? Nun ja, meine Hinrichtung... Wegen so etwas läßt man einen nicht schlafen...

Was soll ich anziehen? Smoking – am Vormittag? Nein, ein einfacher schwarzer Anzug wird es auch tun...

»Hallo! Hallo!«

»Ja...«

»Herr Redakteur? Kommen Sie bitte endlich; alle sind schon da, man kann die Herren nicht warten lassen.«

»Gut, ich komme gleich.«

Zu guter Letzt bin ich nun doch auf der Straße! Ei, bin ich aber schläfrig. Es ist eine Rücksichtslosigkeit, einen so früh am Morgen hinzurichten. Ich habe noch nicht einmal zum Frühstücken Zeit. Wie stellen die sich das vor, daß man um sieben Uhr aufstehen soll, nur damit man um acht hingerichtet wird? Sie machen mir den ganzen Tag kaputt, von meinem Leben nicht zu sprechen.

Soll ich die Straßenbahn nehmen? Wo befindet sich schon wieder der Richtplatz? Schau her, der Milán!

»Grüß' dich, mein bester Milán! Weißt du nicht, wo der Richtplatz ist?«

»Doch, natürlich. Nimm die Linie siebenundachtzig – und nach der Endstation gleich links. Warum?«

»Meine Hinrichtung findet statt.«

»Ach ja, freilich... habe in den Morgenblättern darüber gelesen... Ei, ei, allerdings... Empfange mein Mitgefühl.«

»Danke. Was sagst du dazu, eine Schweinerei, nicht?«

»Laß nur, es gibt heutzutage genug Schweinereien ... Man hat mir zwei meiner Zimmer requiriert – gerade jetzt, wo ich heiraten will ... Ich bin ganz mitgenommen. Du weißt ja, welch eine unselig empfindliche Natur ich bin, so etwas verdirbt mir für Tage meine Laune ...«

»Nun denn, ja, bester Milán ... es wird sich schon zum Besseren wenden ...«

»Du hast leicht reden. Du bist ein gutgelaunter Mensch, und außerdem, nimm es mir nicht übel, ich sage es dir ehrlich, bist du auch ein Egoist. Du kommst über fremdes Unglück schnell hinweg; ich sehe ja auch jetzt, du paßt nicht einmal auf, du kannst dich mit meinen Sorgen nicht fünf Minuten lang abgeben.«

»Mein bester Milán, sei mir nicht bös ...«

»Nein, nein ... Grüß' dich.«

»Grüß' dich.«

Ich werde mich gewiß verspäten. Die Straßenbahn kommt nicht. Na, endlich.

»Wünschen Sie eine Rückfahrkarte?«

»Nein, nur Hinfahrt.«

Schon wieder jemand.

»Daß ich dich endlich eingeholt habe. Mein Lieber, was sollen wir ins Halboffizielle schreiben?«

»Worüber?«

»Na ja ... über diese ... diese Sache heute ... mit dir ...«

»Ach so, über meine Hinrichtung? Ist doch mir gleich, schreibt, was ihr wollt.«

»Meinetwegen! Du bist schon wieder so leichtsinnig ... Hast du nicht ein wenig Lampenfieber?«

»Nein. Ince inszeniert die Sache, es wird keinerlei Störung geben.«

»Apropos, hast du nicht eine Freikarte, meine Nichte möchte dich sehen ... Du weißt, sie ist eine große Verehrerin von dir ...«

»Nun, da sind wir. Anscheinend ist das der Ort ... Es sind ziemlich viele Leute da, wenn wir in Betracht ziehen, daß ... Die Menschen haben mich noch nicht vergessen ... Freilich, es ist wahr, heute gibt es ein Publikum für alles.«

»Grüß' dich, Ince. Sind viele gekommen?«

»Ziemlich. Beeile dich bloß, man hätte schon anfangen sollen.«

»Gut, ich will gehen.«

Brrr! Wie gräßlich. Gehorsamster Diener. Ja, ich bin da.

»Lieber Meister ... ein Autogramm ...«

»Bitte.«

Also, die Formalitäten hätten wir hinter uns.

»Ich glaube, ich benehme mich recht stramm, nicht wahr, Herr Baron? Grüss' dich, Desirée, du bist auch da? Was sagst du? ... Wie bitte? ... Daß ich der ›Rundschau‹ das Manuskript nicht geliefert habe? Ach, so laß doch, ich habe ja versprochen, es nächste Woche abzuschließen. Und wer ist das da? ... Ach so, der Priester. – Küss' die Hand, Hochwürden.«

»Beichten Sie, mein lieber Sohn.«

Ich knie nieder und hebe meine Hand zum Schwur.

»Ich beichte. Ich habe nicht anders handeln können. Was ich verbrochen habe, kann ich nicht wiedergutmachen. Nein und tausendmal nein, auch hier vor dem Schafott bin ich nicht bereit, etwas zu bereuen oder zu widerrufen – hier vor dem Schafott erkläre ich nochmals feierlich: Ich halte es für einen Blödsinn, jawohl, für einen Blödsinn, daß man die Geschäfte immer noch um vier schließen muß, wo es doch jetzt schon bis sieben Uhr hell ist, so daß sie keine Elektrizität mehr verbrauchen können, zu deren Einsparung man die Sperrstunden erfunden hat. Hier stehe ich, ich kann nicht anders – und jetzt los.«

»Achtung, bereit, Feuer!«

Nun, diese Woche fängt gut an.

Die Gerechtigkeit in Bayern

»Wenn man's genau betrachtet, haben wir Glück, in so einer herrlichen Landschaft arbeiten zu dürfen.«

Die Gerechtigkeit in Bayern

Ich erinnere mich daran, als wäre es heute. Ich brach an einem schönen Augustmorgen von Höchstädt an der Donau in Bayern auf, und in der Tasche hatte ich acht Pfennig. Vor mir zog sich die Landstraße dahin, auf der angeblich einst der heilige Adalbert aus Regensburg gen Aachen gepilgert war. Dieser Umstand half mir nicht im geringsten, und aus den acht Pfennig wurde selbst bei dieser Erinnerung keine Mark.

Und vor mir führte die Straße weiter längs der Donau, in der Ferne säumten flache Hügel die fruchtbare Ebene des Schwabenlandes.

Wie erstarrt sah ich das alles: Dort hinter den Hügeln an der Donau lag die Stadt Dillingen, wo auf dem Postamt gewiß schon seit drei Tagen fünfzig Mark auf mich warteten, und ich, statt mich zu beeilen, hatte ein zufriedenes Leben genossen, die Brauhäuser abgeklappert, hatte das berühmte Geselchte mit Kraut und Knödeln gegessen, mich in drei Dörfern an fünf Raufereien beteiligt, und jetzt saß ich hier am Kirchlein mit den letzten acht Pfennig, mit einem eingerissenen Ohr und betrachtete all die Schönheit ringsumher.

Mir gegenüber trat aus einem Garten ein bayrischer Gendarm von gutmütigem Aussehen, ohne Flinte, so wie eben die bayrischen Gendarmen durch die Gegend wandern, und sagte bieder: »Wohin, wohin, junger Mann?« – »Nach Dillingen.« – »Das sind vierzig Kilometer.« – »Fünfundvierzig«, sagte ich. »Und von dort?« – »Nach Ulm.« »Und von Ulm?« – »Nach Lindau in die Schweiz.« – »Nun, dürfte ich um Ihre Papiere bitten – viele Strolche wandern heutzutage durch Bayern.«

Ich erklärte ihm, was meine Papiere bedeuteten, der Schein der Heimatgemeinde und die drei anderen Legitimationen. Er setzte sich neben mich und sagte, sein Onkel sei auch einmal in Cham, nahe der böhmischen Grenze, gewesen, und der sei mit einer Prozession von Bayern zu Fuß auf den heiligen Berg bei Příbram gepilgert. Der Gendarm erzählte, daß die Tschechen eine schöne Jungfrau Maria hätten, aber daß es viel Geld kostete, von Schwaben bis nach Böhmen zu wallfahren, weil jeder Mensch unterwegs was essen und trinken müsse, und das Bier sei heute je Maß um zwei Pfennig teurer – ob ich Geld bei mir hätte? Aufrichtig sagte ich ihm, ich hätte nur acht Pfennig, aber in Dillingen auf dem Postamt lägen bestimmt schon seit drei Tagen für mich fünfzig Mark, und ich ginge deshalb nach Dillingen, um das Geld dort abzuheben. Der Gendarm stand auf. »Das ist, mein lieber Freund, ein schlimmes Ding, stehen Sie auf, im Namen des Königs, Sie sind arretiert wegen Landstreicherei.«

Dann packte er mich am Schlafittchen und führte mich zurück nach Höchstädt an der Donau. Unterwegs kaufte er mir für zehn Pfennig Semmeln und sagte immer wieder zu mir: »Armer Kerl!«

Morgenstille herrschte in den Gassen des Städtchens. Hinter dem Burggraben ragte das alte Burggebäude in die Höhe. Wir gingen um den Graben herum und gelangten vor die Fassade, wo unter dem bayrischen Wappen die knappe Aufschrift prangte: ›Amtsgericht, Arrest und Untersuchungshaft.‹

Über den altertümlichen grasbewachsenen Hof gingen wir zum Gefängniswärter. »Ein Vagabund«, sagte kurz der Gendarm.

»Armer Kerl«, sagte der Gefängniswärter, »zieh die Schuhe aus, da hast du den Schlüssel vom Magazin. Du mußt über den Hof gehen und dann nach links. Dort schließt du auf, nimmst dir eine Decke und Holzschuhe. Auf der Burg darf man nicht in Straßenschuhen herumlaufen. Komm bald wieder, kriegst dann gleich eine Suppe, damit dir warm wird. Dann sperr ich dich ein und geb dir eine Bibel in die Zelle. Du wirst ganz oben im Turm eingesperrt, weil die übrigen Räume geschont werden müssen. Dieses Gebäude ist nämlich kurz vor dem Einsturz. Also lauf!«

Ich war nach einer Weile wieder da und machte mich über die Suppe her. Seine Frau kam und bedauerte mich tief. Sie fragte ich, warum ich nicht bei Nürnberg zum Hopfenpflükken war, um mir was zu verdienen. Darauf führte mich der

Gefängniswärter über eine knarrende Wendeltreppe hoch in die mir zugewiesene Zelle, wobei er die Bibel unterm Arm trug.

»Lies, armer Kerl«, sagte er, als er zusperrte, »und bessere dich!«

Nach einer Stunde kam er wieder und brachte mir einen Krug Bier.

»Trink, du gehst zur Vernehmung auf die andere Seite des Gebäudes. Du mußt dich vorher stärken.«

Ich stärkte mich, und wir gingen. Zuerst hinunter zum Gefängniswärter, wo ich mir wieder meine Schuhe anzog, weil man vor das Amtsgericht in Schuhen treten mußte, wie die bayrische Gerichtsordnung vorschreibt. Dann führte er mich am Kragen bis zu einer Tür. Er klopfte an, und wir traten ein. Wieder erklang das eine Wort ›Vagabund‹, und ein freundlicher, netter, dicklicher Herr nickte mir wohltuend zu, wobei er aus einer Pfeife schwere Rauchwolken stieß. Vor ihm stand ein Krug Bier und ein tönernes Seidel.

»Arbeiten, mein lieber junger Mann«, sagte er freundlich, »arbeiten, voller Lust von Ort zu Ort wandern, Geld verdienen und dabei sein Vaterland nicht verlassen. Wären Sie hübsch in Böhmen geblieben, dann würden Sie jetzt nicht verurteilt werden. Um als Ausländer unser Gerichtswesen zu begreifen, dazu bedarf es keiner besonderen Begabung. Ich bin Amtsrichter, und was Sie hier sehen, ist das Amtsgericht. Ich vernehme Sie, überdenke den Fall, schreibe das Protokoll, und im Amtsgericht werden Sie auch einsitzen. Das Protokoll über Ihre Vernehmung schicke ich per Post mit anderen Akten, die wir einmal in der Woche abschicken, ans Kreisgericht in Dillingen. Die lesen dort die Sache durch, untersuchen alles, bis sie dann die Akten wieder herschicken. Hier vernehme ich Sie dann abermals, schreibe alles auf, wäge es ab, und die Sache wird sich ganz glatt entwickeln. Sie wissen doch, daß Dillingen ungefähr fünfundvierzig Kilometer von uns entfernt ist, die Post dahin geht nur zwei Tage. Meine Entscheidung schicke ich also wiederum ans Kreisgericht nach Dillingen, dort liest man sie durch, wägt abermals alles ab, und erst dann mißt man Ihnen die Strafe zu. Die lese ich Ihnen dann vor, und Sie verbüßen sie hier, natürlich wird Ihnen die Untersuchungshaft auf die zugemessene Strafe angerechnet.«

Nach dieser vielversprechenden Einleitung verhörte er mich, sah alles ein, und als ich sagte, ich hätte in Dillingen Geld, erboste er sich sehr über meine mangelnde Umsicht, ich hätte es mir doch nach Höchstädt schicken lassen können. Ans Postamt Dillingen telegrafieren, ob dort wirklich Geld für mich liege, das könne und werde er nicht, weil der Paragraph eins des Gesetzes über Landstreicherei, aufgrund dessen ich verhaftet sei, besage, daß Vagabund ein jeder sei, der kein Einheimischer ist, in Bayern nicht seinen ständigen Wohnsitz habe und zum Zeitpunkt seiner Ergreifung nicht den Betrag von drei Mark bei sich trage. Hätte er nur zwei Mark und neunundneunzig Pfennig, würde man ihn auch einsperren. Darauf also komme es, wie ich sehe, nicht an, und er könne nichts dagegen tun, Gesetz sei Gesetz. Er glaube mir, daß ich in Dillingen Geld hätte, aber helfen könne er mir nicht.

So lag ich also in Höchstädt an der Donau fest. Anderthalb Monate saß ich im Gefängnis, wobei ich regelmäßig jeden Abend mit dem Amtsrichter ins dortige Bräustübl ging.

Ich aß Geselchtes mit Kraut und Knödeln, und am vorletzten Sonntag unternahm ich mit dem Gefängniswärter und seiner Familie einen Ausflug. Ich hätte tausendmal ausreißen können, aber ich wollte ihn nicht in Verlegenheit bringen.

Endlich nach anderthalb Monaten, als ich mich dick gegessen hatte und den Gefängniswärter bat, er solle mir nicht mehr so viel Fleisch und Bier geben, traf das Urteil des Kreisgerichts Dillingen ein, wonach ich zu drei Tagen Haft wegen Verstoß gegen den Paragraphen eins des Gesetzes über Landstreicherei verurteilt wurde. Weil ich jedoch in der Untersuchungshaft fünfundvierzig Tage verbracht hatte, die von der Haftzeit abgerechnet werden sollten, blieben zweiundvierzig Tage übrig, für die ich laut bayrischer Gerichtsordnung einen Ersatz von einer Mark zwanzig je Tag erhielt, also insgesamt fünfzig Mark und vierzig Pfennig. Als mich der Herr Amtsrichter auszahlte, weinte er vor Rührung und begleitete mich gemeinsam mit dem Gefängniswärter und dessen ganzer Familie eine halbe Stunde bis zur Stadt. Dort verabschiedeten sich diese guten Leute weinend von mir.

Das ist die Gerechtigkeit in Bayern.

KARL VALENTIN

Klagelied einer Wirtshaussemmel

Nicht jede Semmel hat so ein schweres Dasein als gerade wir Wirtshaussemmeln. Eine Privatsammel z. B. wird beim Bäkker gekauft, heimgetragen und meistens gleich gegessen. Aber wir Wirtshaussemmeln und meine Kolleginnen, die Römischen Weckerln, die Loabeln und die heruntergeschnittenen Hausbrote, wir haben meistens ein ekliges Dasein, bis wir von den Menschen verspeist werden.

Es hat sich ja einmal der Magistrat um uns gekümmert und hat in jeder Wirtschaft kleine Tafeln anbringen lassen mit der Inschrift: ›Das Betasten der Nahrungsmittel zum Zwecke ihrer Prüfung ist verboten.‹ Aber darum kümmert sich heute keine Sau mehr, viel weniger ein Mensch. Nicht genug, daß wir gleich nach unserer Erschaffung aus Mehl und Wasser sofort ins Krematorium kommen, werden wir, wenn wir fertiggebacken sind, von rohen Bäckerlehrbuben in die Lieferkörbe geworfen, diese Körbe werden wiederum unsanft ins Lieferauto geschwungen und im 60-km-Tempo rasen wir armen Semmeln dem Restaurant oder Gasthof zu, in welchem wir heute noch verspeist werden sollen.

Nicht jeder Semmel blüht dieses kurze Dasein wie einer sogenannten Eintagsfliege. Manchen Semmeln geht es wie den alten Jungfrauen. Sie bleiben über, wenn auch nicht so lange. Nach Wochen und Monaten kommen wir in eine vielschneidige Guillotine (Knödelbrotschneidemaschine genannt), werden zu Scheiben geschnitten und bilden den Bestand der berühmten bayerischen Semmelknödel.

Aber wie traurig und dreckig geht es uns armen Wirtshaussemmeln! Wir werden von den Kassierinnen (früher Kellnerin) in aller Frühe ins Brotkörbchen gelegt und auf den Tisch gestellt. So – und nun sind wir der sogenannten Hygiene unterworfen.

Zum Frühschoppen kommt schon um 10 Uhr direkt vom Bahnof die Familie Bliemchen aus Sachsen. Sie setzen sich alle an den Tisch, und Frau Bliemchen entnimmt gleich dem Brotkörbchen ausgerechnet ›mich‹, drückt mir den Brustkorb ein und sagt zu ihrem Mann: »Gustav, guck mal, fühl mal das Brötchen an, wie weich das ist. Hier in Bayern ist das Brot nicht so knusprig gebacken wie bei uns in Leipzig.« Herr Bliemchen hatte keine Zeit, mich gleich zu drücken, er hatte sich mit seinem Taschentuch eben die Nase geputzt, und erst, nachdem er dieses eingesteckt hatte, nahm er mich in die Hand, drückte mich zusammen, daß ich beinahe aussah wie ein Pfannkuchen, legte mich wieder in das Körbchen und sagte: »Du hast recht, liebes Paulinchen, die Brötchen sind hier scheinbar alle so weich« – indem er sich auch davon überzeugte und eine Semmel nach der andern zerdrückte. Mit gebrochenem Brustkorb lagen wir Semmeln im Körbchen.

Herr und Frau aßen ihre Weißwürste, welche ihnen scheints auch nicht besonders schmeckten, aber die mußten sie ja schließlich essen, weil sie dieselben bestellt hatten.

Wir Semmeln stehen aber unbestellt am Tisch, mit uns kann ja jeder tun und lassen, was er will.

Nach der Familie Bliemchen nahm ein alter Herr, der zwar sehr gut gekleidet war, aber trotzdem einen riesigen Schnupfen hatte, an dem Tische Platz. O weh, dachte ich Semmel, der wird mich und meine Kolleginnen wohl anniesen – gesagt – getan – einige Dutzend Male ging ein kräftiges Hah – zieh über uns Semmeln nieder, begleitet von einem heftigen Bakteriensprühregen.

Wir ertrugen gerne diese Schmach des Angespucktwerdens, uns war es nur um die armen Menschen leid, die nach dieser Sauerei vom Schicksal an diesen Tisch geführt werden.

Der alte Herr aß, trank, zahlte, nieste und ging.

Eine Mutter mit vier Kindern waren die nächsten. Wir Semmeln zitterten, als wir die vier Kinder an den Tisch kommen sahen. »Mutter, Mutter – darf i mir a Semmel nehmen!« schrie es durcheinander, und wie Siouxindianer überfielen die Buben das Brotkörberl, welches dem Ansturm nicht standhielt und über den Tisch hinunterkollerte, und natürlich wir Semmeln auch. Die Mutter schalt leise: »Glei klaubts die Semmeln auf und tuts wieder ins Körberl neilegn schö, daß niemand siecht, dö Semmeln genga euch gar nichts an, mir bstelln uns Brezen.«

Zerdrückt, beschmutzt lagen wir vier Semmeln wieder ungegessen im Körbchen. Was wird aus uns noch werden! dachten wir.

Da kamen die vielen Mittagsgäste, schauten uns verächtlich an und bestellten sich anderes Brot, aber direkt vom Büfett.

Wir Semmeln sahen selber ein, daß wir zu unappetitlich aussahen, um verspeist zu werden. Keiner von den vielen Mittagsgästen wollte von uns was wissen – wir blieben auf dem Tisch stehen, obwohl wir fast von allen Gästen berührt, zerdrückt und angehustet wurden.

Bis der Abend kam, bis die Nacht kam – und schon gleich die Polizeistunde, da kam noch schnell ein Liebespaar geschlichen, setzte sich an den Tisch und trank mitsammen ein Glas Bier.

Sie hatten auch noch Hunger – aber nicht viel Geld. Wie wärs mit den vier Semmeln?

Indem sich beide verliebt in die Augen sahen, aßen sie dazu – uns vier Semmeln.

Die beiden hatten gar nicht bemerkt, wie wir aussahen, denn Liebe macht blind...!

OSKAR MARIA GRAF

Das Hochzeitsgeschenk

Beim Moser in Tiefenbach geht es seit Urgroßvaterszeiten brauchmäßig zu. Brauchmäßig, aber ungemein knauserig. Das weiß man in der ganzen umfänglichen Pfarrei. Geld und Sach', das sind für einen Moserischen heilige Dinge. Etwas davon herzugeben faßt man als Dummheit und Leichtsinn auf.

Mitunter aber gibt es doch Bräuche, wobei man etwas ›spenden‹ muß. Zum Beispiel, wenn ein naher Verwandter oder Nachbar Hochzeit hat. Solche Anlässe sind dem Moser grundzuwider. Da geht er mit einem verdrossenen Gesicht herum. Er überlegt hart und verbittert, wie er am billigsten wegkommt, und erst nach Wochen kommt er wieder einigermaßen ins Gleichgewicht. Zu solchen Zeiten wird er sogar mit einem Mal ganz modern und schimpft aus sich heraus: »So was sollt scho lang abgeschafft werdn! Heutzutag hat man nichts mehr zum Herschenken!«

Die Zenzl, seine Bäuerin, gibt ihm vollauf recht. Aber, meint sie: »Mein Gott, was will man macha! Brauch is Brauch.«

An den Gesichtern der heranwachsenden Kinder – des Bartl und der Liesl – sieht man, daß sie haargenau so denken wie Vater und Mutter. Nehmen – ja, aber was hergeben – pfui Teufel! Es läßt sich also denken, wie grantig der Moser war, als die Hochzeit vom Beigeordneten Georg Windel, seinem honorigen Nachbarn, herannahte. Der Windel, gut in den Fünfzigern schon, baumstark und gesund um und um, war seit vier Jahren Witwer und hätte eigentlich, nach der Meinung vom Moser, das neuerliche Heiraten am allerwenigsten notwendig gehabt. Seine drei Kinder waren schon lange soweit, daß sie ihm jeden Dienstboten ersparten. Er lebte gut mit ihnen zusammen, der Hof war im Stand und fast schuldenfrei.

»Hätt er's allein nicht viel schöner, der Kindskopf, der?«

raunzte der Moser und setzte die Zukünftige vom Windel, die Remeisl-Marie von Torfen, in jeder Hinsicht herab. Vielleicht auch deswegen, weil allseits bekannt war, daß sie einen schönen Batzen Geld mit in die Ehe brachte.

»Hmhm«, stimmte die Moserin zu und unglücklicherweise erinnerte sie sich daran, daß man um ein Hochzeitsgeschenk nicht recht herumkomme.

Da zerrann dem Moser das Gesicht wie kochender Leim. »Dös a noch!« knurrte er und brachte vor lauter Ärger kaum den Brotbrocken, an dem er kaute, hinunter.

»Was gibt man jetzt da?« fragte seine Bäuerin.

Mißgünstig fingen sie zu überlegen an. Der Bartl meinte, ob er vielleicht etliche Fotografierrahmen mit der Laubsäge machen solle, so was sei am billigsten. Die Liesl setzte dazu: »Ja, und vielleicht könnt man etliche Heiligenbilder beim Buchbinder in Loffelfing kaufen und gleich in die Rahmen hineintun.«

Hingegen der Moser äußerte noch verdrossener, daß sicher jeder recht protzen wird mit seinem Hochzeitsgeschenk und sich in weiß was für unnütze Kosten stürzen. »Und so kann unsereins auch net hintenstehn!« schloß er vergrämt. Kurzum, man kam zu keinem Ende. Nach was aussehen mußte das Hochzeitsgeschenk, und kosten sollte es wenig. Endlich am der Moserin die beste Idee. Nämlich droben in der Ehekammer hingen zwei große, noch sehr gut erhaltene Hinterglasbilder. ›Die heilige Maria‹ und ›Der schmerzhafte Jesus‹. Und richtig: die schenkten sie dem Nachbarn. Sie lagen alsdann unter den vielen Geschenken auf dem Hochzeitstisch vom Windel beim ›Postbräu‹ im Saal.

Ein Beigeordneter, der, wenn es sein muß, den Bürgermeister vertreten kann, ist eine gewichtige Persönlichkeit. Und zu jetziger Zeit gar, wo es heißt, die Demokratie muß in Schwung kommen. Deshalb kam auch der neugebackene Bezirksamtmann Dr. Simon Schmalinger von Loffelfing höchstpersönlich zur Hochzeit. Er tat sehr leutselig, und das wurde recht beifällig aufgenommen. Er schritt den großen, weißgedeckten Geschenktisch ab und blieb auf einmal ganz entzückt stehen, so entzückt, daß es allen auffiel.

»Hm, das ist ja ganz was Fabelhaftes, Herr Windel«, sagte

er und griff nach den zwei wunderschönen Hinterglasbildern. »Das sind ja wahre Kostbarkeiten. Der Spender muß einen ganz großen Kunstverstand haben. Direkt verlieben könnt' ich mich in die Bilder. Auf der Stelle würd' ich sie kaufen, wenn sie zu haben wären!«

Die umstehenden Bauern staunten stumm. Die zwei Moser-Eheleute aber glotzten.

»So, von Ihrem Nachbarn Moser haben Sie das schöne Geschenk? Respekt, Respekt!« hörten sie den Bezirksamtmann sagen, und ehe sie sich besinnen konnten, wandte sich der hohe Herr an sie. »Herr Moser, bravo! Die Bilder sind ganz große Seltenheiten... Ich sammle seit Jahren solche echte Volkskunst. Wenn ich die zwei prachtvollen Stücke gesehen hätte und sie wären Ihnen feil gewesen« – er stockte und fragte interessierter: »Sagen Sie, haben Sie vielleicht noch so schöne Stücke? Hundert Mark für eins zahl ich gern.« Dem Moser und der Moserin blieb schier die Luft weg.

»Sie haben noch?« fragte der hohe Herr drängend. Aber der ganz und gar zerschmetterte Moser konnte nur noch den massigen Kopf schütteln. »Schade, sehr schade!« meinte der Bezirksamtmann und wandte sich wieder an den Windel.

»Wos, hundert Mark für so a Bildl will er gebn?« raunte der Moser totgiftig heraus und musterte seine Bäuerin mörderisch. »Und so was schenkst du einfach her?« Er war ganz blaß und wußte kaum mehr aus und ein.

»Girgl!« sagte er alsdann zum Windel und zupfte ihn am Arm: »Girgl, i gib dir wos anders. Ganz gewiß!« Und schon griff er nach den Bildern. Aber der kreuzfidele Hochzeiter lachte bloß und hielt ihn zurück.

»Na, na, liaba Peter! Dös gibt's net! Gschenkt ist gschenkt!«

Alle, die herumstanden, lachten schadenfroh, was den Moser ganz grimmig machte. Grob drängte er sich an den Tisch und erwischte den Rahmen von der ›Heiligen Maria‹. Resolut klemmte er das Bild unter den Arm, so fest, daß es knackte. Der Windel riß daran. Blindwütig wehrte sich der Moser, und da zerbrach das schöne Glas.

»Um Gottes willen!« plärrte die Moserin.

»Aber, aber!« rief der Bezirksamtmann. Doch es war schon zu spät. Im Nu gab es eine Rauferei. Schleunigst machte sich der Bezirksamtmann davon. Im Saal vom ›Postbräu‹ blieb kein Stuhl mehr ganz, und zuletzt wußte keiner mehr, gegen wen er raufte.

Fast drei Wochen ging der Moser mit einem geschwollenen Kopf herum, und es läßt sich denken, daß er seitdem mit dem Windel verfeindet ist. Seine Bäuerin kann er auch nicht mehr leiden, und oft muß sie hören:

»Ja, du! Du ruinierst mich noch faktisch, du leichtsinniges Weibsbild! Zwoahundert Mark wirfst einfach beim Fenster naus!« Jeder Humor ist ihm vergangen, dem Moser. Bloß wenn er manchmal durchs Fenster auf das Windelhaus lugt, raunzt er etwas schadenfroh: »Aber erwischt hot er dö Bildl doch net. Grad recht gschieht ihm. Z'letzt hat er nur Gloscherben ghabt!«

CARL BORRO SCHWERLA

Die Erfindung der Lederhose

Man schreibt das Jahr 554 n. Christi. Der Stamm der Bajuwarier ist im Rahmen der Völkerwanderung, von Böhmen kommend, in das Gebiet nördlich der Alpen, in das Land zwischen Zugspitze und Wendelstein, einmarschiert. Julius Puntus, der Star-Reporter einer der bekanntesten Tageszeitungen Roms, hat sich auf einem Eilesel in das betroffene Gebiet begeben. Dort hat er sich, nach einem Exklusiv-Interview mit Herzog Garibald I., dem Stammesführer der Bajuwarier, in herzlicher Freundschaft mit dem bajuwarischen Landwirt Aloysius verbunden. Julius Puntus, der von nun an als Gastarbeiter bei Aloysius auf seiner Alm bleiben will, wird von diesem gern in die Familiengemeinschaft aufgenommen. Hier erlebt der Römer unter vielem anderen nun auch die Erfindung eines Kulturgutes, das mit zum Wertvollsten gehört, was die Oberbayern heute noch – nach fünfzehnhundert Jahren – besitzen. Julius Puntus hat diesem Ereignis in seinem damals geführten Tagebuch ein besonderes Kapitel gewidmet:

Auf der Gindelschneid, zwischen
Tegernsee und der Neuen Reuth Donnerstag, 22. Juni 554

Seit gestern weiß ich, daß es auf der ganzen Welt keinen dickschädeligeren Menschen geben kann, als so einen Bajuwaren. Aloysius hatte plötzlich das Gefühl, daß sein Bärenfell, das er sich bisher als Bekleidung um den Leib geschnürt hatte, den Ansprüchen eines bajuwarischen Bergbauern nicht mehr genügen würde. »Mit so einem Trumm Fell um a'n Bauch«, sagte er, »ko' doch koa Mensch richtig arbeit'n. Erscht'ns is vui z'schwaar und zwoat'ns zwickt's unter die Arm. Und um die Knia 'rum immer des G'schlamps, da kimmst dir ja vor, wia ein Galeerensträfling mit die Kett'n um die Füaß.«

Die ganze Familie versuchte, ihm diese völlig unbegründeten Gedanken auszureden. Jetzt gab es doch Wichtigeres zu tun, als an eine neue Bekleidung zu denken. Hatte man jahrhundertelang in den alten Fellen seine Arbeit getan, so würde es jetzt doch auch noch so weitergehen.

Doch Aloysius schüttelte hartnäckig den Kopf. Er dachte an ein Bekleidungsstück, das leicht, geschmeidig und zugleich von ansehnlichem Schnitte sei. »An eine Lederhos'n denk i«, sgate er, »an eine möglichst kurze, die wo die Knia freilaßt, und mit a paar Hos'ntasch'n drinn, daß ma' aa was mit nausnehma ko' auf's Feld, a Glasl Schnupftabak und a kloans Messer und a'n Trumm Feuerstoa.«

Sein Weib, seine beiden Knaben und die ganze Nachbarschaft, die davon hörten, schlugen die Hände über dem Kopf zusammen. Eine Hose aus Leder – von solch einem Bekleidungsstück hatten sie in ihrem ganzen Leben noch nie etwas gehört.

Aloysius zeichnete ihnen das gedachte Modell mit einem Bronzenagel, den er aus seinem Mistwagen gezogen hatte, auf eine Felsplatte, die unweit seiner Hütte im Berggras lag. Zwei Beinröhren aus Hirsch- oder Gamsleder, schöne geräumige Hosentaschen und eine Hosentür, deren Ausmaße es gestatteten, die zu gegebener Zeit notwendigen oder erstrebenswerten Geschäfte schnell und ohne Anstrengung zu erledigen. »Oh du liawa Himmi«, rief sein Weib erschüttert, »an was der all's denkt, bal er doch bloß a Hos'n braucht, in der er guat arbeit'n ko'!« »Ma' ko' im Leb'n net bloß immer an die Arbeit denka«, sagte Aloysius. Dabei kam ihm auch noch die Idee, daß man den Latz der Hosentür mit anmutigen Stikkereien versehen könne, damit das ganze Kleidungsstück eine gewisse Belebung erfahre. »Und bal des net eine Hos'n werd«, triumphierte er, »an der der Mensch no' in tausend Jahr sei' Freid hat, nacha frieß i a'n Bes'n. Und morg'n früah fang i damit o'.«

Freitag, 23. Juni

Die Lederhose ist fertig. Aloysius hat heute den ganzen Tag mit zusammengebissenen Zähnen daran gearbeitet. Kein Mensch durfte ihm in die Nähe kommen. Erst vor einer Stunde, die Sonne versank schon hinter den Bergen, rief er seine Familie und seine nächstgelegenen Nachbarn zusammen. »Da schaugts her«, strahlte er triumphierend, »des is mei' neue Lederhos'n! Is des was oder is des nix?«

Staunend waren die Blicke aller Anwesenden auf die Lederhose geheftet. Aloysius hatte sie aus dem Leder eines Gemsbockes gemacht, den er schon vor längerer Zeit mit seiner Steinschleuder oben in den Felsen des Gebirges erlegt hatte.

Jetzt will jeder der bajuwarischen Bauern eine solche Lederhose haben.

Als einer von ihnen fragt, was man dazu aber auf dem Oberkörper tragen solle, sagt ein anderer, er habe während der Völkerwanderung einmal einen Menschen gesehen, der habe ein sogenanntes Hemd getragen. Das sei, soviel sich der Bajuware erinnern konnte, ein sehr attraktives Bekleidungsstück gewesen.

»Ja freili«, rief da eine der Bajuwarierinnen begeistert, »ein Hemmad! Bal's scho Nähmaschina geb'n taat, nache taat i eich oans macha. Awa vielleicht konn i's aa mit der Hand.«

Dienstag, 26. Juni

Die Bajuwarierin hat es wirklich fertiggebracht. Es ist ein Stück grobes, zu einem Sack zusammengenähtes Leinen, das die Großmutter der Hemdenschneiderin selber gewebt hat. ›hand made‹ hat sie mit ihrer zitternden Hand hineingestickt. Zu beiden Seiten des Sackes sind röhrenartige Ärmel angenäht. Das Hemd ist leicht und luftig, viel luftiger als die dicken Bärenfelle, mit denen sich die Bajuwarier bis jetzt behängt haben.

Jetzt will jeder auch ein solches Hemd haben. Auch ich frage mich, ob es, zusammen mit einer Lederhose, nicht zweckmäßiger und bequemer wäre als meine Toga, mit der ich dauernd an den widerborstigen Tannenzweigen und den spitzen Felskanten hängenbleibe. Ich werde Aloysius fragen, ob er mir nicht möglichst bald einen Gemsbock schießen will, damit ich mir aus dessen Haut ebenfalls eine Lederhose mache. Woher ich das Hemd dazu bekomme, ist mir allerdings noch ein Rätsel, denn sämtliche Frauen und Töchter der Bajuwarier sind schon bis über den Hals mit Aufträgen für das

Anfertigen von Hemden eingedeckt. So wage ich, als Fremdling oder ›Zugereister‹, wie mich die Bajuwaren seit einiger Zeit nennen, nicht auch noch etwas zu sagen.

Freitag, 29. Juni

Der Trend nach Lederhose und Hemd als neue bajuwarische Bekleidung hat ungeahnte Formen angenommen. Keiner der Männer will mehr im Bärenfell herumlaufen, sogar die kleinsten Knaben sitzen in größeren und kleineren Gruppen weinend auf den Schwellen ihrer Türen und schreien laut nach einer Lederhose.

Es war klar, daß ein derartiger Überdruck durch das Öffnen eines Ventils entspannt werden mußte. Das Ventil präsentierte sich in der Form eines unserer Nachbarn, der immer noch den germanischen Namen Baldur Drusus Huosis führt. Er war Steuereintreiber des germanischen Finanzamtes in Böhmen und entschloß sich kurz nach seiner Pensionierung, zusammen mit seinem Schwiegersohn und dessen Familie ebenfalls nach dem Süden auszuwandern. Trotz der Schönheit und Vielfalt der Landschaft, die ihn hier umgibt, konnte er als alter Beamter nicht die richtige Befriedigung für seinen Lebensabend finden. »Bal dieser so weitermacht«, sagte seine Frau, eine immer noch stattliche und gebildete Beamtensgattin, »nachher kriegt er mir vielleicht noch gar einen Pensionsschock. Bal ich nur wüßte, was ich mit ihm anfange.« Da wußte er plötzlich selber, was er zu tun hatte. Er gründete – unter dem Jubel sämtlicher Bajuwarier, die rings um ihn leben – einen Trachtenverein. »Jeder ein echter Bajuwarier«, war sein Slogan, »jedem seine echte Lederhose!« Dazu erfand er selber noch einen Hosenträger aus Leder, der die Hose trug und gleichzeitig schmückte. Als ein Nachbar die Idee hatte, seinem Pfau, den ein römischer Rückwanderer zurückgelassen hatte, die Schwanzfedern auszureißen und aus den schmiegsamen Federkielen liebliche Stickereien auf die Hosenträger zu sticken, fehlten nur noch die kurzen Wadenstrümpfe, die sogenannten Stutzen, die nur die Waden der Männer bedecken. Aber auch diese wurden erfunden, und so hinderte den pensionierten Steuereintreiber Baldur Drusus Huosis nichts mehr, sich zum Vorstand des

Trachtenvereins ›Die Huosigauer‹ wählen zu lassen. Mein Freund Aloysius arbeitet als erster Schriftführer, und mich haben sie im Hinblick auf meine doch etwas erweiterten Weltkenntnisse zum Kulturwart ernannt. Dazu will Aloysius mir kostenlos ein Gemsenfell zur Verfügung stellen und auch die Lederhose daraus anfertigen. Nur um das Hemd dazu muß ich mich selber kümmern. Das bereitet immer noch Schwierigkeiten, da, wie gesagt, alle Mädchen und Frauen vor lauter Hemdenmachen für andere Männer keine Zeit für mich haben und ich, was den Verkehr mit Frauen betrifft, sowieso ziemlich kontaktarm bin.

»Muaßt halt schaugn«, hat Aloysius zu mir gsagt, »daß d' irgendwo oane aufreißt. Nett sei' muaß ma' halt mit eahna – nacha genga s' scho' her.«

SIEGFRIED VON VEGESACK

Der Eilbote

In der Früh um acht klingelte das Telefon. Ich hab' mir beide Backen eingeseift und setzte gerade das Messer an, als Marerl atemlos ins Zimmer stürzt und meldet, das Postamt wünsche mich zu sprechen.

Das Postamt? Ich lege das Messer beiseite, gehe auf den Treppengang und greife nach dem Hörer.

»Ja da ham mir an Expreßbrief«, tönt die gemächliche bajuwarische Stimme des dicken Postsekretärs, »und da möchte ich Sie bloß frog'n, ob wir ihn auffischick'n soll'n oder ob Sie ihn hol'n lassen?...«

Ich wünsche natürlich, daß man ihn heraufschickt, denn ich komme heute nicht in das Städtchen und habe niemand, den ich schicken könnte.

»Hm, jo«, meint der Postsekretär nachdenklich, »aber der Postbot' ist schon unterwegs, und der nächste geht erst murgen in der Früh. Wann's den Expreßbrief noch heut' hab'n woll'n...«

Natürlich will ich ihn noch heute haben.

»Hm, hm«, der Postsekretär überlegt angestrengt, »dann müssen wir ihn halt mit dem Eilbot'n auffischick'n. Dös kostet fuffzig Pfennig Zuschlaggebühr. Z'wegen Landzustellung. Wann's den Brief selber hol'n, brauch'ns nix zahl'n...«

Der gute Postsekretär ist um meine Finanzen besorgt. Er will auf die fünfzig Pfennig Zuschlaggebühr verzichten, nur damit ich sie nicht zu zahlen brauche. Aber ich kann sein großmütiges Opfer nicht annehmen. Obgleich mein Kassenbestand nicht viel mehr als fünfzig Pfennig aufweist, möchte ich lieber den Zuschlag entrichten als bei der Hitze zur Post hinunterlaufen.

Dieser Leichtsinn scheint den Postsekretär zu quälen. Noch lange versucht er, mich mit väterlich besorgten Worten vom tollkühnen Gedanken abzubringen, den Eilboten in

Anspruch zu nehmen. Aber ich bleibe dabei. Und so muß er sich in das Unvermeidliche fügen.

»Sie wünschen also Eilzustellung mit Zuschlag?« fragt er noch einmal.

»Ja, das wünsche ich.«

»Dann wird der Eilbot' auffikemma«, erklärt er endlich seufzend. Ich höre durch den Draht sein mißbilligendes Kopfschütteln.

Mein Seifenschaum ist längst eingetrocknet, als ich mich wieder zum Rasieren hinsetze. Darum vergesse ich die Post, den Eilbrief und werde erst mittags wieder daran erinnert.

Das Telefon klingelt. Der Postsekretär wünscht mich zu sprechen. Er macht mir noch einmal den Vorschlag, den Brief selbst abzuholen oder ihn holen zu lassen: »Der eine Eilbot', den mir ham, der Xaver Kroiß, ist nämli um Schwammerl nach Hinterklotzenried und kimmt erst auf d' Nacht hoam. Und der ander, der Lallinger Franz, ist auf d' Kirwei nach Niederviehbach, und bis der hoamkimmt, kann's leicht murgen werden...«

Ich erkundige mich höflich, ob nicht ein dritter Eilbote aufzutreiben wäre, der weder mit Schwammerlsuchen noch mit Kirchweih beschäftigt ist, und erfahre zu meiner großen Beruhigung, daß es wirklich noch einen dritten gibt: den Dimpfl Alois.

»Dann schicken Sie mir also den Dimpfl mit dem Expreßbrief«, meine ich erleichtert. Aber nun stellt sich heraus, daß Dimpfl zwar Eilbote, aber Eilbote außer Dienst sei, da er die Altersgrenze bereits überschritten habe und nur noch in außergewöhnlichen Fällen und nur freiwillig den Dienst ausübe.

»Bei dera Hitz«, meint der Postsekretär besorgt, »wird er's kaum schaffen.«

Ich stelle eine Extraprämie von einer Maß Bier in Aussicht. Diese Maß Bier macht sichtlichen Eindruck. Wenn jemand für einen Expreßbrief eine Maß Bier extra bezahlt, dann muß dieser Brief schon etwas Ungewöhnliches sein.

»A' Maß extra?« fragt die Stimme im Telefon ungläubig.

»Ja, eine Maß extra!«

»Dann wird der Eilbot' auffikemma«, seufzt der Postsekretär fassungslos. Und wieder höre ich durch den Draht sein mißbilligendes Kopfschütteln.

Dann gehe ich baden, liege in der Sonne, tummle mich mit den Kindern im Wald herum und komme erst gegen fünf Uhr nach Hause. Den Expreßbrief und den Eilboten hab' ich längst vergessen.

Es wird sechs, es wird sieben, es wird acht.

Wir sitzen gerade beim Abendessen, da läutet es am Tor. Marerl läuft hinaus, kehrt gleich wieder und meldet, daß jemand mich zu sprechen wünsche.

Ich gehe zur Pforte. Da hockt ein dürres, altes Männlein im Grase, wischt sich das Gesicht mit einem roten Tuch, stöhnt und jammert:

»O mei, o mei, dös is ebbs, bei dera Hitz', o mei, o mei!«

Ich denke, daß es ein Bettler ist, und frage ihn, ob er nicht in die Küche kommen und etwas essen wolle.

Stöhnend humpelt er neben mir her:

»O mei, o mei, guat, daß i erst auf d' Nacht auffikemma bin!«

Dann sitzt er in der Küche und löffelt die Suppe. Bald darauf meldet Marerl, daß er eine Maß Bier wünsche.

»Eine Maß Bier?«

»Ja, eine Maß.«

Mir dämmert etwas. Ich gehe in die Küche hinaus. Das dürre Männlein sieht mich pfiffig an. Es kramt und sucht in seinen Taschen. Endlich holt es einen völlig zerknitterten, aufgeweichten Brief hervor, reicht ihn mir und keucht mit heiserer, erlöschender Stimme:

»I bin nämli, i bin nämli der Eilbot' von der Post – und do ist der Expreßbrief.«

GERHARD POLT / HANNS CHRISTIAN MÜLLER

Im Staatsdienst

Vitus Maria Deutelmoser sucht in seiner Aktenmappe.

DEUTELMOSER: Herrgott Zakrament, wo is denn das Dessert? Allweil vergißts mein Nachspeiserl. Wenn ich meinen Dienst so tätigen würde, wie meine Frau den Haushalt, wie die den Haushalt schmeißt, dann würde der Steuerzahler spitzen. Aber gottseidank haben wir ein Pflichtgefühl. *Für sich* Ah, da hat ses versteckt. *Beißt in einen Apfel, kaut* Ah, was wir leisten, geht auf keine Kuhhaut, weil, wenn mir net dawärn, müaßadn de ganzen Ausländer hier ohne eine Genehmigung, müaßadn die hier frei herumlaufen, net, einfach a so, und das wäre doch eine Schlamperei, die wo seinesgleichen sucht! Wenn man bedenkt, wie viele Ausländer es gibt. Genau genommen sinds ja alles Ausländer, nur der Deutsche nicht, und sogar da gibt es Grenzfälle. Ja, Sie werns jetzt nicht für möglich halten, aber es gibt immer noch Ausländer, die wo, die wo kein fließendes Deutsch reden. Ja, ich, mir hams doch auch lernen müssen, und spreche ich heute noch ein fließendes Deutsch. Der deutsche Besinnungsaufsatz ist schließlich weltberühmt. Weil, ein gutes Deutsch, des wo einer heut, des is so, wie wenn ma, verstehn Sie, des is so, wie wenn ma amal sagat, net, des is quasi eine Rückendeckung für das ganze Leben. Und vor allem Grammatik, net. Da muß man Wert drauflegen, weil, da, darin liegt die deutsche Präzision, net, und dann weiß auch der Ausländer sofort, woher der Wind pfeift. Net. – Man spricht ja auch nur von einem deutschen Geist, net, von einem ausländischen Geist hat man ja noch nie was gehört. Weil, wenn der Deutsche amal den Geldhahn zudreht, net, is das Ausland erledigt. Net. Aber dann kamadn ja noch mehr Ausländer, drum zahln mir ja, daß der Ausländer im Ausland bleibt. Net. Um das aber finanzieren zu können, müssen mir natürlich – ah – noch mehr ah Ausländer hereinnehmen, und darin liegt das Problem. –

Sie sehn also, welch eine Verantwortung wir hier haben, net, da herin und drum bin ich auch ein Spezialist von der Ausländerabteilung, net, des war schon immer mein Wunschtraum, net und ein Jugendtraum aa. – Sie müaßn Eahna vorstelln, unser Amt, des war ja schon da, da hats überhaupt noch gar keinen Ausländer nicht gegeben. Net. *Türklopfen, ein schneller Apfelbiß, dann leise* Hoppla, jetzt moan i, kimmt oana. *Laut* Herein!

Ein Sanierer

HEROLD: I sag Eahna ganz ehrlich, der Mieter is wie ein Hausschwamm. Der, wenn amal drinsitzt, kriegstn nimmer raus. Also, i sags Eahna, was ich an Aufwand ghabt hab, bis i die Bagage draußd ghabt hab, finanziell und ideell, Sie, des vergütet mir koa Finanzamt. Steuern derf i scho zahln, gel, und was draus macha aus dera Bruchbude – wissen S', des is des, was uns Unternehmer heute müde macht. Alloa, wege der oidn Schäsn, de wo da drin war – wie ein Blutegel. De hat si direkt festgsaugt. Weil sie gsagt hat, i soll wartn, bis sie nausgstorbn is. Na sag i, ja Sie san guat, Frau, Sie wohnan jezt seit vierzig Jahr da herin bei am Mietpreis, wo i mr net amal a Essiggurkn kaffa ko, ja, da könnan Sie no lang lebn, aba i ko net davo lebn, vastehngas. I gunn Eahna ja a langs Lebn, aba net auf meine Kostn und net da herin. I hob dera Frau nachad fünf Braune unter d Nasn ghaltn, schau her, Oide, des is doch des, was du brauchst, hab ich gsagt, na hat ses woana ogfangt, wei, so vui Geld hat ja de in ihrm Lebn no nia auf oam Haufn gsehng, na hab i mir denkt, guat, i bin zwar net der Weihnachtsmann, aber den Umzug ins Seniorenheim zahl i ihr aa no, ma is ja schließlich a Mensch irgendwie. Guat, na war de Oide draußt, na is erst losganga. Im ersten Stock a Familie mit vier Kinder. Sie, des is ja wie ein Tabu. Findn Sie für solchane Krattler amal a Ersatzwohnung. Praktisch aussichtslos. I hab dene gsagt, Leut, as Nymphenburger Schloß kon i euch natürlich net mietn, a ganze Jahresmiete hätt i dene erlassn, nix. Ich habs nachad an meine Anwälte übergebn, wei, mit gutm Zuspruch is nix ganga. Sie, wenn S' amal an guatn Anwalt brauchn, i hob oan, der find Eahna oiwei a Gesetzeslücke. Der is wia a Marder. Guat, also zufällig hat si nachad der Familienvater von dene umbracht, na sans a Fürsorgefall worn, un na is doch wenigstens a weng schneller ganga. Überall, wo was frei worn is, hob i a paar Türkn nachgschobn, des san guate Verwohner, hats ghoaßn, dabei ham de Hund dann heimlich as renoviern ogfangt. Na hab i de aa wieder naustoa müaßn, und in dem Stil waar des aso weiderganga, na hab i as Dach abdeckt, d Haustür aus-ghängt und im Stiagnhaus as Liacht abdraht. Da drin hats pfiffn wia in am Windkanal. Aber Sie wern lacha, nur so gehts. Nur so. Schaun Sie, i hab den Häuserblock gerbt, von meim Bappa, aber wie sagt so schön der Meister Goethe: Was du ererbt von deinen Vätern... *Entdeckt einen Penner.* Ah, was tuatn der da? Ja, schaug, daß du weidakimmst, oda muaß i d Polizei rufn. Ja, hörst du schlecht, schleich di! *Penner verzieht sich.* Ja, sagn S' amal, de san ja schlimmer wie de Ratzn. Sie, wenn man so Leute siehgt, dann fragt ma sich doch wirklich: In was für am Staat lebn mir denn eigentlich...

»Was dagegen, wenn ich rauche?«

Quellenverzeichnis

WOODY ALLEN: *Übersinnliche Erscheinungen – bei Licht betrachtet,* aus *Ohne Leit kein Freud.* München 1979. Übers. Benjamin Schwarz. Mit freundlicher Genehmigung des Rogner & Bernhard Verlags, München.

VICTOR AUBURTIN: *Mein Vater, bettlergleich geführt,* aus *Seifenblasen.* München 1956. Mit freundlicher Genehmigung des Albert Langen Georg Müller Verlags, München.

MARCEL AYMÉ: *Der Mann, der durch die Wand gehen konnte,* in *Meistererzählungen.* Zürich 1989. Übers. Gertrud Grohmann. Mit freundlicher Genehmigung des Diogenes Verlags, Zürich.

PETER BAMM: *Auf die Geliebte warten...,* aus *Anarchie mit Liebe.* Stuttgart 1962. Mit freundlicher Genehmigung der Deutschen Verlags-Anstalt, Stuttgart.

JOSEF MARTIN BAUER: *Denn der Mensch sucht Wärme,* aus *Es blieb nur eine Spur im Schnee.* München 1962. Mit freundlicher Genehmigung des Ehrenwirth Verlags, München.

OTTO JULIUS BIERBAUM: *Die Haare der heiligen Fringilla,* in *Sonderbare Geschichten. Gesammelte Werke, Bd. 4.* München o. J.

WILHELM BUSCH: *Lied eines versimpelten Junggesellen, Klagelied eines Junggesellen,* in *Sämtliche Werke, Bd. 2.* München 1982.

ANGELA CARTER: *Das Küchenkind,* aus *Black Venus.* London 1975. Übers. Joachim Kalka. Mit freundlicher Genehmigung der Autorin.

JOHN COLLIER: *Bottle-Party,* in *Mitternachtsblaue Geschichten.* Reinbek 1967. Übers. Susanne Rademacher. Mit freundlicher Genehmigung des Rowohlt Verlags, Reinbek.

FRIEDERIKE COSTA: *Gullivers Cocktail.* Erstveröffentlichung. Mit freundlicher Genehmigung der Autorin.

ROALD DAHL: *Der große automatische Grammatisator,* aus *...und noch ein Küßchen.* Reinbek 1963. Übers. Hans-Heinrich Wellmann. Mit freundlicher Genehmigung des Rowohlt Verlags, Reinbek.

ALPHONSE DAUDET: *Der Pfarrer von Cucugnon,* in *Ausgewählte Erzählungen.* Übers. Dr. Fritz Mayer. Leipzig o. J.

WALTER FOITZICK: *Alles für den Fakir,* aus *Meine Faschingsbräute.* München 1973. Mit freundlicher Genehmigung des R. Piper Verlags, München.

EGON FRIEDELL: *Wie ich Regisseur war und was dann noch weiter geschehen ist,* aus *Wozu das Theater – Essays, Satiren, Humoresken.* München 1965. Mit freundlicher Genehmigung von Annemane Kotab, Kufstein.

JEAN GIRAUDOUX: *Um ein Haar,* in *Geschichten zum Frühstück.* Ebenhausen bei München 1967. Übers. Ulrich Friedrich Müller. Mit freundlicher Genehmigung des Langewiesche-Brandt KG Verlags, Ebenhausen bei München.

OSKAR MARIA GRAF: *Das Hochzeitsgeschenk,* in *Kalendergeschichten.* München 1975. Mit freundlicher Genehmigung des Süddeutschen Verlags, München.

GIOVANNINO GUARESCHI: *Die Abendschule,* aus *Don Camillo und Peppone.* Salzburg 1950. Übers. Alfons Dalma. Mit freundlicher Genehmigung des Otto Müller Verlags, Salzburg.

RUDOLF HAGELSTANGE: *Ein Bärenfang,* aus *Zeit für ein Lächeln. Heitere Prosa.* München 1975. Mit freundlicher Genehmigung des Paul List Verlags, München.

JAROSLAV HAŠEK: *Die Gerechtigkeit in Bayern,* aus *Abstinenzler-Silvester und andere vergnügliche Geschichten.* Berlin 1983. Übers. Gustav Just. Mit freundlicher Genehmigung des Verlags Neues Berlin, Berlin.

ELKE HEIDENREICH: *Die Welt des Geistes,* aus *Darf's ein bißchen mehr, tomate 5462.* Reinbek 1984. Mit freundlicher Genehmigung des Rowohlt Verlags, Reinbek.

O. HENRY: *Liebesgeschichte eines vielbeschäftigten Börsenmaklers,* aus *Ruf der Posaune und andere Stories.* Olten 1973. Übers. Annemarie und Heinrich Böll. Mit freundlicher Genehmigung des Walter Verlags, Olten.

HERMANN HESSE: *Ein Abend bei Doktor Faust,* in *Gesammelte Erzählungen.* Bd. 6. Frankfurt 1982. Mit freundlicher Genehmigung des Suhrkamp Verlags, Frankfurt.

ERICH KÄSTNER: *Kurzgeschichte in fünf Akten*, in *Gesammelte Schriften für Erwachsene. Romane III.* Zürich 1969. Mit freundlicher Genehmigung der Erich Kästner Erben, München.

FRINGYES KARINTHY: *Meine Hinrichtung*, aus *Bitte, Herr Professor. Satiren und Erzählungen.* Zürich 1983. Übers. Andreas Oplatka. Mit freundlicher Genehmigung des Manesse Verlags, Zürich.

KURT KUSENBERG: *Die Schulstunde*, aus *»Mal was andres«. Phantastische Erzählungen.* Reinbek 1969. Mit freundlicher Genehmigung des Rowohlt Verlags, Reinbek.

SIEGFRIED LENZ: *Der heimliche Wahlsieger*, aus *Der Geist der Mirabelle. Geschichten aus Bollerup.* Hamburg 1975. Mit freundlicher Genehmigung des Hoffmann und Campe Verlags, Hamburg.

SINCLAIR LEWIS: *Der Mietwagenfahrer*, in *Gesammelte Erzählungen – Spielen wir König.* Reinbek 1974. Übers. Hermann Stiehl. Mit freundlicher Genehmigung des Rowohlt Verlags, Reinbek.

CARLO MANZONI: *Die große Künstlerin*, aus *Der Held vom Wasserhahn. Familien Super Thriller.* München 1977. Übers. Maria Kern. Mit freundlicher Genehmigung des Albert Langen Georg Müller Verlags, München.

GIUSEPPE MAROTTA: *Der Kalif Esposito*, aus *Das Gold von Neapel.* Düsseldorf 1954. Übers. Hellmut Ludwig. Mit freundlicher Genehmigung des Rauch Verlags, Düsseldorf.

CHRISTIAN MORGENSTERN: *Die Bierkirche*, aus *Jubiläumsausgabe in 4 Bde.*, Bd. 1: *Galgenlieder, Palmström und Grotesken.* München, Zürich 1979.

ALFRED POLGAR: *Unterhalte dich gut!*, in *Kleine Schriften, Bd. 2.* Reinbek 1983. Mit freundlicher Genehmigung des Rowohlt Verlags, Reinbek.

GERHARD POLT/CHRISTIAN MÜLLER: *Das Gespenst des Pazifismus*, aus *Da schau her. Alle alltäglichen Geschichten.* Zürich 1984. Mit freundlicher Genehmigung des Haffmans Verlags, Zürich.

JOACHIM RINGELNATZ: *Kuttel Daddeldu und die Kinder*, aus *Und auf einmal steht es neben dir. Gesammelte Gedichte.* Mit freundlicher Genehmigung des Henssel Verlags, Berlin.

RODA RODA: *Das Zimmer in der Bognergasse*, in *Das Große Roda Roda*

Buch. Wien, Darmstadt 1988. Mit freundlicher Genehmigung des Paul Zsolnay Verlags, Wien, Darmstadt.

JO HANNS RÖSLER: *Heiratsagentur*, aus *Wohin sind alle Stunden. Das große Jo Hanns Rösler Buch*. Mühlacker 1967. Mit freundlicher Genehmigung des Stieglitz Verlags, Mühlacker.

HERBERT ROSENDORFER: *Die Karriere des Florenzo Waldweibel-Hostelli*, aus *Der stillgelegte Mensch*. München 1970. Mit freundlicher Genehmigung der Nymphenburger Verlagshandlung, München.

PETER RÜHMKORF: *Rotkäppchen und der Wolfspelz*, aus *Der Hüter des Misthaufens*. Reinbek 1983. Mit freundlicher Genehmigung des Rowohlt Verlags, Reinbek.

HERMANN HARRY SCHMITZ: *Von Männern, die an Schaltern sitzen*, in *Das Buch der Katastrophen*. Düsseldorf 1914.

CARL BORRO SCHWERLA: *Die Erfindung der Lederhose*, aus *Die letzten Bayern*. München 1970. Mit freundlicher Genehmigung des Ehrenwirth Verlags, München.

LEO SLEZAK: *Seinerzeit der beste Tristan*, aus *Mein Lebensmärchen*. München 1958. Mit freundlicher Genehmigung des R. Piper Verlags, München.

MICHAIL SOSTSCHENKO: *Der letzte Verdruß*, aus *Der Rettungsanker*. München 1958. Übers. Grete Willinsky. Mit freundlicher Genehmigung des Albert Langen Georg Müller Verlags, München.

HEINRICH SPOERL: *Ich fahre in die Hölle*, aus *Man kann ruhig darüber sprechen*. München 1949. Mit freundlicher Genehmigung des R. Piper Verlags, München.

LUDWIG THOMA: *Tja – – –!*, in *Die schönsten Romane und Erzählungen*. Bd. 6. München 1968. Mit freundlicher Genehmigung des R. Piper Verlags, München.

JAMES THURBER: *Der Bordstein im Himmel*, aus *Was ist daran so komisch? Gesammelte Erzählungen*. Reinbek 1971. Mit freundlicher Genehmigung des Rowohlt Verlags, Reinbek.

KURT TUCHOLSKY: *Lottchen beichtet 1 Geliebten*, in *Gesammelte Werke, Bd. 3*. Reinbek 1960. Mit freundlicher Genehmigung des Rowohlt Verlags, Reinek.

MARK TWAIN: *Der berühmte Springfrosch von Calaveras*, in *Gesammelte Werke, Bd. 1. Erzählungen.* [3]München, Wien 1985. Hrsg. Klaus J. Popp. Übers. Günther Klotz. Mit freundlicher Genehmigung des Carl Hanser Verlags, München, Wien.

JOHN UPDIKE: *Morgen und morgen und so fort*, aus *Werben um die eigene Frau. Gesammelte Erzählungen.* Reinbek 1971. Übers. Maria Carl. Mit freundlicher Genehmigung des Rowohlt Verlags, Reinbek.

KARL VALENTIN: *Klagelied einer Wirtshaussemmel*, in *Gesammelte Werke.* München 1961. Mit freundlicher Genehmigung des R. Piper Verlags, München.

SIEGFRIED VON VEGESACK: *Der Eilbote*, aus *Kleines Handgepäck.* München 1956. Mit freundlicher Genehmigung des Albert Langen Georg Müller Verlags, München.